POLITICA Y REVOLUCION

JOSE MARTI

(Fotografía hecha por J.
B. Valdés en Kingston, Jamaica, Octubre de 1892).

José Martí

POLITICA
Y
REVOLUCION

1892-1893

Fredonia Books,
Amsterdam, The Netherlands

Politica y Revolución 1892-1893

by
José Martí

ISBN: 1-4101-0754-X

Fredonia Books
Amsterdam, The Netherlands
http://www.fredoniabooks.com

INDICE

1892

1892-1893

DE *PATRIA*, NUEVA YORK

13 de Agosto, 1892

1

LA REUNION DE LOS CLUBS

Ni el calor, grande y enfermizo, de una de las más penosas noches de este verano, ni el error en las señas cometido a la vez en las citaciones privadas de los clubs y en el artículo mismo de *Patria*, privó de la gran concurrencia y el singular lucimiento a la reunión con que los miembros de los Clubs de New York decidieron saludar la vuelta del Delegado del Partido Revolucionario. Del salón henchido tenían que retirarse los retrasados. De pie en el salón sofocante, con aquel orden de milicia y placer de sacrificio por donde se conoce la proximidad de los grandes tiempos, con aquel cariño fraternal y juicioso porque es bella y fuerte, de Chicago a Jamaica, la organización revolucionaria, oyeron el saludo viril del presidente, y la narración con que el Delegado le contestó, los que, fiados en viejas costumbres, no llegaron a la reunión a hora de silla. De pie, en el calor mortal, los jóvenes fervorosos, y los santos ancianos.

Del presidente Juan Fraga, cabeza del Cuerpo de Consejo de New York, fué el único discurso de saludo, en nombre de los Clubs, y *Patria* no puede por razones de cercanía personal, poner aquí los

términos calurosos, de pláceme republicano, con que
los Clubs de New York, por labios de su representante, encomiaron la obra de vigilancia e indulgencia, de allegamiento y ensanche, de fuerza y de
afecto con que a juicio de los clubs atiende a su deber el Delegado del Partido Revolucionario. Ni
puede *Patria* copiar aquí el párrafo elocuente y generoso en que habla del Delegado un general ilustre, y con el cual cerró el sentencioso presidente su
discurso.

¿Intentaremos siquiera dar idea de la narración de
su viaje reciente con que el Delegado contestó a la
presidencia, narración que, con ansia y entusiasmo
especiales, aguardaban los clubs? No lo intentaremos; porque aquellas horas de gozo robusto y palabra verdadera fueron como el ferviente resumen
de los elementos, problemas y peligros de nuestra
patria. De sí propio nada nos contaba el Delegado,
sino de sus ilustres compañeros; de la fraternidad
de nuestros jefes, de que iban dando muestra en el
viaje dos generales de una misma comarca, el glorioso Roloff y el cultísimo Sánchez; del tesón magnífico, grave elocuencia e irreductible alma cubana del revolucionario en quien se han hecho carne
viva las virtudes de creación, vigilancia y fe del incólume Cayo, del cubano de "El Yara", José Dolores Poyo. Y con ocasión de las recepciones innú-
meras con que el Cayo dió premio leve, a pesar de
su grandeza, a los servicios insignes, y desinteresados del héroe villareño; de la pasión patriótica con
que, en la muestra de treinta y cinco clubs nuevos,

respondió el Cayo a la visita de Roloff, y a su discurso eficaz, de alta política y vivas verdades; del
noble convite en que se juntaron, a la voz de los
comerciantes generosos del Cayo, los héroes de
nuestra guerra y el representante del Partido que
con ellos ha de renovarla; de la unificación del Cayo
entero, con todas sus clases y todas sus fuerzas, en
un solo club patriótico, con una sola fe, y el mismo
fin, y métodos iguales; de las virtudes, públicas y
privadas, de aquellos cubanos, de que, en lenguaje
conmovido, nos mostraba seductores ejemplos; de
la llegada a Tampa, con las ancianas en fila, las
viudas y las huérfanas, y a la cabeza, en silencio,
las banderas de Lares y de Yara; de aquel banquete
de recepción de los hospitalarios tampeños, donde la
presidencia no se dió a nadie, porque, bajo la bandera cubana que lo orlaba, se dió al retrato de Céspedes; de aquellos corazones, y casas, y cortesías
del municipio, y escuelas prósperas, y la asamblea de
los talleres; de aquella visita, franca y sin ambajes,
abierta y sin lisonjas, en respuesta al convite de las
fábricas españolas, de las fábricas donde imperan,
—con nombre impropio, por los excesos encubiertos
con él,—los partidarios de las novedades más ade-
lantadas, en la batalla del hombre confuso por la
plena y definitiva libertad; de aquella conmovedora
procesión de los españoles liberales, nuncio innega-
ble de tiempos extraordinarios, en que, tajando la
sombra con sus estandartes blancos, se proclamaron aquellos cientos de liberales españoles, partidarios y hermanos, como hombres que son, de los

cubanos decididos a poner en Cuba al hombre en condiciones de libertad y de decoro por la independencia de la patria; con ocasión, en fin, de las demostraciones significativas y continuas de los norteamericanos en la pintoresca y rica Ocala,—del mérito de los cubanos que allí alzan una ciudad, y el crédito de su país,—de la visita a la tumba venerada de Varela, y el valer y hombría de los cubanos de San Agustín, de las familias ejemplares de Jacksonville y de su buen club nuevo, de la despedida silenciosa de aquellos tres compañeros que en una agitada peregrinación no le mostraron una sola de las pequeñeces que suelen deslucir la virtud humana; con ocasión de aquellas escenas domésticas, de aquellas fiestas de las escuelas; de aquellas pinturas de la naturaleza donde el hombre cubano prueba su virtud ante el pueblo que lo debe conocer porque fuera peligroso que lo llegara a desdeñar,—analizó el Delegado, con estricta claridad, todos los casos políticos de nuestra patria, todas las fuerzas con que los podemos resolver, y los peligros peculiares, por nuestra constitución viciosa colonial, que hemos de esquivar, y reemplazar por el desarrollo previo y vigilante de nuestras virtudes.—Allí la guerra pasada, y la amalgama, a la par violenta y heroica, de sus elementos.—Allí las causas de la caída, la reconstitución de las emigraciones defraudadas, con el contingente de los héroes descontentos; la constitución de la isla después de la guerra, que creó un país nuevo, que hay que mover con recursos distintos y mayores, y fines más precisos y visibles

que los que lo movieron en el entusiasmo fácil y
rudimentario de la primera guerra.—Allí el análisis,
para todos claro y satisfactorio, el análisis cordial e
indulgente, con cuantas causas los explican y excu-
san, de los tres fenómenos pasajeros de la política
de Cuba: el anexionismo, el autonomismo, y el anar-
quismo.—Allí, en resumen que dejó impresión hon-
dísima, los elementos políticos actuales del pueblo
cubano; las escuelas políticas, confusas y remediables, en que hemos de caer, por los excesivos hábitos
coloniales de unos, y la aspiración vehemente de
los otros a la práctica de la libertad; la importancia
de abrir la república a todas las ideas para que el
clamor de la idea desdeñada por autoritaria o re-
voltosa no trastornase, con el poder de aquella parte
de naturaleza humana de que es forma en la política
cada partido, la república que al desconocer un
partido cualquiera, reprimiría en él sin éxito una expresión de la naturaleza humana; y la urgencia, y
deber supremo nacional, de impedir que la revolución surja, por los deslumbramientos de la novedad
o la fuerza de las malas costumbres, sin la concordia
sincera y equilibrio de todos los elementos indispensables para el éxito de la guerra, y la paz y prosperidad de Cuba. Pero acaso habló el Delegado con
emoción más honda, y fueron más dilatadas y entusiastas las aclamaciones, cuando describió con filial recogimiento, la mesa de héroe que proclamó
espontáneamente, en torno al representante electo
por el sufragio de los emigrados, la adhesión de
nuestros jefes ilustres, de nuestros mutilados im-

penitentes, a los propósitos y métodos democráticos
y la plena política revolucionaria del Partido; cuando describió, con fervor humanitario, la manifestación de los españoles liberales de Tampa, que fué
victoria sin sangre, en pro de la independencia de
Cuba; y cuando, con los ejemplos de virtud que iba
pintando, observados al azar en su excursión, pro-
clamaba, con fé comunicativa, la entereza y capacidad creadora del pueblo cubano.—La levantada
fiesta, de que no nos es lícito decir más, acabó, como
en un abrazo, en una recepción animadísima.

Patria, 13 de agosto de 1892.

2

DE TAMPA

El General Roloff.—Ya está, allá en Tampa,
abierta la casa de negocios de nuestro general Roloff; y debió sentirse el hombre valiente como con
grado nuevo, de aquellos que sólo da en la milicia
del mundo el carácter domado, cuando el sol, que
le alumbró tantas veces su línea de batalla, lució
por primera vez, en la tierra extranjera, sobre sus
humildes mostradores; ¡grande es el general que se
manda a sí mismo! ¡Grande, el general hecho a
mandar, que obedece la ley de la vida! Por supuesto
que es obligación llenar de compras la casa del héroe

que tuvo en Cuba otro negocio próspero,—y lo dejó
detrás, sin volverse a mirarlo, para ir a pelear por
nuestra independencia.

❦

Néstor L. Carbonell.—Con pena patriótica nos
escribe de la querida y valerosa Tampa el señor
Néstor L. Carbonell, padre del Club "Ignacio Agramonte" y factor siempre visible en los trabajos pa-
trios, a fin de que de público conste, como a *Patria*
por testimonio personal constaba, que la ausencia
del distinguido compatriota de las festividades cubanas en los días de la excursión reciente del Delegado del Partido Revolucionario y de sus compañeros, se debió a sus angustias domésticas, que eran
muchas entonces, por la enfermedad de cuatro hijos.
Vana es la pena del amigo de Tampa, que en verdad
se desvive por ayudar a la conquista de la independencia que, en los días de la juventud, mantuvo a
campo abierto con su propio brazo.

❦

Huelga.—Que hubo provocación intencional. Que
se quiso hacer pagar cara su virtud a los españoles
virtuosos. Que, sin saber que hay en el mundo
cubanos agradecidos, se pretendió quitar el pan a los
españoles liberales que se proclamaron amigos de
los cubanos que defienden la libertad. Que se intentó, so capa de españolismo, forzar a los españoles
a acorralar y asediar, por la culpa de su fe republicana, a sus hermanos de país y de dolor. Que, con
las mañas viejas, se procuró excitar al cubano im-

paciente, y hacer caer sobre él, en la ciudad donde impera por su mérito, el descrédito del escándalo. Y al fin: que la provocación fué desdeñada, que los cubanos, demostraron su decisión de estar con los que les conocen el corazón, que la virtud no ha podido ser echada de la casa. Lucha es la vida, y no hay que rehuirla. Sólo los que se saben sacrificar llegan a la vejez con salud y hermosura.

Patria, 13 de agosto de 1892.

1892

AL SECRETARIO DE LA CONVENCION CUBANA (1)

Delegación del
Partido Revolucionario Cubano.

New York, 18 de Agosto 1892.

Sr. Secretario de la Convencion Cubana.

Key West.

Mi distinguido compatriota:

Viene la comunicación de la Convención en hora oportuna, dándome, entre otros acuerdos de que tomo nota, la nueva, siempre por mi anticipada, de que el Mayor General Máximo Gómez, electo ya —por mayoría que raya en unanimidad— por los revolucionarios de armas que residen en el extranjero para encabezar la organización militar revolucionaria, —se anticipa, con su natural grandeza, en capacidad plena de entenderse con la isla,—y de solicitar y obtener, dentro y fuera, la ayuda necesaria para su emancipación.

El Delegado ve con aplauso que, en auxilio de la

_____
(1) Cortesía del Dr. Manuel I. Mesa Rodríguez.

armonía conveniente a nuestros delicadísimos trabajos, la Convención ha desistido de enviar a la
isla, donde ya están, o están al llegar, los emisarios
de la Delegación. Aquí importa decir que el emi-
sario de Oriente debe a estas horas haber tocado ya
la tierra de su jurisdicción.

Queda en plena labor, y con el anhelo de realizar
sin demora lo que tiene ante sí, y de merecer la
aprobación de la Convención.

El Delegado

JOSE MARTI.

2

A SERAFIN SANCHEZ

Agosto 18 de [1892]

SR. SERAFIN SANCHEZ.

Mi muy querido Serafín:

No tengo sus juiciosas cartas delante, en este rincón de Newport, adonde he venido a recostar la
médula, ponerme en paz con mi correspondencia, y
reformar,—con la experiencia de mis últimas con-
versaciones con gente de Cuba, y el riesgo que aca-
bamos de correr en las relaciones con este país,—
los manifiestos al Norte, que deben seguir al nuestro al país, y el del país, al que quiero que preceda
la carta del banquete, que aún, con gran pena mía,

no me ha enviado Fernando. Esta demora ha trastornado mi plan de publicaciones en *Patria,* y dificultado un tanto, por ir con viso y argumento menor las comisiones. ¿Que qué deberes me hallé al venir? Los españoles en gran acecho; los españoles de Cuba, que andan por acá, atentos y curiosos;—los anexionistas, con el pretexto del rumor expedicionario, hechos un pan con los autonomistas, que andan por acá merodeando;—la posibilidad de hacernos de amigos poderosos en la alta política del país;—la poca amistad del Gobierno actual de Washington, en instantes en que parecía posible una reclamación;—la dificultad, aun no vencida en cierta parte, de enviar a Cuba comisiones reales e idóneas;—la conveniencia de utilizar a las personas de paso, *todavía no maduras para cosa mayor,* a fin de que lleven a la Isla la prueba de nuestra acción moderada, *que adelanta sin ellos,* y el mentís de la fama de *invasores y defraudadores* en que de Cuba se nos quiere mantener, con la ayuda alevosa de los pocos malignos que por aquí aborrecen la revolución.—Y aunque los pies me arden, y he de salir por fin dentro de diez o doce días, he querido dejar detrás de mí:— las comisiones en operación, la persecución obviada, las fuentes de relación con la alta política abiertas, las emigraciones en la mejor marcha posible, los manifiestos a Cuba y al Norte fuera de la prensa, y la mayor suma de influjo indirecto en Cuba por la propaganda, indirecta también, cerca de los visitantes;—omitiendo, por supuesto, hacerla con quien hubiera podido tenerla por solicitud o debilidad.—

Aquí me vine, a este rincón de mar, a componerme, como le digo, el espinazo, trabajando sin tanta conversación como en New York,—a recoger los últimos hilos de todos esos trabajos,—y luego, por el primer vapor, antes de fin de mes, a Santo Domingo.

Leo y peso cuanto Vd. me dice, y viene muy a hora todo lo que se refiere a Gómez. En este instante de desorden en la Isla,—sin trama de ningún modo bastante, ni confianza general aún, para echarla a la guerra, pudiera ser que, en vez de añadir causa de recelo a los españoles y de esperanza excesiva a los pocos cubanos definitivamente decididos, debamos extender con gran energía callada la organización, sin exponernos a que nos saquen a la obra antes de que ni adentro ni afuera tengamos fuerza para ella. Mi convicción es que, con el estado actual de la Isla, si consiguiésemos en seis meses, agitados por una propaganda recia y graduada en el país, los medios suficientes para la guerra, podíamos intentarla con éxito,—podíamos vencer, por fin. Lo siento en la médula de mis huesos. ¿Cuál es mi objeto? Guiar nuestra política, con energía y sin ostentación, de modo que por el resultado natural y pronto de ella, entre los cubanos y los que no lo son, reunamos los recursos de la guerra antes de que nos la puedan copar los españoles. Iremos graduando presencias y ausencias, de modo que ayuden a este fin, sin comprometérnoslo. De Gómez, de quien sólo grandezas espero, hablaré con él mismo, a ver cómo se ajusta su situación a la conveniencia pública, y cómo se organiza *sin demora y*

sin alarma.—A los fondos *reales* nos tenemos que
ajustar, sin caer en la dificultad de intentar lo que
nos tenga después de limosneros, salvando así el
primer escollo, que sería el no inspirar respeto, por
la excesiva dependencia, a aquellos de cuya ayuda
tenemos que depender en toda nuestra obra. Esta
es tarea sutil, en la que hay que comerse los nudos
de impaciencia; pero se va más lejos con un poco
de economía digna y forzosa.

Mejor es ponernos en condiciones que nos ofrez-
can,—que mostrar, acelerando gastos cuantiosos, la
penuria de que nos han de salvar los mismos que la
harán mayor en cuanto crean que los necesitamos
para salvarnos de ella. Y en cuanto hayamos salvado este primer paso, y podamos movernos con
desahogo,—haremos lo que no debemos aún intentar hoy.—A los poderosos, Serafín, les tocaremos la
puerta; pero la amenaza de guerra cercana no basta,
como no le bastó a Gómez cuanto tuvo a su alrededor todos los elementos de guerra visibles. Y
pronto les tocaremos a las puertas; pero aún estamos
viendo, con verdadera dificultad, como le buscamos
a cada uno el llamador que le pueda hacer responder.—Vd., por ahora, quédeseme allí, inspirando con
su determinación y refrenando con su respeto; allí,
ejemplo vivo de la doble especie de virtudes por
donde se completa el cubano revolucionario; allí,
*desmintiendo precisamente con su presencia el argu-
mento feamente usado, y con verdadero éxito, por
los autonomistas, cobardes o ambiciosos, y por los
revolucionarios arrepentidos,* de que "no hemos

aprendido con los tiempos, y queremos invadir el país sin preparación, y lo alarmamos con correrías antes de tener el derecho de alarmarlo con los recursos que puedan bastar a atender a las consecuencias de la alarma",—y otras lindezas más, muy esparcidas en la Isla, y en la Habana sobre todo, por gente de relativa autoridad,—y por revolucionarios eximios! Por ahora, demos en ese clavo, y hagamos lo contrario de lo que se cacarea de nosotros, mientras ganamos fuerzas y crédito, a fin de que al enseñarnos después en otras formas, se pueda calcular con razón que tenemos más de las que en realidad tenemos.

Vea qué larga va la carta, y no he comenzado a hablarle. Véame angustiado, para que me alcance el tiempo: angustiado, de los muchos deberes, y la certidumbre de que los podría atender, y el miedo de que no estén a tiempo, por desidia o irregularidad, los medios de atenderlos. Véame ansioso de la entrevista con Gómez, que creo preparación definitiva para los trabajos formidables, del invierno.

Y ¿qué le digo Serafín? ¿Quién sabe si dentro de poco tiempo ni desearé, ni pediré, compañero más íntimo que Vd. por estas tierras, a pesar de los gastos y fríos, caso de que allá, que de veras lo dudo, se pudiese con los desenvolvimientos, prescindir de Vd? Déjeme hacer, y graduar. Y crea que anhela mucho entrar en Octubre, y que sólo para su tierra y su mejor servicio vive su

JOSE MARTI.

3

A FERNANDO FIGUEREDO

18 de Agosto, 1892.

Sr. Fernando Figueredo.

Amigo muy querido:

Aquí he venido a este silencio del mar, a poner
en junto los últimos hilos del trabajo de estos días,
que ha sido el que puede Vd. imaginar, con la
marea que me encontré por acá y la oportunidad de
corregir errores y sembrar impresiones entre los cubanos transeuntes, así como lo de buscar amigos con
que parar el golpe, para nosotros inoportuno, con
que quisiesen embarazarnos en la arrancada los vigilantes enemigos. ¿Y esa carta, amigo Fernando,
la de las firmas, en que de ningún modo permito
se omita la de Vd., y me es indispensable para que
salga con todo su valor el manifiesto al país? Vea
que ya sólo estaré aquí unos doce días más, orde-
nándolo todo, y preparando en el trabajo recogido
del campo la salud que he llevado en puntales en
estos días de azar contínuo, en que creo haber ganado más respeto entre la gente del Norte, en lo
que cabe y es lícito esperar—haber inspirado a la
gente de Cuba más respeto por nosotros y más fe
en nuestros métodos, haber impedido una persecución escandalosa y, por lo menos, poco deseable—y
haber apretado un poco más los lazos con un país
vecino. ¿Qué más puede hacer, con la médula que

se trajo molida del viaje, este flaco amigo de Vd? Ahora, con todo esto de lado, a Santo Domingo. ¿Qué me dice, Fernando, de esfuerzos y sacrificios, a propósito de Gómez? Pero ¿Vd. no sabe, aunque le parezca de mi parte afirmación muy zancuda, que no hay en mi persona una partícula de egoísmo ni soberbia, ni de pensamiento y cultivo de mí propio—que es mi almohada la muerte, y Cuba mi único sueño—y que sólo me tengo y uso para allanarle dificultades y para servirla? Gozo con que me amen; gozo con que Vd. me quiera, y los pocos hombres que valen lo que Vd; gozo con la amistad y distinción de su noble casa; gozo con la virtud de mis paisanos; y yo, como un niño, me voy, limpio, a la tumba. No es que me muero, porque viviré mientras le sea útil a mi país. Pero siento que las pasiones se han desprendido de mí, como se desprenden al desnudarse las ropas. No hay en mí un átomo de satisfacción ni de impureza. Yo me veo en el portal de mi tierra, con los brazos abiertos, llamando a mí a los hombres y cerrando el paso a los peligros. Pero así no más me veo; seguro de que me harán morder la tierra los mismos a quienes he ayudado a salvar. Pero sonreiré lo mismo que ahora. Y con esta alma, y seguro que de antemano me la conoce y entiende el bravo viejo, iré, con la firme sencillez de que ya él sabe, a ver al glorioso Gómez. Yo abriré así un cauce amoroso, y los que vengan de mí tendrán que entrar por el cauce.

Ahora, a lo del correo. Desde antes de mi llegada al Cayo, desde la colecta pública y el banderín, movieron los españoles el caso en Washington, y creyeron tener la oportunidad que necesitaban, sin que les faltase por desdicha benevolencia en la actual Secretaría de Estado—que con causa me dice Vd. lo que me dice—,y si bien creo que con contínua habilidad podremos obtener más respeto en el Gobierno del Norte del que ahora gozamos, y ayuda—más moral que material—en el pueblo norteamericano, ayuda en que insisto y que preparo, y creo hemos de conseguir, pienso, como Vd., que con el brazo propio, y no más, hemos de obtener nuestra emancipación, y mover a consideración a los que quisieran estorbarla. La excursión por Florida, y la prédica inglesa, y el uso oportuno de la alta prensa de New York, comenzaron a desviar el golpe. Yo no quise a mi vuelta extremar caso público, ya por las aserciones ligeras de nuestra parte que hubiera sido fácil comprobar, ya por no haber querido, hasta tener seguridad plena de nosotros mismos, establecer inteligencias extraoficiales con el Gobierno norteamericano; ya por la certeza de no salir muy bien librado con la actual Secretaría, cuya historia y entrañas conozco. Pero he hecho de modo que donde debe, conste, por gente de peso, nuestra protesta privada, y así he puesto el caso con mi viaje a Washington, cerca de buena gente, y mis entrevistas en New York y Filadelfia. Al llegar la carta que se había entregado a Benjamín Guerra, abierta, y sin razón, aparte de otra recibida en mi oficina y cuyo sobre no se me reservó, fué la que incluía el resultado de la colecta en los talleres. res-

paldada por R. G. Socorro, 902 Tablas, Secretario
público del Consejo en los días de la colecta, y el
banderín, cuyo sobre retengo, marcado con los nu-
meros 57155 y 20301 al frente. Pero creo desvia-
do el golpe mayor, y nuestro manifiesto al país,
junto con nuestra absoluta prescindencia de ostentación de carácter armado, completarán por ahora
la obra. Del Gobierno, por hoy, no se me ha ocu-
rrido impetrar ayuda; sí del país, y lo estimulo a
que le muestre y haga que se le muestre justa amistad, aunque en la variación perceptible de algunas
caras rubias del Cayo que Vd. conoce, e iban a
bordo, comprendí sin comunicar a nadie mi impresión, que desde antes de mi salida corrían ya por
allí vientos contrarios. Pero nos es muy fácil completar nuestra obra sin chocar para nada con la ley
del país; y yo, aunque indignado a mis horas, casi
me alegro, más que me duelo, de esta vigilancia que
nos obliga a la discreción y trabajo callado de que
necesitamos dar muestra contínua a nuestro país.

Aquí, Fernando, acabo, porque se va el correo.
En Juanita he estado pensando desde que comencé
esta carta; que muchos han de ser los años que
pasen para que pueda yo olvidar a compañera de
sus méritos, ni a persona o cosa alguna de su casa.
De *Patria*, sólo que no alcanzó a tiempo el correo.
Ya verá qué periódico a la vuelta. De Guerra, ce-
lebro que esté allí, donde puede dirigirlo la superior
dirección de V. A Teodoro, el martes. Y un abrazo de su

J. MARTÍ.

4

A JOSE DOLORES POYO

[Agosto, 1892]

SR. JOSE DOLORES POYO.

Amigo querido:

¿Será tiempo ya, ni he tenido siquiera tiempo, de recordarle las memorias, para mí gratísimas, de un viaje ni por un momento deslucido con ninguna de las pequeñeces o malignidades humanas? Esa sí que es la fuente de juventud que buscó en vano el Ponce de León. Llegué, caí, me levanto hoy, tengo la casa llena de gente, aunque hay mucha regada por el campo, y sólo le pongo estas líneas para decirle que la enfermedad no es cosa mayor, que no me alcanzó para ordenar la oficina, las comisiones, el periódico y tanto hilo suelto, y mi próxima ausencia, que tengo necesidad de acelerar mi viaje, que he hallado aquí entre la gente veraneadora de la Habana más respeto y visitas que las que hubiéramos podido esperar; que el Gobierno español parece haber entablado reclamaciones sobre la *forma armada y organización armada visible* del Partido Revolucionario Cubano; que sería grave por el resultado en la opinión en Cuba y aquí, que al nacer diésemos pruebas de incapacidad e indiscreción en cosa tan fácil de evitar; que desde el Consejo exija absoluto sigilo en lo interior de los clubs sobre esta organización, y ejercicio y compra de armas; que no se dé *prueba escrita susceptible de caer en manos del correo avisado que las busca*, de que se están reuniendo armas contra España, que el público aquí habla más de lo que debe de Angel Guerra; y de ahí han venido cartas a él que deberían habérsele entregado acá a su venida. Van los comisionados. Publico los manifiestos a Cuba y a los Estados Unidos. Salgo para Santo Domingo. Reprimamos mientras completamos. No demos ocasión, sobre todo, para querella alguna de este Gobierno, donde no tenemos hoy amigos. Especialmente le recomiendo esto último, porque por ahí viene un peligro. La Convención obrará con todo su juicio en lo de Guerra. Por lo demás, ¿qué le habría de decir que no le pareciera pedantería? Muévame en junto su ejército; no le deje tiempo para fruslerías intestinas. Urdameles una buena conferencia sobre "El carácter cubano probado en la guerra y el destierro", sobre "Los elementos sociales de Cuba", sobre "Los caracteres indispensables de una República verdadera", sobre tantas cosas y mejores que le han de ocurrir con su debate entre espontáneo y preparado para después del tema. Prepáremeles una fiesta vistosa, dramática, toda de asuntos revolucionarios; con escenas de la guerra, episodios contados desde la tribuna. Séame regañón en lo de los fondos de guerra; no permita en eso remolonerías. Ya sé que se está pobre, pero ¡es tan poco lo que hay que dar!

Aquí callo, sin darle idea de las múltiples atenciones, de personas y de hechos, que me esperaban a

mi vuelta. Todo se hace al mismo paso a que an-
duvimos por Florida. Otra vez le ruego lo del cuidado sobre querellas con este Gobierno. Róbese horas, y cuénteme. Y crea que es grande y muy grato
el cariño que le tiene, después de haberlo visto tan
de cerca.

Su

JOSE MARTI.

¿Recibió por Gerardo unos centavos que olvidé
devolverle, y me adelantó Vd. en el correo del viaje
para gastos públicos?

DE *PATRIA*, NUEVA YORK

20 de Agosto, 1892

La Recepción en Filadelfia

LA RECEPCION EN FILADELFIA

Digna de estos tiempos de obligación y trascendencia, de estos tiempos en que no hay palabra perdida ni acto tibio, fué la recepción con que los cubanos de Filadelfia señalaron la visita a la ciudad
del Delegado del Partido. Y fué símbolo de nuestra política de verdad, conjunto y concordia la fiesta
de la emigración de Filadelfia, donde los viejos per-
sisten, y ponen en la madurez de su razón el fuego
de la juventud; donde los jóvenes, sobrios y enér-
gicos, los imitan; donde la anciana lleva aún al corazón la escarapela que lució al sombrero libre Ignacio Agramonte: ¡escarapela muy usada!: le ofreció
una bordada de sus manos una cubana fervorosa, y
se apeó el héroe cortés, y arrancó de su yarey de
pelear la reliquia que conserva nuestra anciana fiel:
¡por todas partes, con su mantón sencillo y sus canas queridas, estas ancianas que no se nos fatigan,
estas madres que crian a sus hijos para que abran
el camino donde la yerba piadosa cubre la sepultura
de sus padres, estas viudas de paso firme que de
los quehaceres de la casa del destierro salen, con
el medallón del esposo muerto al pecho, a acompañar la bandera por que murió, estas madres que en
su caja de ámbar guardan la insignia que desafió
tantas veces arrogante la bala enemiga! ¿Y hay

hombres que se cansan, cuando las mujeres no se cansan? Bastaríales ver aquellos rostros, sentir el calor de aquellos abrazos, recoger la promesa callada de aquellas manos útiles, para que, los que miden la pujanza del país por la escasez e incredulidad de sí propios, entendieran el hecho revolucionario, que es la creación en Cuba de un criollo suficiente y viril, diverso del dudoso y asustadizo que cría en sus pañales ensangrentados la colonia. Unos hombres sirven de puntales, y otros hombres necesitan de ellos. Y los de Filadelfia, sirven de puntales.

A la cabeza de la comisión que se agolpaba a la reja del ferrocarril, a saludar al Delegado que llegaba; y al Tesorero a quien un quehacer ineludible detuvo en New York, iba, con todo el fuego de su fe, y con su mucha hombría, nuestro industrial Marcos Morales, que a los diez y nueve años, en los grandes ahogos de la emigración, levantaba con dos compañeros el pan de aquella casa donde el cubano leal tuvo siempre, mantel y rincón, y hoy, sin más padrino que su honradez y su ingenio, ve premiados con la fama los productos de la fábrica donde viven en hermandad doscientos hombres. A pocos pasos saludaba al Delegado José Ramos, que perdió a su padre, al anciano abuelo, y a dieziocho parientes más, en la guerra primera, a los unos en pelea, a los más, contra una tapia; agujereados por balas asesinas. Y al volver a New York el Delegado, la última mano que apretó fué la de un hombre que ni en una guerra ni en otra, porque peleó en

las dos, se movió de su caballo mientras quedó un
pelotón con la bandera, y hoy, en la riqueza de su
trabajo, aguarda, fuerte de hombros y hecho a mi-
rar de lejos, la hora de que se vuelva a oir por el
monte el nombre del comandante Braulio Peña:
¡cubanos que crean; cubanos que recuerdan, cubanos que saben por su persona como de la guerra se
sale con buena salud! Los que no conocen a estos
cubanos temen por Cuba, a los sociólogos de zancos
y monóculo que ven a su tierra por sobre el borde
del cristal inglés; pero los que les palpan a estos
cubanos el corazón, los que les ven hombrearse con
la dificultad y centellear con el recuerdo del heróico peligro, los que ven halando de la tarea en el
taller al oficinista y al comandante, al fino mulato
baracoeño y al blanco "que se honra en tenerlo por
amigo," al emigrado de familia y letras que pudo
cambiar su mesa libre de trabajador por un quehacer más pomposo y lucrativo en la servidumbre ha-
banera, esos no temen por Cuba.

Apenas tuvo tiempo el Delegado para estrechar
tanta mano calurosa, para conocer en cuanto al paso
veía las muestras de la obra firme y entera de aquellos cubanos, para visitar el taller, cuidado como
una casa de familia, del presidente del Club "Ignacio
Agramonte número 3," del victorioso Marcos Morales, que es criollo a quien se saluda con agradecimiento, por el respeto que de todos merece en la
ciudad donde vive, porque cuanto le prospera alrededor es la obra de sus manos, porque al cerrar la
semana de labor, con más júbilo que sus ganancias

cuenta dichoso la suma que reparte entre sus compañeros: "este criollo me gana cuarenta pesos a la
semana": "este otro me ganó la semana pasada
cincuenta y dos pesos," y la luz de aquellas paredes
azules cae en los rostros afables de los trabajadores. Marcos Morales es hombre de veras y su casa
de terciopelos y nogales, con mucha raíz de hijo en
la tierra extranjera, es como aquellas casas pías de
nuestro terrón, donde se le tiene el estribo al desconocido, para que se siente en el taburete de la
cabecera, y tome la taza del mejor café A Marcos
Morales le ha alcanzado el tiempo para levantar
una fortuna, y para servir a su patria: "de estos hijos que adoro, el único que me parece hijo mío es
el que ama a Cuba como yo": y así es que habla de
hombre a hombre con la ciudad que lo ha visto crear
y lo respeta.—A los que no saben crear, sino gruñir,
las ciudades no los respetan.

¿A qué decir que en la sala de la recepción, que
es de lo más bello que Filadelfia tiene, era difícil
abrirse paso por entre los cubanos apiñados en torno a un mástil donde, como lección oportuna las
banderas que lo ciñen sobre lo alto descansan sobre
los rifles que le rodean el pie? ¿A qué hablar de
la acogida entrañable; de la familia de tres genera-
ciones, que no ha degenerado, y allí estaba entera,
desde la plata de los ochenta años hasta el oro de
los rizos rubios? ¿A qué hablar de los vestidos aé-
reos, y de las niñas cargadas de flores? Con las
mujeres hablaremos despacio después, cuando la libertad conquistada por nuestro esfuerzo, para la paz

de su vida y el decoro de sus hijos, nos dé el derecho
de hablarles: hoy a la luz de sus miradas, y con
el ejemplo de sus virtudes ¡sigamos el camino! La
mujer ama al hombre valiente: desdeña al cobarde.
¿A qué decir que en la ciudad donde los cubanos
viven, cualquiera que sea su haber y oficio, con la
finura y respeto a que está obligado en el destierro
todo hijo leal de Cuba, no estaban solos en las fiestas de Cuba sus hijos, sino con mucha y buena compañía de los norteamericanos que han traído al cariño
de su causa por la fé y estimación que les inspira la
práctica patente de nuestra virtud? Allí, como jefes
reconocidos, bullían los ancianos; los jóvenes, con
ansioso recogimiento, se apretaban, como para oír
mejor; los norteamericanos numerosos atestiguaban
con su presencia la simpatía que es dable levantar
en un pueblo libre con una conducta viril; los recién
llegados de Cuba, cada vez más señalados en nuestras juntas, asistían absortos como a una revelación;
y sin razón de miedo ni bochorno, porque estaban
en la casa de sus hijos, porque para defender la libertad hasta la muerte no es necesario odiar al que
defiende la libertad, tenían allí asiento hermano muchos españoles.

Con la elocuencia de su corazón, que le inspira
magníficos arranques, abrió la junta desde la tribuna, ocupada por las directivas de los clubs "Ignacio
Agramonte" y "Silverio del Prado," el presidente
Marcos Morales, saludado por continuos aplausos.
Y no cesó ya la oratoria notable de los que en su
palabra saludaban en la persona del Delegado la

política magnánima y activa del Partido; porque cuanto allí se dijo era de oratoria nueva, donde el carácter es más que el fraseo hojoso, y donde la aspiración romántica a la libertad, y la celebración nula de nuestro indiferente azul y nuestros pródigos verdores ceden el espacio a las lecciones útiles, al análisis de nuestros problemas, y al estudio de los remedios con que podemos aliviarnos. La modestia singular de Zamora, el Presidente de "Silverio del Prado" fué sobrado discurso. Era de oir, en su castizo castellano, el consejo del culto Lucena, que repasó nuestros yerros, buscándoles sin ira las razones, y no pedía entusiasmo de flor de humo, ni patriotismo mensual, sino una virtud que calienta día por día, lo mismo que el sol: y una acción tan constante como la de nuestros enemigos: "Como la filosofía química es la política, cuyo objeto es descubrir las transformaciones de las sustancias, y leyes que rigen estos cambios": "Los problemas resueltos a medias, no traen más soluciones que términos medios." Era de oir, como de patriarca, la palabra evangélica toda en puro pensamiento del anciano que hablaba "cargado de mis propios defectos y de los demás," del incólume José González: vibrábale la voz, como a quien clama por madre infeliz; era angustiosa y tiernísima su súplica: "¿Qué especie de hombres seríamos nosotros si no cumpliéramos con el sagrado testamento que sellaron los héroes con la propia muerte, ni qué cuenta daremos en la historia a los que nos han de suceder, si no aprovechamos los recursos que nos han legado?" "Y haremos esta cruzada con toda la nobleza que reclama la causa santa que defendemos, sin los odios que afean las mejores acciones, ni la venganza que traspasa los límites de la justicia." Era de oir el arrebato con que, del corazón criado en lo verdadero, saludó Marcos Morales al español Ramón Alvarado, que entre aplausos calurosos subió a la tribuna, no a vocear odio indigno contra la tierra en que nació, ni a prometer cargarse de armas contra ella, sino a proclamar, con palabra tan elegante como conmovida, que en la pelea por el decoro humano, en Cuba como en todas partes, estarán todos los que amen el decoro contra los que lo oprimen; para declarar que el amor a la tierra en que se nació no puede ir hasta las ofensas a la libertad que se cometen en su nombre. Y en representación de sus compatriotas, con elocuencia probada en mucho pase difícil, saludó a los cubanos el pudiente abogado J. G. Scott, no a los cubanos "que esperan inútilmente la solución de sus negocios propios de la caridad ajena, que puede cobrar demasiado caro por lo que dé, como sucede casi siempre con las limosnas que se hacen a una gran hermosura, sino a los que, con la prueba de patriotismo independiente y varonil de que dan muestra bastante los cubanos de Filadelfia, obtengan por su respeto propio, y el respeto a los suyos, la simpatía y ayuda que les debe todo americano previsor, y todo amigo sincero de la libertad."

Había de responder el Delegado, con tan noble fiesta recibido, a la señaladísima consideración de que

en actos y palabras se le rodeaba, a la acogida, no
exenta de conmovedora ternura, de que fué objeto; y
ni el espacio, ni la moderación natural en lo de la casa
propia, permiten describir aquí minuciosamente la
viveza con que, en la persona de su representación
visible, aclamaron aquellos emigrados la política de
cordialidad veraz, de concentración rápida y segura
de elementos, de democracia redonda, sin tratos
ocultos con el aspirante inquieto o con el soberbio
poderoso, con que ordena las fuerzas de la independencia el Partido Revolucionario Cubano. A lo vivo
y actual se atuvo en su discurso, puntuado continuamente por aquel aplauso grato que viene del placer
con que los oyentes reconocen en el que les habla
su propio pensamiento; y la oración que comenzó
con el análisis de los elementos políticos de Cuba,
muy distintos hoy de como eran al iniciarse la primera guerra, terminó con la explicación clara del modo
con que pueden componerse en justicia para el bien
público durable. Apartó de sí las celebraciones que
a su juicio pertenecen sólo, no a este o aquel hombre
providencial, sino al pueblo entero, a la masa de inteligencia y virtud del país que en la hora del desorden culpable, y de la gran agonía, preparan, con
indulgencia para toda especie de pecadores, una
revolución que lleve en las entrañas gérmenes suficientes para librar a la patria, con libertad de honda
raíz, de todos los desórdenes. Sólo tienen derecho
a fomentar las guerras los que allegan los medios
necesarios para su triunfo útil y duradero. Ya pa-
saron los tiempos de patriotismo vago, en que a todo

se iba, aun a meras y embozadas esclavitudes, con
el engaño fácil del nombre de independencia. Los
cubanos flojos, producto natural de la colonia que
favorece la soberbia y la mentira, se han rehecho
de la sorpresa que los llevó la primera vez, arrollados,
a la revolución. Esta no es campaña de sentimiento,
sino de extricto raciocinio; y la revolución ha de
continuarse de manera que comprenda en sí leal-
mente los elementos que le son indispensables para
vencer, y destruya con su marcha cordial y soste-
nida, a la vez rápida, y prudente, y firme y total,
los temores, o mentidos o reales, de los que, cara a
cara de nuestras afirmaciones y hechos, creen o apa-
rentan creer, contra nuestra historia y nuestro plan
público, que los únicos que de veras velan por la
isla y conocen por las ciudades y los campos y el
extranjero todo su problema actual, pudieran ser sus
invasores alevosos, o sus soberbios e ineptos pertur-
badores: el miedo, y el deseo de hallar excusa para
desatender la obligación difícil, ciega a los hombres
en verdad, y los lleva a la injusticia y a la calumnia.
"la revolución entera queremos, con todas las fuerzas de la paz de la república para mañana: no la
revolución incompleta, que haga necesarias rebelio-
nes sangrientas futuras; no la revolución que con-
tinúe los errores de la guerra pasada, e intente fundar el país con una oligarquía disimulada y senil, de
característica literaria, sobre un haz de comarcas
noveles, de democracia campestre y levantisca, sino
la revolución que, con el conocimiento detallado del
país, y en vista de todos sus intereses y relativas

incapacidades, construya con previsión y caridad el pueblo que no es lícito ensangrentar a deshora con una mera revuelta de las que suele aconsejar la ambición personal, o el interés de un gobierno que quiere con ella mantener el estado de guerra, y quitar crédito a la obra creciente de la revolución!"

Acaso de todo el estudio político, en que no quedó factor cubano por enumerar, fué lo más gustado la explicación de las causas por qué el español, en consecuencia de su violenta composición nacional y de su carácter alterado por ella, puede ser naturalmente amigo del espíritu de independencia y amor a la libertad de los cubanos: aunque no se oyó con menor atención el repaso histórico de las incapacidades, al parecer insuperables, de las trece colonias con que comenzaron los Estados Unidos, la prueba por extricta comparación de nuestra capacidad para vencer, en mejor época y con mejor país, dificultades menores, y análisis del espíritu diverso de ambos pueblos, y de las condiciones de independencia mutua con que pueden únicamente vivir en paz. Y al fin expuso el Delegado los recursos de los enemigos, y los que tenemos que allegar para combatirlo con éxito, las dificultades de composición de la política revolucionaria y la obra de todos, penosa y continua, con que se ha ido convirtiendo y seguirán convirtiéndose los obstáculos en ventajas; las fuerzas de discordia y resistencia del gobierno español, y las que nosotros necesitamos, de concordia y de ataque. ¿A qué—repítase—contar aquí el entusiasmo, la identidad. la satisfacción. el cariño? Cuando la concurrencia se puso en pie, la concurrencia que rebosaba en el salón, leyó en inglés la secretaría, entre muy largos aplausos, estas tres resoluciones:

Se resuelve: Que los cubanos y puertorriqueños de Filadelfia, juntos en asamblea general, reiteran sus declaraciones de adhesión a la política de conciliación y organización del Partido Revolucionario Cubano, y aplauden los métodos con que esta política se realiza, en acuerdo con la constitución y fines democráticos del Partido.

Que los cubanos y puertorriqueños de Filadelfia, en conformidad con las declaraciones reiteradas del Partido Revolucionario, no favorecen esfuerzos insuficientes y parciales que podrían innecesariamente violar las leyes del país, cuyas libertades y hospitalidad han aceptado de buena fe; sino que, en cumplimiento de su deber para con la patria, y sus obligaciones de partido, contribuyen a unir, con propósito y fuerza bastante, a todos los elementos necesarios para acelerar, por una organización revolucionaria de espíritu y métodos democráticos, el establecimiento de una república donde todo ciudadano, cubano o español, blanco o negro, americano o europeo, pueda gozar, en el trabajo y en la paz, de su derecho entero de hombre.

Que a la vez que reconocen que la diferencia grande, potente, de prácticas políticas, antecedentes históricos y composición nacional entre Cuba y los Estados Unidos, no sería condición favorable a la anexión política, peligrosa e innecesaria a los Estados Unidos,—los cubanos y puertorriqueños de Filadelfia, en extricto acuerdo con las declaraciones expresas del Partido Revolucionario Cubano, tienen en la más alta estima, por las necesidades comunes de la hora presente, y la decorosa amistad en lo futuro, la simpatía del pueblo de los Estados Unidos, al cual les une cordial gratitud política, y la igual determinación de mantener el bienestar y libertad del hombre."

Patria, 20 de agosto de 1892.

DE *PATRIA,* NUEVA YORK

27 de Agosto, 1892

1

LOS SUCESOS DE TAMPA

Ha vivido nuestro pueblo de Tampa en estos días
últimos, por provocaciones censurables, en alarma
continua. Nuestras casas han estado sin paz; nuestro trabajo ha sido sitiado; nuestra buena fama fué
dañada en público; y nuestra sensatez ha triunfado
de la provocación. Y era, en verdad, provocación
grande e injusta, que ha de afearse a solas toda alma
bien puesta, la de perseguir, en su pan y en su crédito en el pueblo extranjero al pueblo a que se obliga
en el país natal a la miseria, y al destierro voluntario;
la de pretender castigar en un pueblo que se eman-
cipó de su metrópoli, a los hombres honrados, hijos
de España o de Cuba, que creen que Cuba debe
emanciparse de su metrópoli.

Ha de haber un límite a la pasión política del
hombre; que es el respeto a la virtud humana, que
sólo deja de conmover a los que no la poseen, e
impone respeto a los que, por llevarla en sí, pueden
apreciarla en los demás. Ni es dable, ni es honrado,
valerse de un país libre por el esfuerzo de sus hijos
para acorralar a los que quieren hacer su país libre
con su esfuerzo. En la alta moralidad del mundo,

es un verdadero robo. Y si hubiese en Tampa españoles que, por el espíritu dominador que ha afeado a su raza, o por su falta de respeto al hombre de
alma libre, o por ganar fuera de España una fama
inhumana y culpable, llevaron su odio despótico
hasta intentar reducir con la privación de pan diario,
a los españoles que prefieren la España del Alcalde
de Móstoles a la de Felipe II, y a los cubanos que
de sus padres de España sólo aborrecen la sangrienta
tiranía, sea lícito esperar que les conmueva el pecho
duro, y les saque al sol lo que les quede de hombría
castellana, el cariño con que los cubanos, ahogados
en la sangre y el vicio por España, acogen a los españoles de alma libre que padecen de la persecución
del español tiránico. Esta no es la pelea del cubano
contra el español; sino del Alcalde de Móstoles
contra Felipe II.

Los sucesos son ya pasados, y el recapitularlos
mismo los pudiera agriar. Parece que el elemento
español que intenta alzar en un pueblo de los Estados Unidos una fortaleza de la dominación de España en Cuba, vió con ira que los españoles liberales
de Tampa declarasen su simpatía por la independencia de Cuba, al pie de la bandera blanca; en la persona del delegado del Partido Revolucionario Cubano, que es hombre que morirá al pie de la libertad,
abrazando en ella a españoles y cubanos, pero ni
lisonjea pasiones, ni compra ejércitos para su ideal
con una sola flaqueza complaciente, o compromiso
tenebroso, del Delegado que, frente a ricos y pobres,
y con más pobres en frente que ricos, declaró su

respeto por todas las doctrinas, sean cualquiera sus nombres, que busquen, con respeto a las de los demás, la plenitud del derecho humano, y recordó, entre unánimes vítores, que cuando en la guerra pasada necesitó un barco que llevara a Cuba la república para todos, no fueron los pobres los que de un sólo impulso se lo dieron, sino un rico: ¡y hay bribones, por Cuba y fuera de Cuba, que ponen aquella sublime conversación, en que la tierra se abrió y dió nueva luz, en que resplandeció en su mayor beldad el alma humana, como un trato entre los cubanos que quieren abrir en su patria libre casa para todos, y una especie de españoles que quisieran sentarse, desgreñados y humeantes, sobre las ruinas del mundo!

Parece que el elemento español despótico, en castigo de la manifestación, dictó medidas en los talleres de tabaco que levantaron de ellos a la vez a españoles y cubanos indignados de que se quisiese acorralar por hambre, en país extranjero, a los españoles que, sin una palabra vergonzosa, o indigna de un hijo, se habían declarado más amigos de la concordia entre los hombres que de la tiranía, aunque la tiranía fuese ejercida sobre su propia prole por España. Parece que un grupo de hombres, poco digno de aplauso, aguzó el odio viejo de Cuba y España, que vamos enterrando, e intentó romper la huelga. Parece que el cubano, que sabe llevar su sangre de la rienda, y verterla donde es menester, verterla por los hijos mismos del país que los diezmó y que los oprime, puso el pecho a la dificultad, y

estorbó, con el influjo unánime y visible de su determinación, que se ocupasen por hombres codiciosos o complacientes las mesas de donde se había
echado a los amigos de la libertad.   Parece que el
dueño del taller en huelga lo abrió a los operarios
primitivos, españoles y cubanos, que no quisieron
sentarse codo a codo con los que fomentan en tierra
enemiga el odio contra sus propios paisanos, y la
división entre los que pueden y saben vivir en paz.
Parece que el grupo escaso de provocadores logró
al fin exasperar al pueblo ofendido que rodeó la
casa donde en consecuencia de sus retos se asilaron,
y los dejó salir en paz, los mil hombres ofendidos a
los cinco que los ofendían, en manos del alcalde de
la ciudad.   Y a la exitación maligna de los cinco
provocadores,—de los cuales dos al menos están,
según parece, perseguidos en Cuba por la justicia
criminal,—en que mueven al pueblo norteamericano
de Tampa, con abuso censurable del terror que ahora
inspira el mote de anarquista, al odio contra los españoles que con esta palabra denominan su pasión
por la equidad social, y contra los cubanos culpables
de pretender para Cuba la independencia que pre-
tendieron y lograron los norteamericanos, a la carta
firmada por los cinco provocadores, respondió, en
el mismo periódico, la relación verdadera de los
sucesos suscrita por mil firmas, españolas y cubanas.

Los sucesos ya han pasado, y es dable esperar que
los que los promovieron, refrenando la singular vanidad que suele hacer de la constancia en el delito un
título a los ojos del hombre, reconozcan el yerro de

castigar en sus propios compatriotas una opinión sincera, y de llevar la mano de la pasión o la venganza contra los hombres generosos que arriesgan, por defender lo que tienen por justo, la ira de quienes pueden quitar a sus hijos el pan de la boca; ¡debe andar triste por dentro, el corazón de quien ayuda a oprimir a los hombres! ¿Y es hombre, el que ayuda a oprimirlos? Pero sería inútil el arrepentimiento o la desaparición de los provocadores de esta vez, o de los que los imitasen, si persistiese, con violación manifiesta de la hospitalidad, de la prudencia y de la lógica histórica, el espíritu irreconciliable español que pretende levantar en un pueblo emancipado de su metrópoli una ostentosa fortaleza contra los cubanos que quieren emanciparse de España. Es lícito y natural que los cubanos usen de los derechos públicos de un pueblo independiente por sus mismas razones y medios, para adelantar las razones y medios de su independencia. Es ilícito e innatural que los españoles que han incapacitado al cubano para librar con honra su sustento en la tierra nativa, salven el mar, con odio incorregible, y hostiguen y rodeen al cubano en el rincón extranjero donde halla un asilo. Es de esperar, y así aquí se ruega, que, mostrando en todo aquella hidalguía con que se ven en campaña la virtud los enemigos, vivan los españoles, irreconciliables, ya que en sus propios dominios no pueden vivir, en el respeto de los que como ellos emigran de una tiranía inhabitable para ganar el sustento, o vivir en el decoro de la libertad, sin esconder, en sus casinos y fiestas legítimas, las opi-

niones despóticas a que tienen pleno derecho, ni
ofender violentamente las opiniones liberales del pueblo que ha comprado su derecho a serles fiel con
la virtud del trabajo en la emigración, y en el combate con la sangre de sus venas. ¡Que todo español,
al acostarse Felipe, se despierte Alcalde de Móstoles!

Patria, 27 de agosto de 1892.

2

LO QUE HACEMOS

"...¿Qué hacemos, amigo mío, porque por ahí dicen que hacemos algo? Poco haríamos y mal, si
pudiese yo decir a usted todo lo que hacemos. Lo
primero, como usted comprende, que debamos hacer
es lo que no se puede decir; porque por el gusto y
fachenda de parecer muy activos no hemos de poner
un espía español en la pista de cada uno de nuestros hechos: ¿no recuerdo yo aquella casa mía terrible, donde me sentaba a almorzar rodeado de
polizontes disimulados, que se me entraban de ma-
ñanita cada cual con su regalo, éste con un pleito
tentador, aquél con la oferta de una dotación armada,
el otro con un Petrarca príncipe, luego que vieron
que por allí no prendían damas y pompas? Ni una
sola cabeza caerá en Cuba por nuestra culpa; porque

lo que necesitamos de Cuba no es el trabajo peligroso de la conspiración, ni el envío de los recursos
que ya por acá afuera vamos viendo modo de allegar;
sino la honrada certidumbre de que una suma suficiente de cubanos, necesitados de la guerra y capaz
de ella, desea firmemente, y con propósito de paz
y trabajo futuros, la ayuda que de fuera de la isla
podemos llevarle, y sólo obtendríamos, y solicita-
remos, con la autoridad que nos da, el consentimiento
de la Isla. Diga usted, pues, por allá que nadie
tema, ni crea que para tenernos amistad o para que
los tengamos por amigos, es necesario que nos den
prueba escrita de su fe, por donde España ir segando
los buenos servidores; sino lo que a la isla le pedimos
es atención suficiente para que vea el peligro en que
está de saltar a la guerra tras una guía soberbia e
incapaz, que ha rehuído las obligaciones de una situación que querrá encabezar luego,—y de sobra
entiende el buen juicio de usted lo que le digo,—y
para que confíe, con respeto y cariño, en los que,
abocado el problema revolucionario, están desde años
atrás quitándole todas las espinas, y poniéndolo en
condiciones de que venga a ser, ya que tiene que
ser, más provechoso que dañino..."

"...Y puedo decirle la verdad, sin quitarle ni
ponerle. No tenemos aún cuanto quisiéramos, que
si lo tuviéramos, al paso que se nos muestra la opinión, no estaría yo escribiéndole estas cartas; pero
tenemos ya abiertas, y creciendo, fuertes bastantes
para toda la necesidad; y si la necesidad surgiese
antes, de lo que convendría, si surgiese por estallido

irremediable en una situación, como la de Cuba hoy, de rebelión sorda y unánime, en que se sacuden juntos españoles y cubanos, tenemos la emigración organizada, la emigración incansable y continuamente productora; tenemos la fe jurada y el cariño fraternal de los hombres magnánimos probados en la guerra y ordenados para la próxima; tenemos la decisión de mover cielo y tierra, con alma democrática, con alma americana, y trabajar, hasta caer con el último aliento, mientras haya cubanos en Cuba que quieran rendir por la patria el suyo.—Por lo que no le valdrá al gobierno español, amigo, acelerarnos la guerra, puesto que tenemos en pie de ella a las emigraciones, y el alma encendida en un fuego que ya nadie apaga. Mejor será por allá el incendio que el chispazo; pero si por allá, contra lo que fuese de desear, asomase la chispa, acá, amigo, desataríamos el incendio. . ."

". . . Y mientras tanto, dígamele a todos que están todos convidados, que tenemos mucho estribo vacío, esperando a los jinetes que quieran montar,—que al que no haya recibido convite, por respeto a su cabeza no lo habrá recibido, no porque se le descuente, ni se le tenga en poco;—que sólo queremos, con el pleno conocimiento de los errores de la guerra, de sus causas remediables y de la situación del país, diversas en sus varias comarcas, y alterada por la guerra de diverso modo, prepararnos con tiempo para evitar al país una guerra desastrosa, para componer una guerra ordenada, y de buena semilla, y para ponernos al fin, amigo, acompañados del buen español, en condiciones de aspirar al producto del trabajo propio, vivir con seguridad y fijeza, y salir, de una vez por todas, de esta existencia sin rumbo y sin decoro..."

Así, entresacados al correr, dicen los párrafos de una carta donde se cuenta a un curioso de monta algo de lo que hacemos. Porque ya hay curiosos de monta.

Patria, 27 de agosto de 1892.

3

LA INDEPENDENCIA DE CUBA Y LA PRENSA DE LOS ESTADOS UNIDOS

Cuando el interés actual o futuro, el miedo al sacrificio, y la tradición oligárquica, pudieran intencionalmente demorar o impedir, en Cuba y en Puerto Rico, el conocimiento del espíritu y fines del Partido Revolucionario Cubano, cuando el temor exagerado de la inevitable lucha, y el poco saber de los cubanos mismos sobre los recursos suficientes de Cuba para la guerra y la república, mueven a hombres útiles a desear, para el mal urgentísimo, el remedio fantástico de la anexión a los Estados Unidos, que es a la política verdadera de Cuba como la alquimia a la química, y a la política verdadera de América como el veneno en la copa, cuando pu-

dieran los cubanos ignorantes o imprevisores tener
en menos de lo que deben el esfuerzo cordial de sus
compatriotas por componer en una política equitativa
los restos desordenados o dañinos de la guerra descompuesta, y de la política equivocada de la paz,
es oportuno tomar nota del respeto que el Partido
Revolucionario Cubano inspira a la prensa extranjera, y principalmente, a la de los Estados Unidos.

Patria hubiera podido, y debido acaso, publicar las
apreciaciones con que algunos de los periódicos de
más peso del Norte, como el *Herald* y el *Sun*,
el *Times* y el *Journal of Comerce*, comentaron los
actos públicos recientes del Partido Revolucionario Cubano, y los relatos y juicios de los diarios
de peso del Estado de la Florida, que vieron de cerca los métodos y fines del Partido, y castigaron de
alto, y por anticipación, a los que, por error de ligereza o voluntad enemiga, quisiesen presentar los
trabajos encaminados a reunir con energía y rapidez
los recursos necesarios a la revolución como trabajos
personales y alocados, con el fin preciso e inmediato
de intentar la revolución sin recursos, o sin más que
aquellos escasísimos que pueden venir del fanatis-
mo, la vanidad y la imprudencia.   Pero *Patria* vive
más preocupada de lo que queda por hacer, que de
lo que tiene ya hecho; y fía a la larga en la honradez
de sus compatriotas.

Mas hoy sí viene a cuento, por el servicio público
que importa, la reproducción de algunos de los conceptos, ya que el espacio no permite la de todos, con
que el periódico más respetado de Filadelfia, el *Pu-*

blic Ledger, comenta la recepción de los cubanos
de aquella ciudad al Delegado del Partido. De los
muchos diarios de aquella ciudad, donde la cuestión
de Cuba es hoy muy llevada y traída, no dejó uno
de describir con visible estimación, la entusiasta
asamblea, lo que es muy de notar, particularmente,
por el hecho de que la última de las resoluciones
de ella se declaraba, en plena verdad, hostil al pensamiento de anexión, que los observadores ligeros,
hechos a ver sus deseos como soluciones, creen más
arraigado en esa ciudad misma de Filadelfia, donde
fincan hoy intereses muy valiosos, y para Cuba, in-
fecundos, en la extracción y trasporte de la riqueza
minera del Departamento Oriental. Pero de entre
esas opiniones, ganadas naturalmente con una política franca y viril, sólo estractará *Patria* la del periódico que guía y refleja mayor suma de opinión
en el Estado de donde, por intereses encubiertos de
traficantes codiciosos y ásperos, han solido nacer
en no lejanos días crueles censuras de Cuba y de
sus hijos. Así empieza el artículo "Cuba Libre" del
Public Ledger del 18 de Agosto: "Anoche se celebró una reunión de cubanos y simpatizadores con
la independencia de Cuba. El mundo todo ama a
quien sabe amar, y a quien ama a su patria. La
causa de Cuba despierta simpatía por muchas razones pero principalmente *por el respeto que merece el
sentimiento que anima el actual movimiento revolucionario.* En cuanto se puede juzgar por los sentimientos patentes en los oradores y en la concurrencia, *éste es un movimiento vigoroso y digno en todo*

sentido de hombres honrados y amigos de su país."

Censura luego el artículo a los cubanos que creyesen que unas cuantas libras de pólvora, o de di-
namita, podían echar a España de su colonia valiosa
y de esta parte del artículo, viniendo como viene
esta opinión del diario de más fuerza, y de más relaciones, del Estado de Pennsylvania,—lo más útil y
oportuno es sin duda la frase en que dice, al hablar
de los remedios posibles de la situación de Cuba,
que:—"las negociaciones con los poderes extranjeros serían tan ridículas como el cambio de rey de
las ranas, que se cansaron del rey de palo y cayeron en el rey estornino."

Pero el párrafo más jugoso y de más provechosa
advertencia para los que hubieran podido equivocar
el modo de dirigirse a un país altivo, y libre por su
propio esfuerzo, el párrafo que indica lo que se puede aprovechar de estos vecinos nuestros en nuestra
situación, y lo que no se debe esperar, es el que cierra el artículo "Cuba Libre" de un diario donde no
se escribe una sola palabra en vano, y dice así:

"Aparte de la simpatía con que los Estados Unidos han visto la lucha de Cuba por su independencia, hay una razón de mucha monta para que, como
nación, tome un interés profundo en la suerte de
Cuba. Hay una política de naciones, como hay una
política de barrio, y ha venido a ser pesadilla constante de los que piensan en estas cosas la idea de
que Cuba cayese en las manos de Inglaterra o de
Alemania. *Los Estados Unidos no pueden tomar a
Cuba bajo su protección;* pero tampoco pueden ver

esta rica y adelantada isla en manos de un poder extranjero, y tal vez enemigo. El daño a nuestro comercio sería muy grande, y mayor el de nuestro prestigio. *Pero esto tiene comparativamente poco que hacer con nuestros afectuosos sentimientos hacia Cuba y sus patrióticos ciudadanos, que nacen del deseo fraternal de un país hermano que le desea vientos bonancibles y la obediencia al mandato bíblico, escrito en nuestra vieja campaña de la libertad: Proclámese la libertad por todo el mundo, para todos los habitantes de la tierra!"*

Patria, 27 de agosto de 1892.

4

EL PLAN DEL PATRIOTA SERAFIN BELLO

¿Llegará tarde acaso *Patria,* si es tardía la justicia alguna vez, a celebrar con el entusiasmo que merece, el proyecto realizable de un hombre que se desvive por servir a su país; que le dió su hermano glorioso, el que quería que "echasen a este flaco al fuego" cuando no había combustible en el vapor que lo llevaba a la campaña; y dió luego su noble mujer muerta del destierro, por no ver a su marido humillado en la falsa prosperidad de su país; que sin mátocador que su abrasante patriotismo, pone la elo

cuencia, correcta siempre y a veces grandiosa, tan
alta como el deber, por muy alto que sea; que no
halla servicio mayor a su país que el de castigarle
las debilidades, a riesgo de parecer regañón o eno-
joso, y levantar a la práctica y vigilancia de la libertad los caracteres?

Noble es Serafín Bello, y amigo del pobre, y
enemigo de toda servidumbre o falsía: ni es dable al
discurso patriótico mayor abundancia y elevación
que las de su arenga encendida y continua, que
en el carácter del hombre tiene su verdadero poder,
y en su determinación de no ponerse por cabeza
más que la virtud y la justicia. Pero ni el tesón de
su fe revolucionaria, ni la notable claridad con que
ve y explica nuestros factores públicos y los problemas que se componen con ellos; ni el consejo que
mana incansable de su oratoria prendida en el corazón, quiere *Patria* celebrar ahora;—sino uno de aquellos pensamientos sencillos en apariencia, que no han
de medirse por lo natural y llano del recurso que des-
cubren, sino por la vehemencia del patriotismo in-
somne que los origina y perfecciona, y la grandeza
de los resultados que acelera.

¿Quién ignora el proyecto de Serafín Bello? Los
detalles, serán, porque pueden ser. La idea madre
está en que cada tabaquero cubano, de los diez mil
que ayudan hoy a la independencia de Cuba, dé un
tabaco diario, de su ahorro legítimo de material, al
tesoro de la independencia,—al tesoro que tenemos
bien guardado. Bello, pues, con su ardiente pensamiento le ha puesto a Cuba una fábrica de tabacos,

con el corazón de sus hijos, por capital que no puede
quebrar, y con la renta de diez millares de tabacos
diarios.—¡Así, canijos, se levanta un pueblo!—¡Así,
sin que se sepa cómo, se levanta el arsenal de la
libertad contra el de sus enemigos! Así, incansable
Bello, se coronan los servicios que la verdadera libertad debe ya a tu palabra!...

Patria, 27 de agosto de 1892.

DE *PATRIA,* NUEVA YORK

3 de Septiembre, 1892

Recomendaciones.

RECOMENDACIONES

De una circular que al ausentarse, pasa el Delegado a los clubs y Cuerpos de Consejo, extractamos las siguientes saludables recomendaciones:

Que continuamos la revolución para bien de toda la Isla y de todos sus habitantes, y de acuerdo con ella, y no para la satisfacción parcial de un grupo de cubanos hostil a los demás grupos, ni para servir pensamiento personal alguno.

Que continuamos la revolución para fomentar y hacer imperar el carácter natural cubano, suficiente a la república pacífica, y para impedir que, so pretexto de independencia, se adueñen de la revolución los caracteres desconfiados, autocráticos o extranjerizos que impedirían el triunfo de la guerra y de la paz cordial después de ella.

Que continuamos la revolución sin odio a los españoles, y sin lisonja, con el propósito sincero de atraer a la neutralidad o a la independencia, por nuestro respeto viril y veraz, a los españoles arraigados en Cuba, o deseosos de vivir en ella sin perturbarla ni dañarla.

Que continuamos la revolución para su triunfo definitivo, y el menor costo de ella en sangre y obligaciones; y por tanto, a la vez que preparamos con toda actividad el país, a la guerra general y segura, no comprometeremos ésta con tentativas aisladas e insuficientes,—a reserva de acudir con todo nuestro poder sobre la Isla, con toda nuestra decisión y energía caso de que estalle con las menores condiciones de vida la guerra espontánea.

Que continuamos la revolución para obtener la independencia y libertad de Cuba y Puerto Rico, sin tratos peligrosos con los pueblos de composición diversa, en América o Europa, de quien no pueda venirnos una ayuda desinteresada.

Que continuamos la revolución para el beneficio equitativo de todas las clases, y no para el exclusivo de una sola, por lo que se ha de recomendar a los soberbios el reconocimiento fraternal de la capacidad humana en los humildes, y a los humildes la vigilancia indulgente e infatigable de su derecho, y el perdón de los soberbios.

Que continuamos la revolución para librar a la Isla de peligros y no para aumentarlos; por lo cual, en la práctica entusiasta de los deberes de toda especie que estamos cumpliendo, y en la certeza de tener meditados de antemano los puntos y modos de nuestro socorro al país, no hemos de acarrearnos dificultad intencional alguna, ni en el pueblo de los Estados Unidos en que vivimos, ni en otro alguno de América o Europa, que por deberes de cortesía o derecho público pudieran verse en la necesidad de aparecer como perseguidores y enemigos de la nueva república americana, cuya creación necesitan y anhelan.

Que continuamos la revolución en el convenci-

miento íntimo y respetuoso de todos los elementos
del problema cubano y la condición nueva y alterada
de la Isla; así como de todas sus ventajas y medios;
y sus deficiencias y dificultades; por lo cual adelantamos nuestra obra con el entusiasmo contínuo y activo, sigiloso y ferviente, que está dando y dará con
la unanimidad de los pensamientos aleccionados y la
agregación de los recursos de fuente perenne, los
resultados que no pudieran esperarse del entusiasmo
pasajero y vanidoso ni de obra floja e interrumpida.

Patria, 3 de setiembre de 1892.

1892

Al General Máximo Gómez

AL GENERAL MAXIMO GOMEZ (1)

Santiago de los Caballeros. Santo Domingo.
13 de Septiembre de 1892.

SR. MAYOR GENERAL DEL EJERCITO
LIBERTADOR DE CUBA,

MAXIMO GOMEZ.

Señor Mayor General:

El Partido Revolucionario Cubano, que continúa,
con su mismo espíritu de creación [redención] y
equidad, la República donde acreditó Vd. su pericia
y su valor, y es la opinión unánime de cuanto hay
de visible del pueblo libre cubano, viene hoy a rogar
a Vd., previa meditación y consejos suficientes, que
repitiendo [renovando] su [el] sacrificio (2) ayude
a la revolución como encargado supremo del ramo
de la guerra, a organizar dentro y fuera de la Isla
el ejército libertador que ha de poner a Cuba, y a
Puerto Rico con ella, en condición de realizar, con
métodos ejecutivos y espíritu republicano, el [su]
deseo manifiesto y legítimo de su independencia.

---

(1) De esta trascendental carta de Martí existen dos ver-
siones, una tal como la dirigió al General Gómez, y otra de
cómo salió publicada en *Patria*. Las palabras entre paréntesis
cuadrados corresponden a la versión más pulida en el ya citado periódico.

(2) Aquí aparece en la versión publicada en *Patria*: "con
que ilustró su nombre".

Si el Partido Revolucionario Cubano fuese una mera intentona, o serie de ellas, que desatase sobre el sagrado de la patria una guerra tenebrosa, sin composición bastante ni fines de desinterés, o una campaña rudimentaria que pretendiese resolver con las ideas vagas y el valor ensoberbecido los problemas complicados de ciencia política de un pueblo donde se reunen, entre vecinos codiciados o peligrosos, todas las crudezas de la civilización y todas sus capacidades y perfecciones;—si fuese una revolución incompleta, de más adorno [palabras] que alma, que en el roce natural y sano con los elementos burdos que ha de redimir, vacilara o se echase atrás, por miedo a las consecuencias naturales y necesarias de la redención, o por el puntillo desdeñoso de una inhumana y punible superioridad;—si fuese una revolución falseada, que por el deseo de predominio o el temor a la sana (1) novedad o trabajo directo de una república naciente, se disimulase bajo el lema santo de la independencia, a fin de torcer, con el influjo ganado por él, las fuerzas reales de la revolución, y contrariar, con una política sinuosa y parcial, sin libertad y sin fe, la voluntad democrática y composición equitativa de los elementos confusos e impetuosos del país;—si fuese un ensayo imperfecto, o una recaída histórica, o el empeño novel del apetito de renombre, o la empresa inoportuna del hervismo fanático,—no tendría derecho el Partido Revolucionario Cubano a solicitar el concurso

---

(1)   Tachado "sana" en *Patria*.

de un hombre cuya gloria merecida, en la prueba larga y real de las virtudes más difíciles, no puede contribuir a llevar al país (1) más conflictos que remedios, ni a arrojarlo en una guerra de mero sentimiento o destrucción, ni a estorbar y corromper, como en otras y muy tristes ocasiones históricas, la revolución piadosa y radical que animó a los héroes de la guerra de Yara, y le anima a Vd., hoy como ayer, la idea y el brazo.

Pero como el Partido Revolucionario Cubano, arrancando del conocimiento sereno de los elementos varios y alterados de la situación de Cuba, y del deseo de equilibrarlos en la cordialidad y la justicia, es aquella misma revolución decisiva, que al deseo de constituir un pueblo próspero con el carácter libre, une ya, por las lecciones [pruebas] de la experiencia, la pericia requerida para su ordenación y gobernación;—como el Partido Revolucionario Cubano, en vez de fomentar la idea culpable de caer con una porción de cubanos contra la voluntad declarada de los demás, y la odiosa ingratitud de desconocer la abnegación conmovedora, y el derecho de padres de los fundadores de la primera república, es la unión, sentida e invencible, de los hijos de la guerra con sus héroes, de los cubanos de la Isla con los que viven fuera de ella, de todos los necesitados de justicia en la Isla, hayan nacido en ella o no, de todos los elementos revolucionarios del pueblo cubano, sin distingos peligrosos ni reparos mediocres,

---

(1) En *Patria* añade la palabra "afligido".

sin alardes de amo ni prisas de liberto, sin castas ni comarcas,—puede el Partido Revolucionario Cubano confiar en la aceptación de Vd., porque es digno de sus consejos y de su renombre. [su consejo y renombre.]

La situación confusa del país, y su respuesta bastante a nuestras preguntas, allí donde no ha surgido la solicitud vehemente de nuestro auxilio; nos dan derecho, como cubanos que vivimos en libertad, a reunir en seguida, y mantener dispuestos, en acuerdo con los de la Isla, los elementos con que podamos favorecer (1) la decisión del país. Entiende el Partido que está ya en guerra, así como que estamos ya en república, y procura sin ostentación ni intransigencia innecesaria, ser fiel a la una y a la otra. Entiende que debe reunir, y reune, los medios necesarios para la campaña inevitable, y para sostenerla con empuje; y que,—luego que tenemos la honrada convicción de que el país nos desea y nos necesita, y de que la opinión pública aprueba los propósitos a que no podríamos faltar sin delito, y que no debemos propagar si no los hemos de cumplir,—es el deber del Partido tener en pie de combate su organización, reducir a un plan seguro y único todos sus factores, levantar sin demora todos los recursos necesarios para su acometimiento, y reforzarlos sin cesar, y por todas partes, después de la acometida.—Y al solicitar su concurso, señor Mayor General, esta es la obra viril que el Partido le ofrece.

---

(1) "y mantener" en *Patria.*

Yo ofrezco [invito] a Vd., sin temor de negativa, [a] este nuevo trabajo, hoy que no tengo más remuneración que brindarle [para ofrecerle] que el placer del sacrificio y la ingratitud probable de los hombres. El tesón con que un militar de su pericia, —una vez que a las causas pasadas de la tregua sustituyen las causas constantes de la revolución, y el conocimiento de sus yerros remediables,—mantiene la posibilidad de triunfar allí donde se fué ayer vencido; y la fe inquebrantable de Vd. en la capacidad del cubano para la conquista de su libertad y la práctica de las virtudes con que se le ha de mantener en la victoria, son prueba sobrada [pruebas suficientes] de que no nos faltan los medios de combate, ni la grandeza de corazón, sin la cual cae, derribada o desacreditada, la guerra más justa. Vd. conoció, hombre a hombre a aquellos héroes incansables. [inmortales.] Vd. vió nublarse la libertad, sin perder por eso la fe en la luz del sol. Vd. conoció y practicó aquellas virtudes que finjen desdeñar, [afectan ignorar] o afean de propósito, (1) los que así creen que alejan el peligro de verse obligados, de nuevo o por segunda vez, (2) a [o] imitarlas, y que sólo niegan los que en la estrechez de su corazón no pueden concebir mayor anchura, o los soberbios que desconocen en los demás el mérito de que ellos mismos no se sienten capaces. Vd..

(1) Omitido en *Patria*: "o afean de propósito".
(2) Sustituido en *Patria* "de nuevo o por segunda vez" por "a continuarlas".

que vive y cría a los suyos en la pasión de la libertad cubana, ni puede, por un amor insensato de la destrucción y de la muerte, abandonar el retiro respetado y el amor de su ejemplar familia, ni puede negar la luz de su consejo, y su enérgico trabajo, a los cubanos que, con su misma alma de raíz, quieren asegurar la independencia amenazada de las Antillas y el equilibrio y porvenir de la familia de nuestros pueblos en América.

Los tiempos grandes requieren grandes sacrificios; y yo vengo confiado a pedir [rogar] a Vd. que deje en manos de sus hijos nacientes y de su compañera abandonada la fortuna que les está levantando con rudo trabajo, para ayudar a Cuba a conquistar su libertad, con riesgo de la muerte: vengo a pedirle que cambie el orgullo de su bienestar y la paz gloriosa de su descanso por los azares de la revolución, y la amargura de la vida consagrada al servicio de los hombres. Y yo no dudo, señor Mayor General, que el Partido Revolucionario Cubano, que es hoy cuanto hay de visible de la revolución en que Vd. sangró y triunfó, obtendrá sus servicios en el ramo que le ofrece, a fin de ordenar, con el ejemplo de su abnegación y su pericia reconocida, la guerra republicana que el Partido está en la obligación de preparar, de acuerdo con la Isla, para la libertad y el bienestar de todos sus habitantes, y la independencia definitiva de las Antillas.

Y en cuanto a mí, Señor Mayor General, por el término en que esté sobre mí la obligación que me ha impuesto el sufragio cubano, no tendré orgullo

mayor que la compañía y el consejo de un hombre
que no se ha cansado de la noble desdicha, y se vió
día a día durante diez años en frente de la muerte,
por defender la redención del hombre en la libertad
de la patria.

Patria y Libertad.

El Delegado.

JOSE MARTI.

DE *PATRIA*, NUEVA YORK

1 de Noviembre, 1892

1

"LA MESCHIANZA".

A la Habana escribimos poco por acá, si es que escribimos, aunque se nos va el corazón a la mucha virtud de allá que conocemos, y quisiéramos dar muestra visible del orgullo y ternura que nos inspiran méritos tales y tan valiosos, que no deseamos, por el gusto fútil de una carta, ponerlos de blanco de fusiles ebrios, o de adorno sangriento del tablado de la Punta,—cuyos carpinteros no han guardado aún las herramientas. Por esa razón escribimos poco a la Habana, aunque este hermano y el otro piense sin justicia que es por olvido o desdén; y porque sería pobre de veras la revolución en Cuba, y nulo nuestro derecho de hombres honrados a creer en ella, si juzgásemos necesario fomentarla con unas cuantas hojas de papel. Pero de la Habana, con mil y una maña, nos escriben mucho. Cuba escribe El caballo está allá. Nosotros le ponemos la montura al caballo. Invasores no somos: somos hermanos.

Y entre las cartas que nos vienen esta vez, hay una en que se aflige un buen patriota, con pena innecesaria, por que a una fiesta que dió en honor del

descubridor casual de América el Círculo Militar de
la Habana, el Círculo donde lucen al cinto airoso de
los amables alféreces los espadines probados en pechos cubanos, el Círculo donde bailan triunfantes,
ciñendo el talle de las hermanas de los muertos, los
que se los mataron,—asistieron más cubanas y más
cubanos de los que debían asistir.

No hay por qué poner pasión, ni dolor siquiera,
en un suceso que no viene a ser más que la prueba
de la singular capacidad de olvido del corazón del
hombre, de la atracción deslumbrante del deleite, y
de la proximidad temible de la ligereza y la infamia.
Ni hay por qué suponer que a la hora del somatén
no salten muchos de los bailarines de la noche del
Círculo al caballo que los llevará, con los claros de
la aurora, al rincón donde está sepulto lo poco que
quedó del cuerpo profanado, despedazado, aventa-
do, de Ignacio Agramonte. Así es el mundo: unos
van, con el sombrero descubierto, a visitar la tumba
del héroe a quien despedazaron los alféreces, y otros,
de brazo del alférez, beben champaña en el Círculo
Militar. Pero la vergüenza, como una ola, saltará
al rostro de los cubanos entretenidos; y con la bravura del arrepentimiento procurarán borrar el pecado
de su olvido. La sublimidad está en el fondo del
corazón del hombre, y no se muestra entera hasta
que la sacudida no es tan viva que llegue al fondo
del corazón. Estos bailarines de hoy, serán sublimes
mañana. ¿Quién no recuerda la muerte gloriosa,
sólo con su rifle y su herida, de aquel estudiante
criollo de quien se burlaban los demás porque, por

lucir el pié más estrecho, se lo apretaba de noche
con cintas?

No es que deba aconsejarse, en un pueblo de españoles y cubanos, y en vísperas de una guerra en
que han de procurar juntos el bien del pueblo en
que juntos han de vivir, una antipatía infecunda, ni
el odio enano, del cubano contra el español: antes
debe procurarse, por la obra y por la palabra, el
acercamiento afectuoso de los españoles justos, que
son padres nuestros y maridos de nuestras hermanas,
y de los cubanos.   Pero así como el español laborioso, que ama y desea como nosotros la libertad y
la paz, puede ser estimado sin desdoro por un cubano
fiel, así no puede un cubano, y una cubana sobre
todo, dar muestra pública de familiaridad y estimación al español pagado en Cuba, con dinero sacado
de la agonía de Cuba, para intimidar y ahogar en
sangre a los cubanos que quieran salvar a su patria
de la agonía.   Baila de veras rodeada de cadalsos,
seguida de fantasmas, apuntada por dedos sangrien-
tos, la cubana que baila con un militar español.

Ni es que, negándose a la verdad y a la gratitud,
deba decirse que faltan, por sentencia especial, nobleza humana y dotes admirables a veces, al militar español.   Militares de España hubo en la guerra
cubana, y volverá a haber, que lloraban de amistad
y respeto ante el cadáver de sus propias víctimas,
que ofrecían la fuga a sus prisioneros con riesgo de
su vida y de su honor, que endulzaban con cuidados
caballerescos el calabozo y la capilla, que rompían
su espada, y pedían la licencia absoluta, antes que

herir la libertad en los pechos cubanos. Militares de España ha habido que velaban al enfermo insurrecto con fraternal angustia; que lo sepultaban con la ternura de sus manos. Si hubo cadáveres quemados y esparcidos al viento, si hubo tísicos clavados a balazos contra la pared, si hubo chamarretas agonizantes arrastradas a la cola de los caballos, si hubo lonjas de carne criolla servidas como entremés en mesas de tenientes, no las recuerda el corazón cubano. Pero el militar español es fatalmente, cualesquiera que sean los méritos de su persona, el símbolo visible de la opresión que esquilma y corrompe a los cubanos; y el hombre que le dá al militar de España, en su casa de oficio, la mano de amigo, y la mujer que le dá en el vals ceñido la fragancia de su hálito, fraternizan y bailan con la opresión que esquilma y corrompe a su pueblo.

Nada menos que enemigo de Cuba sería quien pretendiese levantar una valla funesta entre cubanos y españoles; y la responsabilidad o insensatez fueran mayores hoy, cuando oprimidos por igual bajo la tradición española, con su séquito de contratistas, beneficiarios y militares, el hijo de Cuba y el de España, y cerrados a ambos por igual el porvenir legítimo y su entidad humana, líganse el cubano y el español, por el bien de la tierra común y la rebelión del decoro, contra el sistema incurable e insolente del gobierno que les ahoga la personalidad, anula el esfuerzo de su industria, cría a los hijos sin rumbo en el hogar inquieto y les pudre el aire que respiran. Pero el hecho de hacer causa común con los representantes del

gobierno de opresión y corrupción, por la argucia de
que no se les ha de desahuciar por ser españoles,
no ayuda racionalmente a la fusión legítima y oportuna de los cubanos que se han de unir a los españoles, liberales,—más adictos a su familia que a la
tiranía y al suelo de su fortuna y de sus hijos que
al gobierno que les sangra la fortuna y les oprime a
los hijos,—para sacar de Cuba el gobierno de la
opresión y de la corrupción. Bailar con los militares asalariados para mantener en Cuba, con el dinero de la agonía del país, a la nación que tiene al
país en agonía, no es contribuir a la unión necesaria
de los españoles y cubanos; sino alejar, por el crédito social del gobierno opresor, la necesidad de la
unión de cubanos y españoles que ha de echarlo
abajo. Hay que ligarse con los españoles buenos;
no con los españoles pagados, del último sudor de
Cuba, para ahogar en sangre a los españoles y cubanos que aspiren a ser en ella felices, y a verla
feliz.

Ni quien sepa donde tiene la cintura, quien sepa que el código del placer es menos imperativo
que el código del pudor, puede olvidar que en un
pueblo donde han caído de un lado los padres, los
esposos y los hijos por defender la tierra en que
nacieron, y están de otro lado, en pie sobre las tumbas, los que le clavaron el pecho con la espada o
dieron la orden de su muerte contra el muro, el puesto de aquellos por cuyo honor y libertad cayeron
los redentores no está al lado de los que tienen sus-
pendido sobre la cabeza de los hijos el acero con

que atravesaron el pecho de sus padres. Puede el
vencido, porque es magnanimidad, recibir en su casa al vencedor que le lleva en la visita el homenaje
del arrepentimiento; pero el vencido no puede ir a
comer el pan y beber el vino al vencedor, a bailarle
al vencedor la danza amable, a dar al vencedor derecho de que muestre al mundo la alegría del pueblo
oprimido, como el domador, látigo en mano, enseña
en el circo al oso que lo besa con el bozal, y le baila
al rededor, cruzado de brazos. Visitar la casa del
opresor es sancionar la opresión. Cada muestra de
familiaridad de los hijos de un pueblo oprimido con
las personas o sociedades del gobierno opresor, con-
fesas o disimuladas, es un argumento más para la
opresión, que alega la alegría y amistad espontánea
del pueblo sojuzgado, y es un argumento menos para los que alegan que el pueblo oprimido, vejado,
envenenado quiere sacudir la opresión. El hijo de
un pueblo prostituído y sin derechos, no puede sin
deshonra personal, poner el pie en la casa confesa
o disimulada, de las personas o sociedades que re-
presenten al gobierno que prostituye a su pueblo y
conculca sus derechos. Nuestra mujer es nuestra
mejilla; y la hija de nuestro pueblo que le baila la
danza amable al domador, que le toma el brazo al
uniforme pagado para acogotar a su país, que pone
el pie de seda en las casas pagadas para mantener,
con franqueza o con hipocresía, el gobierno de opresión y miseria de su patria, y quitar crédito a la idea
de salvarla de la miseria y la opresión, es nuestra
mejilla misma, puesta por nuestra propia voluntad a

la bofetada del tirano. Y si fuese esposa o hija del
que cayó bajo el tirano, es como si llenase de las
cenizas de su muerto un plato de fiesta, y se lo ofren-
dase, esclava arrodillada, a su matador. Mientras
un pueblo no tenga conquistados sus derechos, el
hijo suyo que pisa en son de fiesta la casa de los
que se lo conculcan, es enemigo de su pueblo. La
ley del pudor ha de ser más fuerte que la ley del placer. El vencido ha de conservar el pudor.

Pero todo eso no vale un grano de alpiste. Poco
tiempo antes de que Cornwalís rindiese a Washington la espada de Inglaterra, cuando estaba reciente
aún el caso de que el Congreso de las trece colonias
no pudiera enviar al ejército de Washington los quinientos pesos que necesitaba, hubo en Philadelphia
fiestas grandes en celebración de las casacas colo-
radas del inglés, y la ciudad se gastó unas 5,000
libras esterlinas en celebrar la casaca, y del brazo de
ella bailaron las filadelfianas hasta que acabó la
luz. Y muy contentas que estaban las casacas co-
loradas, y muy seguras de que tenían por suya a
Philadelphia. "La Meschianza" se llamó aquella
fiesta pomposa, y hubo cabalgatas, y pasos, y col-
gaduras, y torneos.

Pocos meses después, cuando Washington había
entrado triunfante por el arco de Trenton, aquel
Washington a quien el Congreso no podía mandar
los quinientos pesos, las damas hacían cola a la puerta de la comisión de baile, las damas mismas que
bailaban con la casaca colorada, pidiendo de favor

una papeleta de convite para el baile de estreno de
la revolución.

Patria, 1 de noviembre de 1892.

2

EL DELEGADO EN NEW YORK

LA REUNION DE LOS CLUBS.—LA CONFE-
RENCIA DE LA LIGA.—EL BANQUETE.—LA
RECEPCION DEL CLUB DE SEÑORAS
"MERCEDES VARONA."

Como un día de quehacer y entusiasmo, ha sido el
plazo breve que el Delegado ha podido permanecer
en New York. Ni él ha levantado la cabeza de su
angustiosa labor, para seguir sobre el seguro de lo
hecho a sus deberes mayores, ni ha decaído en torno suyo la íntima alegría con que los antillanos de
todas condiciones,—porque en el Partido cordial todos se aman y juntan,—los cubanos ricos de costosa
experiencia y los recién llegados inquietos y menes-
terosos, saludan en el Delegado la esperanza de ver
al fin fundada la patria con la equidad prudente
que asegure en ella desde la raíz la libertad que sólo
es fecunda y duradera cuando se le conoce el precio por haberla conquistado brazo a brazo:—se pro-
diga la riqueza heredada, se guarda y defiende la

riqueza ganada, por el esfuerzo propio. A porfía se
disputaban nuestras asociaciones patrióticas la presencia del Delegado, los pocos instantes en que su
faena rápida, y de importancia visible, le permitiese
poner en público el fraternal fervor con que habla,
como de madres o de hijos, de las cubanas y cubanos de toda virtud que ha hallado en su último viaje, de la abnegación de las héroes de nuestra guerra
matriz, de la hospitalidad ilimitada de las tierras
donde, hilando desde ahora lo futuro, trabaja entre
antillanos ya libres, al lado del puertorriqueño, el
desterrado cubano. Y de esta conversación asídua
de corazones, en que hemos vivido con el Delegado
en estos días; de esta casa abierta donde el poderoso criollo, o el magnate político de tierras amigas,
departe cordialmente con el jornalero que lleva en
los ojos la luz de la virtud, y en el vestido la huella
del trabajo; de este raudal de cariño, en que nos hemos sentido como unos con los dominicanos y haitia-
nos y jamaiquinos, con los cubanos tenaces de Santo Domingo y los industriosos de Haití y los inolvidables de Jamaica, lo más público ha sido, y lo más
solemne, la noche en que los clubs ansiosos se agol-
paron a oir la relación de las impresiones recientes
del Delegado,—la plática sustanciosísima del Delegado con la Liga, a donde fué como estudiante que
es de los problemas sociales, más que como persona
de política expresa,—el banquete que en pocas horas, con singular espontaneidad, le preparó la emigración al tener noticia de su urgente partida,—y
la fiesta conmovedora, donde hubo pocos ojos secos,

con que las hijas del trabajo, cubanas y puertorriqueñas, visitadas con hermandad aquella noche por
las que gozan de más favor de la fortuna, quisieron
desear viaje feliz a un hombre de cuyos labios la
guerra no les parece consejo terrible, que ha de sa-
carles de los brazos al hijo y al esposo, sino modo
necesario y definitivo de conquistar para el esposo
inquieto y para el hijo extranjerizo un hogar propio
y feliz.

●

LA REUNION DE LOS CLUBS.—La noche de los
Clubs ¿a qué decir el hirviente gentío, el salón rebo-
sado, el aura cariñosa, el proemio de viril amistad con
que el presidente Fraga habló del Delegado, y aquella alma única y suspensa en que vivió por tres horas
la comunión de hombres? El perfil atrevido del héroe puertorriqueño se dibuja allá al fondo, como in-
corrupto guardián, junto a la épica estatura de un
santiaguero que le conoce las cuevas amigas y el
guano y el ñame, a los invictos farallones. Suben
nuestras concurrencias, y no bajan. Los mismos a
quienes logró desviar de la obligación humana del
patriotismo la lección importada, la lección de otros
países y otros problemas y otros odios, allí acuden,
ya dueños de sí, en cuanto la palabra equitativa les
ha mudado el amor egoísta a una clase de hombres
en el amor supremo a todos. El de la profesión
está al lado del oficio, y el del oficio va elegante y
culto, porque el amor de la libertad da al hombre,
con mayor respeto de sí, mayor respeto a los demás.

El acaudalado ya canoso se estruja, para estar más
cerca, entre dos jornaleros. La juventud, como una
guardia, rodea la tribuna, y se bebe el discurso, pálida, silenciosa. En el estrado están, con el imperecedero Juan Fraga, el admirable Tesorero Benjamín Guerra; el Secretario abnegado y elocuentí-
simo Gonzalo de Quesada, el caballeresco Secretario
del Consejo, Sotero Figueroa. De la tribuna, como
un corazón que se vacía, vierte el fuego de su ternura y la lección de su viaje el Delegado.

¿Pudiéramos, en largas páginas, enumerar las
ideas que aquel discurso removió; pintar los hogares criollos que pintaba él; señalar los pecados políticos y las virtudes de los pueblos que acababa de
ver; poner el dedo, sin dureza ni lisonja, sobre los
problemas agudos de nuestra sociedad; describir, de
modo que no lo olvidaremos, el taller y la vega y la
casa de los cubanos creadores; alabar la grandeza
de los héroes vivos, que en nada cede a la de los
muertos; abrir los brazos, como él los abría, a las
tierras donde Cuba, como hermana adolorida, había
sido recibida con apasionada delicadeza en la persona de su representante? El Delegado, con nuestras almas detrás, nos llevó, callando sólo lo que debía, por los mares dudosos, por las inquietas ciudades haitianas y su vapor hospitalario, por las casas campestres del bravo isleño Montesinos, y de
Alvarez y Coll y Massenet, al hogar heroico de Máximo Gómez, que pintó con colores de verdadero
enamorado, a la hacienda donde trabaja, íntegro y
juvenil, el guerrero incapaz de mancillar con el in-

terés la grandeza excepcional de su corazón. Uno a uno apretamos la mano de aquellos cubanos valiosos, de cuya vida difícil y ejemplar prepara el Delegado, por agradecimiento de él y esperanza de Cuba, una memoria escrita.

Y de enseñanza en enseñanza, estudiando fenómenos sociales y buscando la causa de los males políticos, hundiendo el brazo hasta el hombro en la verdad desnuda de las repúblicas, fuimos, sin que el Delegado nos dijera de sí más que lo que se relacionaba estrictamente con la patria, de la pensadora Santiago a la ciudad amada de Santo Domingo; del mérito y bondad de los dominicanos, que puso por sobre su cabeza, al campo amable y repartido del laborioso Haití; de los pensadores y poetas amigos de Port au Prince a la isla donde triunfa, en condiciones favorables de clima y larga permanencia, el ensayo dichoso de la vida libre, en el trabajo y respeto mutuo que vienen de él, de los cubanos a quienes dividió la colonia artera y la esclavitud venenosa, y hoy junta en paz viril el heroísmo de la guerra y la hermandad del destierro. A Jamaica fuimos, y largo tiempo estuvimos allí, y con el mismo ardor con que nos encomiaba el Delegado los méritos de propia defensa y fundación de laboriosidad y democracia, de los Antillanos que halló en Santo Domingo, de los que, en el pico de una roca o a la sombra del único árbol, halló en Haití, de aquellos industriales y científicos y maestros, nos habló, pintándonolos como si los viéramos, de aquellos cubanos de Jamaica, respetados por su excelencia moral y su utilidad pública, en la apagada y mortecina colonia inglesa; de aquellos padres de pueblos, que han levantado la linda aldea criolla en la vega extranjera; de aquellos piadosos ricos que viven sin soberbia entre sus pobres, y proclamaban que jamás fueron de ellos engañados: ¡y el taller del uno, y la vega del otro, y del otro la medicina original y respetada, y el corazón de todos, y la amistad natural y decorosa, nacida de la larga práctica común de la virtud, con que aquellos cubanos, arraigados de muchos años en suelo y labores idénticas a los de su país, habitan ya el destierro en la concordia respetuosa y serena en que, a despecho de narigudos y arúspices, vivirán en la patria libre mañana. ¿Y el párrafo, como de flores, con que contaba el Delegado su visita a la madre y a la compañera de Antonio Maceo? La verdad fuerte caía de sus labios, como de hombres que habla a hombres: y después de aquel viaje y aquellas lecciones, de aquellas declaraciones que hemos de callar y de aquellos consejos que hemos de seguir, era un corazón la casa entera.—Francisco Gonzalo Marín, en bravo y artístico arranque, dijo, en nombre de aquellas almas apretadas, lo que, por la cercanía de estas columnas al Delegado, no puede decir *Patria*.

●

EN LA LIGA.—"La Liga" es casa de estudio y amor, donde los hombres no van a ver cómo, del pretexto del color, o de las penas transitorias que vienen de él, hacen curare que les envenene la patria en que

han de vivir; sino a adelantar en el estudio fuerte,
en el perdón ejemplar, y en la vigilancia continua,
la igualdad mental y cordial con que, como prueba
superior e irrefutable, han de quitar argumento, sin
iras que los retarden o afeen, a los que no podrán
ni desearán negarse a la igualdad en frente de la
prueba, y se negarán siempre a ella mientras no se
les dé la prueba.

Dos salones tiene "La Liga," y los dos estaban
llenos. Y allí, muy al pormenor, respondiendo a lo
que se preguntaba, allí, con todo lo agrio y lo dulce
de la verdad, estudió hilo a hilo el Delegado, que iba
como de mero conferenciante sobre temas públicos,
lo recóndito y causal de los problemas peculiares de
Jamaica, Haití y Santo Domingo. El analizó los
grados sociales y funestos de las razas; las culpas o
razones de este grado y de otro; las causas de la
cultura, y las insuficiencias de la cultura meramente
literaria; el desacomodo entre la política natural, que
arranca de las condiciones del país, y la política parcial y arrogante, aconsejada por la soberbia primi-
tiva o letrada, de unos o de otros. El habló largamente de los libros y los hombres de Haití, que tiene hombres y libros; del patriotismo piadoso, que es
el único patriotismo; de la política ineludible, puesto
que es el modo de integrar al hombre, y conducir
los elementos diversos de un país a la mejor suma de
bienestar común, por la satisfacción constante y
equilibrada de las aspiraciones legítimas.

El Banquete.—Súpose el sábado que debía partir
el Delegado de lunes a martes, y en pocas horas,

con celos de muchos a quienes no pudo llegar la noticia, quedó puesta, con habilidad grande de la comisión, una mesa de cuarenta cubiertos.

No puede *Patria*, no, describir el magnífico momento; la enseñanza práctica de aquella mesa popular, donde el rico se codeaba con el pobre, y el hijo
del dueño de ayer se sentó al lado del hijo del esclavo, por propia voluntad de los dos y en ocasión
espontánea y pública, el anuncio glorioso del banquete a cuyo mantel se pusieron juntos los pueblos
de América. De orgullo—de veras,—se hinchaba el
corazón, no porque demostrase allí nuestro pueblo,
el pueblo de Borinquen y de Cuba, la virtud entusiasta indispensable para desear premiarla en aquellos en quienes se la sospecha, sino porque, sin culpables reparos, rodeaban la mesa, en alegría franca
y amiga, aquellos a quienes la vida separa más en
países menos generosos, y a quienes los miopes y
enanos tienen y anuncian por entes de oposición,
que no podrán sentarse nunca en torno de la misma
mesa. *Patria* no puede describir el banquete, ni su
continua y gran cordialidad, ni lo majestuoso de
tanta sencillez, ni la hábil dirección que desde el
sobrio y jugoso discurso de ofrecimiento le dió Benjamín Guerra, ni aquel arrebato de almas, a que no
quiere *Patria* poner nombres aquí, por la falta de espacio, y porque no parezca que hace gala de este
nombre u otro. Ni siquiera puede *Patria* hablar de
la oración ardiente que con sacrificio de su voz en-
ferma improvisó Gonzalo de Quesada; del brindis
ternísimo "a José Martí como hombre bueno" del

puertorriqueño Tirado; del arranque filial y elocuente de Ventura Portuondo. Ni una palabra puede
Patria decir de la conmovida oración de gracias del
Delegado, "que sabe que hay un camino al frente;
pero no sabe que haya ningún camino atrás," que
brindó "por la América nueva, nueva desde la raíz,
que ha de sustituir a la dominación española; por
la política directa y cordial, única que asegura y
salva a los pueblos; por la tierna y delicada amistad,
que vuelve la salud a los enfermos, estanca la sangre que suele brotar a raudales de las puñaladas del
corazón, y hace fuertes e invulnerables a los hombres." Pero sí diremos el vehemente entusiasmo con
que, sacados de sus asientos por ímpetu de amor,
saludaron aquellos esclavos de América la perora-
ción cadenciosa, inspirada, valentísima, del colom-
biano José M. Vargas Vila, que cuenta sus días, ya
gloriosos, por las batallas afamadas de su palabra
y de su pluma en pro de la libertad, del poeta be-
névolo que veía en aquel banquete de la América
entera "a la esperanza que ve partir a la gloria," y
el discurso de hermano, de hombre que ha templado
la muy alta elocuencia en la fragua de la vida, de
uno de los hombres de más vuelo y peso de la Ve-
nezuela del porvenir, del orador feliz que habla con
el fuego de América y la amistad de las entrañas
el general Lino Duarte Level. Y la fiesta magnífica de hombres terminó en aclamaciones y en
abrazos.

●

EL CLUB "MERCEDES VARONA".—¿Quién mueve
los corazones? ¿Quién junta a los ricos y a los necesitados? ¿Quién aconsejó a las cubanas de "Mercedes Varona," a las esposas y a las madres tímidas.
la fiesta con que, del trabajo de sus manos, al amparo de hermosos escudos y de la doble bandera,
recibieron al que no ve más salida que el sacrificio,
el sacrificio que tamiza y amalgama, que desarraiga
y crea, a la existencia huraña e insuficiente que llevan por el mundo las casas de Cuba y de Puerto
Rico?

Allí, en torno de la mesa, alguna de ellas con el
hijo en los brazos, presidían el salón borinqueñas y
cubanas de fortuna humilde, el salón donde la dama holgada, asiento a asiento con la cubana de menos bienes, oía, trémula de piedad por los dolores
y sacrificios de la mujer de Cuba, la arenga, literaria como sólo la verdad lo puede ser, del veterano
de Lares, del fiel Terreforte; el ímpetu rebosante de
Ernesto Rossel; la improvisación calurosa de Marín;
el chispazo y fustigación de la oratoria ingenua de
Leopoldo Acosta; la conversación familiar del Delegado, que en la timidez misma de María Acosta,
la presidenta de la noche, halló entrada, y símbolo
de la energía pudorosa de la mujer de Cuba, para
el discurso en que explicaba, con párrafos que no
quería que fuesen sino ramos de flores, "los ramos
de flores que el valiente mambí, recogidas de la selva, iba a colgar después del triunfo a la puerta de
palmas de su amada," la política de compasión y
decoro en que estamos los cubanos, el derecho y

capacidad de la mujer, piadosa por sí, de ayudar a
redimir de la degradación a que se va, la única tierra donde pueden ser dichosos sus hijos; la historia
gloriosa de la mujer de Cuba, de que, como aroma
en un cáliz, ponía ante la concurrencia conmovida
elocuentes ejemplos; la necesidad del sacrificio, del
lado de los más, en la hora del conflicto inevitable
entre los dos grandes deberes: la obligación de sujetar el ánimo en holocausto de la patria, y reser-
var aquí, mantenido por los hombres y avivado por
las mujeres, un ejército de ayuda que reponga, con
obra diaria y visible, las fuerzas que el ejército de
allá ha de perder constantemente. ¡Qué bosquejos
de Carolina Rodríguez, de Juana Sandrino, de la
compañera e hija de Gómez, de la madre y de la
mujer de Maceo, de una dama de abolengo revolucionario que decía, erguida entre sus tres hijos, que
lo que ha de ser acabe de ser, aunque la guerra que
le llevó al padre le lleve a los hijos de su corazón!
Unión de clases, flagelo a los menguados, entrañable
ternura para las antillanas de "Mercedes Varona,"
que en la estrechez del invierno trabajador hallan
fe y tesoro para estas fiestas ejemplares de la patria; todo, con acentos del alma, se fundía en el vehemente adiós donde pintaba el Delegado a la isla
redimida, y a nuestras mujeres, "flacas las manos
del trabajo y la viudez", saludando con las palmas
de su martirio la procesión del triunfo. Y al levantarse, como un pecho sólo, aquella sesión, en el
dedo de una mujer lucía un brillante, y en los ojos
de más de una lucían las lágrimas. El Delegado

nos vuelve a decir adiós: ¡le acompañan en su viaje el pobre y el rico, la simpatía de la reciencasada y de la madre tímida, las voces de América!

Patria. 1 de noviembre de 1892.

DE *PATRIA,* NUEVA YORK

7 de Noviembre, 1892

"Patria" de hoy.

"PATRIA" DE HOY

Deja hoy *Patria* a un lado todo lo que de sí tuviera que decir, para recoger los hilos sueltos de las campañas últimas, antes de intentar, de un modo aún más preciso en lo futuro, la ya difícil tarea de reflejar en una publicación semanal la vida creciente y variada, la vida diaria y viril, de la idea que representa. Nacimos de la verdad, con cierto despego a la tarea menor de poner en palabras los argumentos que ya están a otra sazón; y los tiempos nos han caído de tal modo en las manos, que no basta el poco espacio a la crónica simple, aun cuando más no hiciéramos, de los hechos del Partido, —de un partido feliz, que no pone de un lado a unos hombres para echarlos contra otros, sino que en la misma inevitable pelea a que los convida, junta en la equidad y en la indulgencia los caracteres e intereses varios en que, con menos amor de humanidad, se pudiera dividir. Y eso hacemos hoy, sin casa para el comentario. Hoy damos paso a la crónica. Hacer, es nuestra manera de decir.

EN SANTO DOMINGO.—A lo que Santo Domingo hizo en honor de nuestra patria, en la persona del Delegado que hoy representa por el voto de sus conciudadanos, todo lo que se ve de la patria libre, todo lo que queda con voz, recordando y esperando, de

la guerra pasada, damos, por íntima gratitud, el
puesto de preferencia merecido por hospitalidad cul-
ta y franca; la hospitalidad de las Antillas, que cuenta en lengua bella, y con fuego de hermano, en la
primer revista literaria del país, en *Letras y Cien-
cias,* el americano cordial que, desde aquel gran-
dioso río de Ozama, tiende los ojos sin cesar por
lo que en el continente hay de nuestro, y predica,
con su vida y con sus palabras, el Evangelio de la
familia. Y por él se verá cómo se quieren Santo
Domingo y Cuba: de cómo quiere Cuba a Santo
Domingo ¿qué más muestra que el discurso de enamorado en que el Delegado del Partido nos contaba, uno a uno, los méritos de aquellos hombres? Les
hacíamos instintivamente, aquella noche, espacio a
nuestro lado.

&

EN JAMAICA.—Del viaje del Delegado no había nota escrita sin la reseña en que el ejemplar José Francisco Pérez,—el cubano desinteresado a quien enco-
mia con sobrada justicia uno de nuestros hombres
reales, uno de los buenos del porvenir, Alejandro
González,—describe con la limpieza de su corazón,
los días de concordia y de academia política, los días
de república, con que el Delegado cerró su excursión rápida a las Antillas. Allí donde se ha en-
sayado el cubano, sea cualquiera su raíz, en el trabajo respetuoso y equitativo, allí, por la virtud común,
vive en común el hombre. La desidia fomenta la
discordia. El trabajo la abrasa. Pueblo ocupado,

es pueblo salvado. Pero en otras partes suele la ocupación personal helar al hombre, o darle con exceso el gusto de sí, y en Jamaica, con el clima amigo y el calor de la patria vecina, no hay pecho en que la patria no tenga un altar.

LA SOCIEDAD DE BENEFICENCIA.—Del entusiasmo americano que nos reune, y en los días de su albor, nació, para todos los pueblos de América, la Sociedad de Beneficencia Hispano-Americana. que a poco tuvo buen tesoro, y cuya firme vida cuenta en lengua viril, sin fútiles adornos, el Secretario de la Sociedad, Gonzalo de Quesada.

UNA CARTA.—Y este recuento de hechos cierra bien con la "Carta a un Cubano de Patria," donde en frase maciza, pone Juan Bonilla, un cubano muy joven, ideas esenciales. No trabajamos en humo, sino en roca. Hay que arrancar de hondo, y que saber a dónde se va. Bonilla es hombre ingenuo y fuerte. Nació del destierro y el trabajo. Gana su pan, en la mesa diaria de labor, y lee a clásicos y románticos. Piensa bien, y habla y escribe en dos lenguas. Tiene poco más de veinte años.

EL DISCURSO DE ROLOFF.—Noble literatura, de la de pensamiento, ha producido este 10 de Octubre, y de lo mejor de ella. Ya que a todo no podemos dar lugar, escogemos, por la generosidad de la vida y autoridad envidiable del orador, el discurso ferviente de nuestro general Carlos Roloff, que es en nuestras cosas y corazones persona principal; y por la idea oportuna y la bella elocuencia, por el orgullo republicano de abrir casa a toda emoción real y palabra sincera, le ponemos al lado la oración de un cubano que padece con alma hermosa por las penas de la humanidad, y sólo podría pecar por la impaciencia de redimirlas,—de Carlos Baliño.

EL CENTENARIO DE AMERICA.—Y en tanto que una pluma sentenciosa engarza, a que se vea cómo los esclavos de América pensamos del Centenario, lo uno, y lo justo de lo que se ha dicho de él en Cuba y Puerto Rico, ponemos aquí como de proemio, y a modo de justa alabanza al preclaro autor, la respuesta con que esquivó el convite a entonar himnos a la conquista cuya glorificación intentó España, con pobre suerte a la verdad, bajo la capa de las fiestas, del descubrimiento. Pluma de oro tiene nuestro Merchán, y de muy buena punta.

Y lo saludamos con la nuestra, sin que nadie haya de tener a mal que no rompamos lanzas con el noble cubano, porque aún anda como quien va ya acabando de mudar, en la duda de tener la autonomía imposible o la independencia inevitable. Lanzas no rompemos, porque está muerto el moro: y bajo estas veleidades de autonomía, que ya expiran en Cuba, palpitan renacidos, pechos cubanos.

Patria. 7 de noviembre de 1892.

1 8 9 3

A Teodoro Pérez

A TEODORO PEREZ

Delegación del Partido
Revolucionario Cubano.

New York, 2 de Enero 1893.

SR. TEODORO PEREZ.
Key West.

Compatriota:

A los servicios infatigables, de contínua discreción
y oportunidad que Cuba debe a Vd. ha venido a
unirse la organización eficaz y económica de un plan
de lotería que en nuestra patria organizada recha-
zaríamos sin duda, por la debilidad que produce
en el carácter del hombre la esperanza en otra fuente de bienestar que no sea el esfuerzo de su persona,
pero que, frente al hecho inevitable de la lotería
en el destierro, donde el hábito de ella aprovecha a
nuestro enemigo o a empresas indiferentes, es loable
y prudente establecer, como medio de abrir, quitando
esos mismos recursos a la lotería de España, un caudal más que ayude a crear un estado de moralidad
y trabajo donde se pueda intentar con fruto la su-
presión del azar, inmoral o debilitador, en la vida
del hombre.

Y como a la iniciativa de Vd. se debe la composición, bajo personas de respeto, de un plan superior, por la economía de su administración y su habilidad, a los varios que, por tres conductos diversos, se han presentado a esta Delegación, nombro a Vd. por esta nota, con ruego especial de que acepte en bien público esta nueva carga, Interventor de la Lotería del Partido en Key West, para esa localidad y todas las de la lotería, a fin de que, en representación de la Delegación, vele por el exacto y puro cumplimiento del plan propuesto, por el crédito y ensanche de la lotería, por el reparto de los productos en la estricta proporción acordada entre la administración que arrostra las pérdidas posibles y la patria, y por el ajuste y rendimiento de cuentas al final de cada sorteo.

Y al expedir este nombramiento, para que por sí, y por los funcionarios de que Vd. necesitase se atienda a las obligaciones que van con él, la Delegación se complace en dejar aquí testimonio de la energía, discreción y desinterés con que, hoy como siempre, sirve Vd. a la independencia de la patria.

Saluda a Vd., con toda su consideración.

El Delegado,

JOSE MARTI.

DE *PATRIA,* NUEVA YORK

14 de Enero, 1893

.

1

POLITICA INSUFICIENTE

Cuando se tiene la mano sobre el corazón del país,
y se le siente moverse acelerado, y como pronto a
saltar ya de su cuenca; cuando se sabe que los cubanos que hoy se asen desesperadamente a la mer-
ced habilidosa de un dueño que no se quita el arreo
de pelear, darán mañana la vida junto a aquellos a
quienes censuran en alta voz, aunque por ley del
corazón y por respeto merecido, los aplauden en
silencio acaso; cuando se entiende que un vuelco, ya
ridículo, del gastado ciclorama no puede engañar
de nuevo a un pueblo colérico y hambriento que
asiste, pintado de alegría, a la arena donde los ba-
rateros de empleos públicos se enjugan de vez en
cuando el sudor de la comedia con el pañuelo tinto
en nuestra sangre, parece innecesario afear con la
prueba harto fácil la flaqueza, o equivocación de los
que de seguro no llevarán la política sumisa, y la
desconfianza de las virtudes más viriles, hasta corromper en la inmoralidad creciente de una espera
inútil la patria en que nacieron, o entregar sus ruinas
a un extranjero ávido y desdeñoso.

Cubanos son los que, con fe rara en quienes no

parecen tenerla en su suelo nativo, piden desde hace catorce años a España, bajo el nombre de partido autonomista, una libertad cuyas migajas urbanas, triste alimento de canario preso, son polvo y nonada ante los aprestos militares, hoy más que nunca activos, bajo cuyo peso mortal zozobra la isla; polvo y nonada, y lúgubre entretenimiento, ante un dueño que desdeña con razón al pueblo que le paga puntual todos los años, para su propio vasallaje, la suma que, de una vez sola, le bastaría para ser libre. Y, en verdad, más causa pena que enojo el obsequioso acuerdo con que la Junta Central del partido autonomista acoge una ley nimia y ofensiva de elecciones, fuera de toda relación con la capacidad patente, la gran miseria y la amargura sorda del país. Más pena causaría si fuera cierto—¡y no lo es por fortuna!—que el país real acata con prisa y cortesía una ley limosnera, indispensable hoy a la política promisoria del gobierno español, que con ayuda de quienes no podrán ya por mucho tiempo ayudarle, distrae con el advenimiento de un gabinete de esperanzas, disipado siempre a la hora de la realidad, la cólera que levanta primero, y volverá a levantar después un gabinete de ira. Pena causa en verdad, ver cómo hombres útiles, y sin duda sinceros, giran dóciles a compás de esta política a la vez cínica y pueril.

Los cubanos volátiles que creyesen que una ley retacera, de elecciones, y el nombramiento en su virtud de algunos diputados más, a lo sumo comparables a sus distinguidos antecesores, puede mudar de raíz el carácter rudimentario y venal de la política española, y la ignorancia y hábitos despóticos de la nación, verán tal vez sustancia y eficacia en una ley teatral que, aparte del desdén de aportar a males presentes y urgentísimos un simple remedio en el modo de pedir, más es, a todas luces descarada reincidencia en la política diferencial que base de argumento honrado para fundar sobre ella los derechos de un pueblo,—de un pueblo donde las venas de los hombres hierven al pensar que su miseria y honra dependen de una peineta del Rastro o de una copa de Jerez. ¡Hay sangre, y sangre! ¡Esa no es nuestra sangre!

La esperanza de que el cambio leve de la petición, otorgado de modo que, de antemano y en sí propio la niega, baste a satisfacer al país abrumado, a las ciudades vergonzosas, al campo miserable, al destierro unido y tenaz, al pueblo libre y en sazón, harto ya de prestidigitadores y de dueñas, sería, en verdad, ilusión del miedo, o del deseo. Los remedios son impotentes cuando no se calculan en relación con la fuerza y urgencia de las enfermedades. La política es una ocupación culpable cuando se encubren con ella, so capa de satisfacciones indebidas, la miseria y desdicha patentes, la gran miseria y gran desdicha, del pueblo que los soberbios y los despaciosos suelen confundir con su propia timidez y complacencia. Y si por ventura, como pudiese suceder, no se tiene fé en el mínimo recurso abierto para la cura urgente y radical; si por ventura se estuviese convencido de que el alivio aceptado no

llega, ni por sus componentes puede llegar nunca,
adonde llega el mal terrible, algo habría tan grave
como el mal, la responsabilidad de los que a sabiendas recomendaron el falso remedio.

El país va a donde debe: y afuera de él, dejando
a un lado pueriles satisfacciones, se calla lo que no
es preciso decir. Mucho daño hace en este mundo
la cobardía: mucho la indecisión; mucho la lírica gubernamental, y la política importada. Llorar con el
país es necesario, retorcerse con él por la tierra y
oir, con el alma a las sepulturas, lo que la tierra dice. Los pueblos continúan: no retroceden. Toda
esta autonomía, que rechazan hoy por insuficiente
las mismas colonias inglesas que con ella se paralizan y desangran, es un retroceso. No se siguió, sino que se volvió atrás, como si se pudiera prescindir de lo hecho, de lo más hermoso, y de lo único
real, que hemos hecho. Todo eso es compás de espera y fantasmagoría. Era necesario que un pueblo
cansado descansase. Ya está. Ya no más. Esas
formas menores, esa pelea lenta, y sin cesar burla-
da, de formas ineficaces, no resuelven nuestros problemas, nos entretienen culpablemente, no nos salvan del hambre que crece, y de la dignidad que se
empieza a ir. Es que somos pueblo, y hay que saberlo. Se trata de constituir con el mayor orden
posible una república de elementos confusos, que
puede ya vivir por sí; a la que nadie puede ya con-
tener en su deseo de vivir por sí. Lo demás es bor-
dar en la nieve. Aplíquese esa ley inútil y ofensiva,
acatada con prisa obsequiosa Aplíquense más le-

yes, y mientras más pronto mejor; que todas ellas
servirán para demostrar la incompatibilidad irremediable entre una metrópoli que jamás se decidirá a
levantar de verdad la mano armada sobre la colonia
de que vive el espectro de su historia y la granjería
de su política, y una colonia que tiene intereses distintos y alma diversa y superior a la de su metrópoli;
entre España que revive difícilmente con la vida an-
ticuada y rudimentaria de sus provincias, y Cuba,
clavada, con gran riqueza natural y con ansia de
trabajo, en la vida moderna y en la libre América.
Y a los equivocados, ¡hasta mañana!

Patria, 14 de enero de 1893.

2

CUATRO CLUBS NUEVOS

De España hemos de ser independientes. Y de
la ignorancia en que España ha dejado a nuestro
campesino precoz, y al cubano de padres de Africa.
Y de los vicios sociales, tales como el despotismo y
soberbia de nuestra opinión, la falta de respeto a la
opinión agena, y el indómito señorío que, por el hábito de él, y por el deseo natural de él en quienes
nunca lo ejercieron, queda, como trastorno principal
de la república naciente, en los países compuestos
para la esclavitud, y moldeados, desde la uña al pelo,

sobre ella. No podemos mudar el mundo en Cuba;
ni injertarnos, de un vuelco político, la naturaleza
angélica; ni esperar que, al día siguiente de la ex-
pulsión del gobierno de España, quede Cuba pur-
gada de los defectos de carácter que, pus a pus, nos
fué ingiriendo con su sangre autoritaria y perezosa;
ni hemos de resolver de un golpe los problemas acumulados por la labor de los siglos, y sostenidos por
la condición egoista y vanidosa de la naturaleza humana. Pero si por una parte seria ilícito, y traicio-
nero levantar a los cubanos, por el gusto de una indigna popularidad, a esperanzas mayores que las
que pueden y deben satisfacerse con los obstáculos
que pone a la justicia la condición del hombre, en
un país moderno y americano; no sería menos pecado, de la otra parte, conquistar, con el sacrificio
y la sangre de todos, una libertad en que no tuvie-
ran voto real, e inteligencia para el voto, todos los
que hubieron contribuído a conquistarla. El trabajo
no está en sacar a España de Cuba; sino en sacár-
nosla de las costumbres. Esto hacen en España
misma los españoles sanos y entendidos; y esto nos
ayuda en Cuba a hacer esa especie amable de españoles; y fuera de Cuba; los que acá vienen huyendo
de España, como pudiera el cubano mismo huir.
Independencia es una cosa, y revolución otra. La
independencia en los Estados Unidos vino cuando
Washington; y la revolución cuando Lincoln. Y
aquella fué lección oportuna, para los que entienden
que es cosa destructible o escamoteable el derecho
humano; o que lo justo se puede negar, sino es a

costa de tal arremetida final de la justicia, que vienen a padecer al fin más de ella los que hubieran
padecido menos si desde el principio no se hubieran empeñado en negarlo. Las astas del toro, aunque le nuble la vista de pronto la capa colorada,
acaban por romper la capa en dos: lo que tiene sus
inconvenientes, cuando no puede escaparse de la
plaza el torero. Lo mejor es no cebar el toro, ni
enfurecerlo. Lo justo, hágase. ¿A dónde estarían
hoy los Estados del Sur si hubieran abolido valien-
temente a su hora la esclavitud? Y hoy, por haber pecado, están míseros, y cubiertos de polvo. La
verdad es que estos tiempos no tienen empleo para
las momias. Ni demagogos, ni sepultureros. Y
por eso, porque está en ellos el alma nueva del país,
porque los elementos todos del país están en ellos,
porque están en ellos las ideas esenciales del país,
se ha de celebrar, no por el mero gozo de recibir
amigos nuevos, la creación del club de enseñanza,
el de "Santa María del Rosario", del club de humanidad, el "Enrique Roig" del club de paz y respeto, "el Diez de Abril"; del club de nuestras mujeres, de las que tienen más y de las que tienen menos,
el club de las "Cubanas de Ocala".

◆

SANTA MARIA DEL ROSARIO.—El Cayo es un libro. A veces es un templo. El Cayo es un buen
ensayo de república, y de nuestra república. Lo hemos de contar aquí, en *Patria*, y en un libro hermoso. Allí se verán los padres, y los hijos. Quien

desconfíe, véalo. A algún pisa-pollo le parecerá
demasiado popular; y es popular de veras, como que
está allí todo nuestro pueblo, el hacendado de nombre augusto y el siervo, libre ya, que lleva el nombre
de la familia: el que sangró al lado de Céspedes, y
el que se arrodillará mañana en su sepultura. A
quien lo ha visto hervir, domarse, amar, el Cayo es
muy querido, como un buen hermano. Una noche,
por allí donde vive Fernando Figueredo, que es todo un creador, donde vive Teodoro Pérez, hidalgo
todo él, donde vive, ejemplar y piadoso, el médico
del acierto y del cariño, el médico Palma, donde el
maestro Aymerich, en su silla de inválido, enseña
pensamiento a los hijos de los coroneles y de los
guajiros, donde tiene casa hospitalaria más de un
hombre bueno, más de un hombre futuro, se puso
de mucha luz, para recibir a un amigo, la Academia
de Bellas Artes. Porque hay momias vivas, acu-
rrucadas en su ira, que murmuran de lo que hacen
los demás, mientras la barba les castañetea, del frío
del odio, sobre las choquezuelas desnudas: momias
hay, y choquezuelas; pero el Cayo tiene Academia
de Bellas Artes. Allí, en la casa suya, porque en
el Cayo las academias tienen casa propia, casa que
los cubanos pagan para los cubanos, que los cubanos de más pagan para los cubanos de menos;—allí,
chispeando y guiando, vive de veras, con la salud
y alegría del que hace bien, el artista Joaquín Barroso. Ese es artista, que pinta lo suyo, y lo que
se le retrata en el corazón: ni el Japón pinta que él
no ha visto, ni chupas de la Fronda, porque no es

frondista él, sino que pinta palmas, con colores o con humo; y los modelos permanentes, que en toda edad y tierra son iguales; y si retrata es a Agramonte y a la Luz, y si pone en color una batalla, es la de Palo Seco. A su alrededor, sorprenden por el rápido adelanto, aquellos apuestos aprendices: Bernardo, el hijo de Figueredo, hace tres meses no sabía de lápiz, y hoy copia, con el rostro leal y la mirada decisiva, el retrato de Máximo Gómez; Fabián, niño olvidado y melancólico hace un año, que dibujaba con color penoso cuanto veía, ahora, de una mancha, saca un drama en tintas, o un estudio original en luz: y veinte más: y las hijas estudiosas, mano a mano, de los coroneles y de los guajiros. Y allí, con Barroso en la presidencia, ha nacido, y estudia, el club "Santa María del Rosario". Es un club de patria, y de veras lo es, porque no está solo al nombre, sino a la necesidad de leer y escribir, por donde vive o muere la patria. Los que no saben van al club, con su corazón agradecido; y por el tanto que pagan por semana al tesoro de la libertad, los maestros generosos le dan letra, le dan dibujo, le dan libro.

Cariño le dan, y hermandad, que es la gran medicina de los pueblos

Visten bien los alumnos: se visten para la escuela. Mañana, amarán a los que los enseñaron: si no les hubiesen enseñado, no tendrían a quien amar. Las dificultades se resuelven mejor entre los que se aman que entre los que no se aman. Barroso preside, que es alma de amistad, y útil por gusto, y no como tantos otros, que se cansan de ser útiles, en cuanto no hay tiempo para ponerles una flor en el cabello, y regarles todos los días la vanidad. El Secretario, José Mauricio Fernández, cuenta el club como han de contarse estas cosas de raíz, con ternura de apostolado. Lleva el tesoro Joaquín Hernández. Los vocales son Carlos Chávez, José Palomino, José Mauricio Soto, Francisco María González. González es muestra buena de ellos: patriota, no busca paga: padre y esposo, no los hay mejores; lector en el taller, no le lee nunca libro impuro. Mañana, en las horas de asamblea libre, cuando se recuente el trabajo de la república y se le abran vías nuevas, hablará, con la lengua aprendida en el Cayo, un cubano del club "Santa María del Rosario".

●

ENRIQUE ROIG.—¿Y el "Enrique Roig", uno de los nuevos clubs de Tampa? En Cuba, entre los que no tienen con qué aprender idiomas, entre los que por hoja, antes que la del libro, tienen la del tabaco; entre los que, al abrirse a pensar, pensaron naturalmente con las ideas rebeldes e iracundas, por causas de actualidad, de los que trabajan y padecen y aspiran como ellos: entre los que, por serles familiar la lengua, leyeron de la justicia nueva lo traducido y confuso que anda de ella en español, sin calma ni hábito ni guía para buscar las fuentes rusas y alemanas a la traducción infeliz, ni ver en qué

se acomodan las ideas generales a la realidad criolla, y en qué es ésta diferente, e idea por sí, y requiere ira menor y métodos diversos; entre los hombres compasivos y viriles que ven en el mundo más
desigualdad de la que conviene a su permanencia
y dicha, y tanta hambre innecesaria de un lado como
pompa innecesaria de otro, han prendido, más de lo
que aparece, las ideas vehementes de reforma social,
cuyo mismo nombre temido de anarquía, que para
el cubano de suyo moderado y generoso jamás sig-
nificará lo que para pueblos más odiadores y vio-
ientos, enciende en el corazón de sus prosélitos fieles, por el propio peligro que va en él, y por los
crímenes que ya se han cometido contra él, un ansia de sacrificio poco desemejante de la que llevaba
al circo a los mártires cristianos. Con este nombre
común de anarquía se han cobijado precipitadamente,
por la liga de la piedad social, los cubanos de opuestos sistemas de reformación, y de los más varios me-
todos; y el desdén ignorante de sus compatriotas, o
el miedo excesivo hubiera contribuido más que la
tentadora novedad, a lanzar en brazos de los más
ambiciosos e inquietos a los que pudieran refrenar-
los con el consejo y la virtud, si la natural claridad
de la mente criolla, y la fuerza de amor humano que
mueve estas ideas en los cubanos piadosos, sobre-
poniéndose de la amargura de las sospechas injus-
tas, no les hubiese traido a declarar que no puede
ser digno de la libertad para sí quien ve a todos a
su alrededor sin libertad, y se niega a trabajar por
la libertad de todos. No ha caído en la red espa-

ñola el cubano que ama y estudia las reformas sociales: no se ha negado, por odio a los meros nombres de patria y gobierno y política, a defender lo que en la esencia de ellos hay de equidad y ventura humanas: no ha logrado el gobierno español como quería, partir en dos, en dos bandos odiosos, a los cubanos que han servido a su país con tanto sacrificio y fé como quienes más en Cuba, a los obreros cubanos: no ha conseguido el gobierno español—que quería alzar una revolución social en que no cree contra una revolución política que teme,—que se aborrezcan unos cubanos y otros, que los que demandan derechos para sí en su patria, rehusen trabajar por la creación de la patria en cuya libertad descansarán mañana para abogar por sus derechos. Vibra y gime, de dolor por el hombre, mucha alma cubana en el club "Enrique Roig". Hijos tiene allí Cuba, dígase alto, que en nada ceden, ni por la caridad, ni por el desinterés, ni por la cultura, ni por la elocuencia, a ningún otro cubano. En Cuba, tenemos gérmenes de patria. Tenemos raíz nueva que poner donde la raíz podrida. Amor enérgico tenemos, donde ha habido odio enérgico. Lo excesivo se podará de sí propio, porque es mucha de veras la sensatez criolla, y porque el hombre se acomoda siempre a la verdad; pero lo nuevo surgirá de mil fuentes, y los cubanos que desconfían hoy de su pueblo se abrazarán, mañana, sorprendidos. En el club "Enrique Roig", Segade preside. Baliño razona, Izaguirre entusiasma, a todos como decía Baliño en noche memorable "ponen tan alta la bandera

de Cuba, que, por mucha ira que revuelva a sus pies
la pasión del hombre, jamás llegará a la bandera el
fango humano".

❧

EL DIEZ DE ABRIL.—No tuvo Cuba día más bello que el 10 de Abril de 1869. Allí venció un concepto de la revolución, rudamentario acaso, por ser
ley que los pueblos no puedan pasar de la aspiración confusa de la servidumbre a la ciencia plena
de la libertad; y quedó vencido otro concepto, más
impetuoso sin duda, aunque no menos rudimentario
Pero es la hermosura del día que no hubo allí ven-
cedores ni vencidos, y fué igual la magnanimidad
del que cedió, a la de los triunfadores. A Roloff se
le preguntaba en Tampa por el 10 de Abril, y respondió él, con la luz de amanecer que le sale a los
ojos cuando habla de la guerra. "Ese fué el día
más hermoso de mi vida"; el día en que lo hicieron
llorar, hablándole de Polonia, los oradores que nunca hablaron como aquella vez; el día en que todos
depusieron sus pasiones y sus pareceres, y todos
fueron buenos. Los conceptos de la guerra que allí
pudieron chocar, y chocaron después, allí se aco-
modaron. Ese es el gran servicio: deponerse. El
providencial se abatía ante los convencionales: y
los convencionales, en toda la sangre de la juventud,
se ponían de escolta del providencial... ¡Con qué
cuidado debe andar la pluma, y con qué ternura.
cuando se escribe sobre aquellos hombres! Otros
andamos por la senda abierta: ¡ellos fueron los que

abrieron la senda! Por donde quiera que andemos los de ahora, hemos de andar con el sombrero quitado. Lengua, todos tenemos; pero espada, pocos. De lo más bello del mundo es aquella juventud imperiosa, que no quería república patricia ni historia a medias; y aquel patriarcado que sentó sus canas con la juventud. El desinterés es lo más bello de la vida; y el interés es su fealdad. El día de la generosidad absoluta en la historia de Cuba, fué el día 10 de Abril.

Y esa fué la razón del club nuevo de Tampa, y de su nombre. Tampa, en estos meses últimos, padeció mucho de una huelga enconada. Son muy sutiles, y muy tenebrosas, los hilos de las huelgas. Está el obrero en ellas y no vé quién las mueve. Los que le conocen las pasiones, se las azuzan. Es fácil guiar a un hombre por sus pasiones. Unos juegan con sus odios; y otros con su generosidad. Pecan unos por ira, y por piedad otros. El sacrificio tiene sus fanáticos; como los tiene la codicia. Lo importante, para el titiritero, es hacer ir a los títeres por donde quiere que vayan. Lo que hay que ver es quien se aprovecha de la huelga, o puede aprovecharse; y por ahí se le conocen las raíces. En Tampa viven juntos, bajo un mismo cielo, españoles y cubanos; y tal es de magnánimo el pecho criollo que el crimen tremendo y patente de España en Cuba no le ha quebrantado la determinación, romántica a veces, de ponerse de escudo, sangrando como sangra bajo la bota española, del derecho o el interés ofendido de los españoles.

España astuta, que de años atrás viene favore-
ciendo entre los obreros cubanos el desamor de la
política, para que no haga el obrero política cubana;
España astuta, que permitió en Cuba la propaganda
errónea contra la idea de patria, hasta que los obreros de Cuba, españoles y cubanos, declararon que
era como una patria el derecho del hombre, y allí
donde la independencia de un pueblo lo adelantase,
por la independencia pelarían, como por patria ca-
bal y superior; España astuta, valida de la magnanimidad de sus hijos, crea y fomenta, donde fuera
de Cuba viven juntos españoles y criollos, aquella
desavenencia aun natural entre los cubanos, que, con
su piedad suprema pudieran llegar a abrir al enemigo insidioso, por el camino cubierto de las ideas hu-
manitarias, las fortalezas que ha alzado en la emigración la idea de independencia, para el bien final
y decisivo de criollos y españoles, y los que, más
apasionados o sagaces, creen que el deber del español sincero, y el modo real de probar su amistad a
Cuba, es mantener apretadas, y sin peligro de confusión ni merma, las emigraciones que batallan con
increíble desinterés para crear un pueblo de libertad
y dicha a españoles y a cubanos. La codicia, o la
aspiración desordenada, trastorna siempre, por si o
por sutilísimas agencias, las pasiones puras de los
hombres. En la pelea, no se ve la virtud, bajo el
toldo de lodo. Llegan a aborrecerse los hermanos.
—Y en el Club "Diez de Abril", en una noche de
religión, que pareció como cuando en el campo de
combate se extinguen los últimos fuegos, se unieron,

y continúan unidos, los cubanos a quienes más pudo
ayer, como a los padres en la guerra, dividir la sospecha o el odio.   Unos cubanos, canijos, van a llevarle al amo el recado de todo lo que hacen, para
que no les tenga miedo el amo, para que viva el amo
seguro, en su uniforme de listado azul y bocaman-
gas carmesíes: otros cubanos, menos preparados acaso para el conocimiento de la virtud republicana,
desmienten, en el templo blanco y azul de los "Caballeros de la Luz", a los que, por ignorancia de su
pueblo o por incapacidad propia, creen y propalan
que el cubano no posee las virtudes de abnegación y
trato respetuoso indispensables a la república.   Marcos Gutiérrez, que es todo un pensador, preside el
"Diez de Abril".   Carlos Baliño, pluma y lengua de
oro, es vicepresidente.   ¿Y la lealtad del Secretario
Manuel Granados, la fe del vicesecretario Santies-
teban, la ley cubana del tesorero Manuel Chávez?
De su admirable madre le viene el patriotismo impaciente al vocal Luis M. Ruiz, que da al tesoro
todo un día mensual de su establecimiento, más el
de su trabajo en el taller.   Como un niño ama a
Cuba, cubierto de canas, Vicente Bueno.   Y hay
fuego evangelista en los otros dos vocales, en Pastor Segade y en Joaquín Izaguirre.   Así se crea:
amando.

●

LAS CUBANAS DE OCALA.—Allá, pino ayer, crece,
blanca y alegre, la colonia de Ocala.   Aún no está
limpia de zizaña la calle naciente y ya se mide la

tierra para la casa de juntarse y de aprender, para el liceo cubano: lo que es muy oportuno, porque en casa del que nos da quehacer, en casa del que nos codicia, es lo primero hacerse respetar. Quien se enseña mal, se quita el pan de la boca. Allá, en las lindas casitas, pelean nuestras mujeres contra la escasez y la naturaleza. El menguado que hable de inferioridad del criollo, vea aldeas nuevas de yankee, y vaya a ver luego las casas de Ocala recién salidas de la yerba. ¡Pues todas nuestras mujeres, las de más y las de menos, hallan tiempo y ahorros, en la fatiga de ir sacando el hogar de la selva, para ordenar entusiasmadas el club de la patria! Tienen un hijo, y de pabellón de la cuna le ponen la bandera. Así, en acuerdo amoroso con nuestros hermanos de Cuba, estudiamos, y vamos resolviendo, los problemas reales que otros, entretenidos con la bocamanga, dejan a los caprichos del azar, o al ímpetu de la ignorancia, o a la tiniebla de la ira. Así limpiamos el camino de la libertad, y el del nuevo destierro, para los que, en el día ya visible, habrán de huir, desconcertados, del sable que hoy besan.

Patria. 14 de enero de 1893.

DE *PATRIA*, NUEVA YORK

21 de Enero de 1893

1.—Solemne reunión pública.
2.—¡Cuba es ésta!

1

SOLEMNE REUNION PUBLICA

Magnífica ocasión, y prueba hermosa del temple
de nuestras almas, fué la junta pública de cubanos
que acudió al convite del Delegado José Martí en la
noche del domingo 15. ¡Ese es nuestro pueblo,
sólo reacio e invisible cuando se apena o indigna de
que no se le sirva con amor verdadero, o con la rapidez y plenitud que imponen la mucha miseria y
oprobio de que padece! ¡Ese es nuestro pueblo, que
al sentir la verdad, al ver que ya sus hombres han
empezado a caer en el nuevo sacrificio, acude, como
el domingo acudió, en lo más fiero de una noche
enemiga, a proclamar, con entusiasmo inolvidable,
con atención extraordinaria, con la emoción sagrada
de nuestra mujer, con el alma unánime y gloriosa de
las grandes ocasiones, que los cubanos de parte alguna, serán indiferentes hoy a la república de que
gozarán mañana, como aquella villana e ínfima especie de hombres que hallan en la mesa de su esposa
un manjar que ellos no han trabajado, y un vino que
no han pagado ellos, y se sientan, rumiantes, a comer del manjar que otro trabajó, y a beberle a la
mujer el vino que pagó otro: ¡que eso, y no menos,

es el que se prepara a gozar después, en la hora del
triunfo, de una libertad a que se negó a contribuir
en la hora del combate! ¡Y esa alma soberbia, de
lealtad y desdén, esa alma jurada, de constancia y
ayuda, encendía, como pocas veces, la sala vasta,
la sala de nuestra historia nueva, la noche del domingo. Era tiniebla el cielo; salir, lo osaban pocos;
la nieve en tempestad cegaba el aire: uno u otro tri-
neo resbalaba arropado por la rica avenida; y así,
de Harlem y de Brooklyn, así, por sobre el río helado
y los carros sin estufa, así fueron llegando nuestros
ricos y nuestros pobres, nuestros veteranos y nuestros reclutas, nuestras esposas y nuestras hijas, y
nuestros viejos. Se llenó la sala querida, y los tar-
díos, en pie, henchían el salón hasta las puertas.
Desde la vuelta del Delegado, apenas repuesto de
su dolorosa recaída; desde la noticia de los bravos
esfuerzos, de los esfuerzos ejemplares, del Cayo y
de Tampa; desde el conocimiento, más sentido que
hablado, de la obra seria y viril, discreta y centelleante, de estos meses últimos de la nueva revolución; desde la junta primera y fructuosa del
Cuerpo de Consejo con la Delegación, se había no-
tado, en salas y talleres, el entusiasmo afectuoso y
sana curiosidad, por las últimas conquistas de este
movimiento político feliz que a una, y sin mentira
ni violencia, complace y mueve a la vez al moderado y al vehemente, a los ricos sagaces y a los pobres inquietos. Se veía crecer el cariño, crecer la fe.
Y cuando, ante aquella ansiosa familia del salón, en
que los más extraños y diversos se hablaban y tra-

taban de veras como familia, apareció el Delegado,
con el Tesorero Guerra y el Secretario Quesada,
con el Cuerpo de Consejo de New York, por su
Presidente Fraga y su Secretario Figueroa, se mostró, pujante, aquella liga de almas de que fué ejemplo patente, continuo, extraordinario, la memorable
noche. ¡Celebrémosla, que fué noche de razón y decisión, de realidad y de amor! ¡Por ahí se va a
pueblo: por noches como aquella!

No describimos aquí, no la podemos describir, la
misteriosa fusión de corazones e ideas, probada a
cada paso entre el orador de aquella solemnidad y
el público cubano, plenamente convidado a mostrar
allí el favor del aplauso o la tibieza del silencio; ni
ofenderemos con la crónica laudatoria de su discurso
a un hombre que no ve en el sacrificio de la palabra
hablada, seductor para otros, más que el servicio
de concordia y fundación que con ella pueda prestar
a su pueblo; a un orador cuyo afán único es hacer al
discurso vehículo eficaz de la idea oportuna y útil
en los instantes de la oración. Un pueblo que se
levanta, un pueblo de odio e ira que va amalgamán-
dose en la sensatez y el cariño, un pueblo que adelanta hacia la libertad sin compromisos ni intrigas
que lo perturben o deshonren ¿no es premio comparable, y superior con mucho, a la humillación contínua y voluntaria de la propia persona? Parecía, en
verdad, que con sus propios brazos levantaba al
público, y mantenía vibrante en el aire, los períodos
del orador. Las palabras caían sobre las almas.

Era visiblemente el propósito del Delegado reco-

ger en ideas esenciales, los propósitos de espíritu
democrático, plena preparación, discreción suma y
respeto a la isla que animan y caracterizan al Partido Revolucionario; narrar en estricta verdad los
incidentes, todos dichosos, y heroicos ya a veces, de
la constitución con que pudo interrogar a la Isla, y
poner ante su auditorio la situación verdadera de la
patria, tal como el Partido la puede conocer y la
conoce, y la relación posible y actual de los factores
diversos del país, para que, en vista de la necesidad
y de la oportunidad, los que quieran, en el circo ho-
rrible, ayuden a la mártir, que demanda ayuda, que
espera ayuda, que confía en la ayuda, que puede
redimirse con la ayuda, y los que quieran, cruzados
de brazos en la barandilla, vean como les desgarra
a la mártir el león, a su propia madre, al único hogar y la raíz única del mundo, o ayuden al león a
desgarrarla La historia luego dirá: "¡tú, hijo!" "¡tú,
asesino!"

Tal fué el discurso, que comenzó el Delegado con
fuerzas harto escasas para augurar que pudiese llevar la tarea hasta el fin: "¡Todavía me ha de al-
canzar la vida para tenderme al lado de los que
murieron por defender mi libertad!" Cauterio, era
un período, para los morosos; e himno el otro; que
en su ocasión para los cubanos que, desdeñados a
veces por los adulados, y les son de fijo inferiores
con todos los cubanos trabajan y a ningún otro abolengo de cubanos ceden en animar con su fe y
servir con su bolsa la libertad de que querrán gozar
luego como amos los mismos que, con labios culpa-

bles, befarían hoy, si lo osasen, a quienes la mantienen: "¡Ese es el hospital del mundo, por el que hay
que pasar como médico caritativo!" Y luego de tributar sentidísimo homenaje a las emigraciones ini-
ciadoras de que viene, a la fidelidad de Puerto Rico
y a los pueblos de América que allí tenían hijos afectuosos, el Delegado ascendió, de tema en tema, a la
deducción precisa de la indispensabilidad de la independencia, a la revelación solemne del sentir actual del país "harto ya de rodrigones y de dueñas,"
y a la decisión eminentemente práctica, hoy que está convencido de la futileza y nulidad radical de la
autonomía oligárquica y fantasmagórica, hoy que
se le ha preguntado y responde, de intentar con recursos suficientes la separación de dos elementos políticos de diverso origen, composición y fin que sólo
pueden convivir, bajo ridículos disimulos, en un estado indeciso de guerra con cargas y sin ventajas,
el cual parece natural reemplazar con un estado decidido de guerra: de ventajas y cargas a la vez, y
al que en realidad no habría más obstáculo, ni lo
hay, que el que pudieran oponerle la timidez, el desconocimiento del país y el carácter colonial de los
cubanos. De tema en tema llegó a estas deduccio-
nes el Delegado, y era como si, con las entrañas en
las manos, pasase ante los ojos, con sus soberbias,
con sus virtudes, con sus llagas, con sus parches
extranjerizos, con sus aspiraciones noveles la isla
entera. El enumeró los componentes dispersos de la
revolución en el destierro, que el Partido debía unir,
y ha unido. El bosquejó el estado revolucionario de

la isla, susceptible aún de mayor ordenación, pero de ningún modo necesitado de que se les importe de las emigraciones decoro o energía. El pintó la premura, la unanimidad, el júbilo con que, al verse juntos y capaces, y ver como en la isla, se les oye, se pusieron al sacrificio, una vez más, los emigrados de todo empleo y distingo, bien el que aún no realiza todo el vuelo del país, a pesar de haber sangrado gloriosamente en el campo cuando él, bien los que por viveza de la dignidad o de la compasión aspiran de buena fe a un cambio pleno e inmediato en la constitución social de las repúblicas. El, con aplauso de los ricos, tuvo palabras de ardiente defensa para los cubanos a quienes el estudio precipitado o incompleto de las condiciones industriales de la isla, y de la relación íntima y decisiva entre la buena política y la economía justa, no ha mermado en un ápice la facultad sublime de padecer por el hombre y aspirar a su mejora, que es la raíz del dogma de la independencia, y la fuerza, ya incontrastable, del Partido Revolucionario Cubano.

Pero acaso no tuvo el discurso del Delegado parte escuchada con más anhelo, ni más piadosa y viril, que aquella en que, sin ofender a los que sólo por la propia conservación aparentarán seguir el consejo de la sumisión inacabable, analizó la insuficiencia de la propaganda autonomista, aún cuando llevase mayorías enteras a cortes sordas, aun cuando acudiese con mayoría irlandesa a vicios inmutables y a intereses opuestos, para hacer desaparecer el conflicto creciente entre el carácter despótico, lento y

rudimentario de la nación y política españolas, y el
carácter capaz, liberal, e industrioso de la isla de
Cuba; el conflicto entre los intereses de una metrópoli cuyos protagonistas famélicos, y sobra de clases desocupadas sin remedio visible, ven en Cuba
la única fuente de rentas y empleos, y los intereses
de una colonia que sólo necesita de emanciparse
de este abuso para desplegar en una naturaleza
maravillosa la inteligencia probada y extraordinaria de sus hijos. Larga y profunda aclamación
acogió aquella prueba plena, sin ira y sin disfraz,
de la incapacidad total de la propaganda autonomista para mudar las leyes de la naturaleza, y
el carácter acumulado de los pueblos; de la incapacidad de una ley ofensiva de elecciones, que sólo
cambiaría, y como por favor, el modo de pedir, para
obtener un sistema de gobierno a que se oponen la
ignorancia, la preocupación, los intereses y los vicios,
hoy gobernantes, del pueblo elemental que habría de
concederlo: "Las formas sólo son viables, aun incompletas, cuando nacen de la realidad a que se
han de acomodar; si los remedios han de tomar para su preparación más tiempo del que la enfermedad
necesita para la muerte: ¿a qué el remedio?"—Y así,
en razón plena, con raro junto de los consejos de la
dignidad y los del juicio, adelantó hasta sus con-
clusiones vigorosas el discurso del Delegado. La
salud parecía crecerle a medida que iba siendo el esfuerzo mayor; y cuando la sala exaltada recibía en
sus brazos al narrador de la virtud de las emigraciones, al analizador imparcial y cariñoso de los pe-

ligros y de los recursos de su pueblo, al revolucionario sin miedo y sin odio, se veían las fuentes nuevas de vida que a la patria se acababan de abrir, y
no se han de cegar, y parecían resonar por el espacio
las primeras palabras: "Todavía ha de alcanzarme
la vida para tenderme al lado de los que murieron
por conquistar mi libertad!"

Patria. 21 de enero de 1893.

2

¡CUBA, ES ESTA!

De los rincones más escondidos de nuestro país,
de la mesa arrepentida del cubano que creyó sinceramente en la conversión innatural del carácter español, del destierro lujoso de Francia, de la aldea
olvidada andaluza, de la márgenes más lejanas de
América recibe un día tras otro el Partido Revolucionario adhesiones que en su ardiente lenguaje
prueban, sobre la capacidad cubana para la unión
espontánea en la verdad, la energía del sentimiento
de independencia, único sincero en los corazones
criollos; pero ninguna adhesión nos ha conmovido
tanto como la que nos viene hoy, por labios de los
leales herederos, del fondo de una historia tumba.
Cuba no es, no fué nunca Cuba, la que sube solí-
cita, después de la bofetada, las escaleras que lleva,

de sable en sable, a la mesa donde ha firmado tanta
sentencia de muerte de cubano el abofeteador: Cuba
fué, y volverá a ser, el presidente de la barba blanca
que subia a pie, con su humilde cayado, el farallón
que lo llevaba al bohío libre del general de la república. Cuba no es la contentadiza cómplice del gobierno de corrupción que traspasa y pudre lo que
le queda allá en la tierra de carácter del país, con
la política mendaz que sólo vive por el pretexto que
tienen con ella para la inacción, o la acción nula y
pueril, los cubanos cobardes: Cuba es el clamor de
gratitud con que los cubanos dispersos por la tierra
entera acuden, como soldados a la lista, a escribir sus
nombres en el nuevo esfuerzo ordenado y generoso,
para impedir, con la guerra útil e invencible de independencia, la descomposición de un pueblo que ya
tiene quien ponga en fila, y provea el hombro a los
heroicos soldados. Ya el descanso acabó: ¡paso
los cansados de siempre, a los que no se han cansado!

Allá, en un asilo infeliz, moría tiempo hace, en
la rústica cama, un general de Cuba, rodeado de
sus hijos de armas, y se alzó sobre el codo moribun-
do, no para hablarles de los intereses de la tierra,
sino para legarles, con el último rayo de sus ojos,
la obligación de pelear por su pueblo hasta verlo libre del extranjero que le odia y extermina, y de la
indecisión y pecho siervo de sus propios hijos. Allá
en aquel rincón, los olvidados batalladores, urdían,
cual otros de cien partes, la guerra nueva que estalla ya, pasado el sueño largo y necesario, por cuan-

to hay de sangre en el país. Y hoy que ordena las
fuerzas dispersas, sin reclamo alguno para sí, y como criado de la tierra y no más, el Partido Revolucionario Cubano, acuden los hijos de armas de
Vicente García a la lista del honor, acude el con-
discípulo de Ignacio Agramonte, fiel a la sombra
inmortal, acude el padre de los diez años con los
herederos de su nombre y valor, como hace catorce
años, huído de Ceuta, se presentó en New York con
sus tres hijos, para embarcarse a la guerra, don
Silverio del Prado. ¡Esta es Cuba, y no otra!

Con nosotros están los verdaderos vivos; con nosotros están los que dicen la verdad, y los muertos,
están con nosotros.

No se complace el Partido Revolucionario, harto
conocedor de su gran responsabilidad, en tentativas
inferiores a la magnitud de la obra entera, ni en
alardes inoportunos de organización armada, ni nadie, sino algún vil o perezoso, tendrá hoy en menos,
ni osará tildar de imprudencia, el nombre histórico
de "Cazadores de Hatuey" con que, en la tregua
como en la pelea, se abanderan hoy los valientes de
las Tunas. Dice harto claro a los menguados este
nombre, no que el Partido creado para impedir in-
tentonas vanas se dispone a ellas, sino que el pabellón de los diez años, ida la tempestad, ondea otra
vez con el mismo ardor al viento. Algunos se habían cansado; pero no los más, ni los mejores. Allá,
en su ignorado asilo, abran el corazón los sublimes
hermanos. Ya estamos en marcha: ¡asístanos la li-

bertad! Con nosotros están los que dicen la verdad: y los muertos están con nosotros.

Dicen así los soldados de Vicente García:

Noviembre 18 de 1892.

El batallón "Cazadores de Hatuey" al Partido Revolucionario Cubano.

A una colectividad muy respetable se dirigen aquellos soldados que supieron siempre combatir bajo la enseña de los "Libres."

A ella, pues, le suplican que se digne admitir un voto de adhesión, que no entraña otra cosa, que el amor a la Patria y el deseo de su Independencia.

Nosotros no somos más que un resto de aquella legión de hierro que formó el valiente *Espartano de "Las Tunas."*

Bien escasas podrán ser nuestras facultades, pero nos acompaña una, de mucho mérito, que es ¡el recuerdo!

Momentos antes de morir nos dijo Vicente García: *Muero en tierra extranjera, pero ahi quedan ustedes para que ayuden a libertar a Cuba. "Adiós".*

Eduardo Vidal.—Donato Tamayo.—J. Garay.— José Sequeira.—Bienvenido Ortiz.—Pedro Cruz.— Eduardo Vidal (hijo).—José M. Vidal.—Jesús Ortiz.—Atilano Martínez.—Antonio Cuello.

Patria, 21 de enero de 1893.

DE *PATRIA*, NUEVA YORK

28 de Enero, 1893

Ciegos y desleales.

CIEGOS Y DESLEALES

La política es la verdad. La política es el conocimiento del país, la previsión de los conflictos la-
mentables o acomodos ineludibles entre sus factores
diversos u opuestos, y el deber de allegar las fuerzas
necesarias cuando la imposibilidad patente del acomodo provoque y justifique el conflicto. Lo que se
tiene en el corazón, lo que se saca del corazón del
país, se dice con una fuerza que despierta a los montes dormidos, a los montes que ya se desperezan y
engalanan: y el mérito es de la verdad, y no de
quien la dice. El bello mensajero, de pintada palabra y alas de oro, irá como centella por el mundo,
encendiendo las tumbas y los pueblos, y dormirá
en la gloria: pero si la verdad falta a su voz, la palabra, como un vano cohete, caerá apagada a tierra,
en el silencio de la noche.

Cuando se habla en nombre del país,—o se dice
lo que de veras dice el país, o se calla. Es lícito y
honroso aborrecer la violencia, y predicar contra
ella, mientras haya modo visible y racional de obtener sin violencia la justicia indispensable al bienestar del hombre; pero cuando se está convencido
de que por la diferencia inevitable de los caracteres,

por los intereses irreconciliables y distintos, por la
diversidad, honda como la mar, de mente política y
aspiraciones, no hay modo pacífico suficiente para
obtener siquiera derechos mínimos en un pueblo donde estalla ya, en nueva plenitud, la capacidad sofocada,—o es ciego el que sostiene, contra la verdad
hirviente, el modo pacífico; o es desleal a su pueblo
el que no lo ve, y se empeña en proclamarlo. No
quiere a su pueblo el que le ahoga la capacidad.
No quiere a su pueblo el que se empeña en dete-
nerlo en pleno mundo, a la hora en que los pueblos
émulos y semejantes le toman ya la delantera. No
quiere a su pueblo el que lo ve piafar, fuerte para el
trabajo propio y útil, en los dinteles de la libertad y
de la vida ¡y castra a su pueblo, y pone a la dili-
gencia de Jaén su pueblo castrado!

De las venas hay que sacarse la podre. La sangre mala ha de salir, y hay que abrirse las venas.
Las venas hinchadas, o se abren, o ahogan. O se
da cauce a la revolución, o rompe la revolución sin
cauce. La política no es ciencia emprestada; sino
que ha de ser propia. Al país, lo del país, y nada
menos de lo que necesita el país. Las llagas no se
curan con linaza. La palabra no es para encubrir
la verdad, sino para decirla. Cuando el triunfo de
una política requiere nada menos que el cambio de
naturaleza del pueblo que la ha de conceder, y cambios en la naturaleza misma, cambios en la posición de la tierra y en la inmensidad de la mar, es
ocasión de deponerse para los que comprendan que
los males álgidos no se remedian con panaceas por

descubrir, para los que no pueden cambiar la tierra
ni la mar.

Cuando en el concierto de pueblos aspirantes, que
producen lo mismo que nuestro pueblo, le cruzamos
al pueblo los brazos, a que a mansalva le ocupen
los mercados y le tomen las vías los pueblos que
han tenido el valor de la libertad,—no salvamos a
nuestro pueblo, sino que somos los agentes voluntarios y culpables de su perdición. La cobardía no es
la única ciencia. La ciencia está en conocer la oportunidad y aprovecharla: en hacer lo que conviene a
nuestro pueblo, con sacrificio de nuestras personas;
y no en hacer lo que conviene a nuestras personas,
con sacrificio de nuestro pueblo. O se habla lo
que está en el país, o se deja al país que hable.

Si se cree que un pueblo de mente contemporánea
y superior capacidad, sazonado en la gloria de la
guerra y la disciplina del destierro, puede sujetar
sus bríos a la pereza y el vicio, a la ignorancia y el
interés, de un pueblo retrasado, de capacidad inferior; —si se cree que un país nuevo, de destino inmediato y activo, puede ir de reata, mientras el mundo hierve y codicia en torno suyo, de un pueblo
mayoral y retacero, sin guía ni razón de su destino
propio;—si se cree que una tierra peleada, cuya alma
de rebelión pedía sólo el orden que hoy se pone,
fiará la cura de sus males, presentes y urgentes, a
un remedio futuro, y tan improbable como lento;—
si se cree que a la hora de sentar plaza, como pueblo
de producción tropical, en el continente en que nos

puso la naturaleza, debemos perder, en la espera
de que España nos conceda el modo de salir de ella,
el tiempo que emplean en tender su comercio por
el continente los pueblos que no tuvieron nuestra
fe suicida,—quien lo crea con su honor, es culpable
de política aprendiz y romántica, y de benévola
ceguera.

Pero el que esté convencido de la incapacidad
irremediable de la política española para poner a
Cuba, dentro del plazo vital, en posesión de sí,—
y en medio de la ruina creciente de la patria,—
mantenga y proclame contra su convicción la fe en
el remedio de la política española; el que conozca
la insuficiencia de una ley electoral burlona y mezquina para resolver los problemas improrrogables y
totales del país, y cara a cara de la gravedad de
éstos defienda la ley afrentosa como remedio eficaz
y aceptable para las angustias patrias; el que a la
hora todavía oportuna en que su pueblo puede entrar, por el decoro de un esfuerzo feliz, en la competencia adelantada de las tierras de América, mantiene a sabiendas la política infecunda que lo sujeta
a una metrópoli inútil, cuando pudiera aprovecharse
la ocasión ya escasa de tomar puesto entre los pueblos competidores; el que, por miedo a la verdad y
al necesario sacrificio, contribuya a sostener, contra
su propia opinión, la esperanza hueca de un país
de sangre viva y ociosa, y de necesidades impacientes, en una política sin pan ni porvenir, en una
política sin seguridad y sin honor, en una política
de quiebros y de bofetadas,—ese es culpable de

veras, porque es desleal. Es desleal a su patria en la hora decisiva. Las oportunidades pasan para los pueblos, como para los hombres... Es lícito suponer que en nuestra tierra son más los ciegos que los desleales. ¿Qué decimos? ¿Habrá de veras, en la tierra de nuestras entrañas, algún desleal?

Patria, 28 de enero de 1893.

1893

1.—Al General Antonio Maceo.

2.—A José Dolores Poyo.

3.—A Serafín Sánchez.

4.—A Gonzalo de Quesada.

5.—A Martín Herrera.

6.—Al Presidente del Club "Cayo Hueso

7.—A Eduardo Gato.

AL GENERAL ANTONIO MACEO

New York, 1 de febrero 1893.

SR. GENERAL ANTONIO MACEO.

Mi general y amigo:

Salgo del tren de la Florida, veo sale el vapor de aquí a pocos minutos y le escribo estas líneas. De mis angustias sobre tiempo y distancias tendrá Vd. idea cuando le diga que hasta hoy, 1 de febrero, no ha habido oportunidad de enviar al General Gómez la respuesta de Vd. Todas mis comisiones están en la Isla y espero en estos días respuestas de todas sobre los detalles pedidos. El Oriente, como sabrá, perseguido y preparado. Camagüey respondió plenamente las preguntas de Gómez. Vd., por supuesto, tendrá ya a sus gentes por Oriente corriendo la voz. Sobre Vd., veo que cuenta con salir en compañía de 26 o 25 hombres. Vd. me dijo. y así lo trasmitió al General Gómez, que era su deseo meterse por un rincón, en plan sólo de Vd. conocido, con unas cuantas cabezas fieles. Ahora veo que aguarda le señale el General lugar donde tomar los auxilios de guerra. Como su plan, supongo, será el mismo, tengo para Vd. 50 equipos completos de

oficial, para desembarcar y armar el doble, y Vd.
me dirá, el punto en que desea recibirlos.—Se me va
el correo. ¡Qué elocuente carta me mandó Vd. sobre la querida viejecita! La he leído mucho. ¿No
leyó a *Patria* sobre ella?

Su amigo

Jose Marti.

2

A JOSE DOLORES POYO

2 de Febrero de 1893.

Sr. Jose Dolores Poyo.

Amigo mío:

¡Es tanto lo que tengo que decirle, y tanto aun
el malestar conque le escribo! A un hombre como
Vd. sólo necesito decirle que, sea cualquiera el estado de mis fuerzas, y punto menos que imposible
el tomar la pluma, sobre el trabajo incesante de esta
recomposición y el del periódico, y las angustias de
la responsabilidad creciente,—todo lo hago, temblan-
do o no, y anden como quiera el corazón y los in-
testinos. La correspondencia oficial anda atrasada,
porque no sé hacer las cosas en pequeño, ni me
deja vida la tarea menuda, y muy fatigosa, de poner en orden de acción práctica y disciplinada a

esta emigración, que hay que ganarse ojal a ojal, y tener junta con esfuerzos inauditos. Aun no recabo la salud deshecha; y no puedo aceptarle al médico la condición de resistirme a todo trabajo: ¡hoy, cuando tenemos que trabajar más! Vivo, Poyo, desde lo de Tampa, como resultado de mi gran choque nervioso: lo que hago, sin embargo, Vd. lo irá sabiendo: los instantes libres, desde la cama o el escritorio, para torcer en Cuba las malas agencias; rehago el periódico que hallé deshecho; los clubs, al garete en mi ausencia, resucitan briosos; dispongo, si nos sentimos todos con bríos, los pasos ya más decisivos de la campaña real: yo soy a todo. Rodaré por el suelo, sin cuerpo y sin premio,—sin el premio siquiera de que mis amigos me entiendan y acompañen en hora de verdadera agonía,—pero habré hecho cuanto cabe en alma y cuerpo de hombre. El Martes fué la junta: como fuí, no sé: sé que la sala, llena por fin de los reacios, oyó,—la sala magnífica de empinados y pobres, la declaración absoluta de nuestra total independencia de la propaganda autonómica, insincera y fantástica e inútil, por no decir más, y todo se dijo: la declaración razonada de que, en la total incompatibilidad de Cuba y España, el Partido Revolucionario, hoy más necesario, ordenado, aclamado, bendecido que nunca, sigue, piadoso e inquebrantable, sin que la piedad llegue nunca a flojedad o vacilación, la tarea de preparar al país para una guerra pronta, democrática y bastante. Se venía la casa abajo.—Yo, a la cama, a la consulta perpetua, a halar el periódico, a agenciar lo preciso

para llevar tanta pequeñez adelante, a un club re-
organizado cada noche; esta noche al Borinquen y
a escribir la arenga, mañana a las ocho a la imprenta, a todo el día, y a la noche a dos clubs más,—y
así, preparando la próxima jira, y no por allá, así,
sin brazo con que escribir, ¿para que se me atufe
y me niegue el cariño, el cariño y limosna de la
carta, un hombre a quien quiere uno como a un hermano?

...¿Que me ayuden? ¿Que dicte? ¡Ah Poyo!
viniérase por acá, que algún día ha de venir, y
entenderá como se levanta de puro bravo un muerto! Yo no me quejo. Pero quiérame.

En escrituras, lo diré al paso, no me ha podido
Gonzalo ayudar, porque entre fríos y bodas, se
me ha puesto cañengo. Pero él solo me ha ayudado, con espontaneidad de hijo, en cosas mayores.
Y como hijo, muy tierno y fiel, me ha atendido, por
sí y por todos los suyos, en mi extraña y contínua
enfermedad. Se padece de ver a los que se quiere,
por cualquier detalle, en menos de lo que se desearía. Se goza en hallarlos buenos e íntegros.

Se acaba la luz y la carta. Mañana se va Gerardo, cuya visita, en resultados mudos y patentes,
ha sido fructuosísima. El sábado aun me ocupa,
con exceso indebido e indispensable, el arreglo de
la distribución mejor del periódico; pero irá la carta
total al Consejo. ¡Y al campo, con Estrada; a
descansar todo un día, y en dos o tres semanas, preparar todo lo que viene! Y a todo, en cuanto esté
preparado. Tampa bien. Esto, mejor que nunca.

a puro puño. Y yo, en su casa, como uno de su
casa, aunque me le haya dado, con su largo e injusto silencio, un portazo al corazón.—Pidame obras
más que letras! Su

JOSE MARTI.

3

A SERAFIN SANCHEZ

Febrero 7, [1893]

SR. SERAFIN SANCHEZ,

Serafín querido:

Gerardo va, carta excelente. Con Vd. estoy bravo, porque hace ya mucho no recibo carta suya.
Le impongo, válgame Pepa, la penitencia de escri-
birme una vez a la semana. ¿Que no lo merezco?
¿Que no escribo puntualmente, porque a puro ejemplo y médula llevo acá adelante la mula patriótica?
¿Y cómo me premia el comisionado nuevo que he
mandado a Cuba, mozo mayor y para gente especial, en los calcañales mismos de Gerardo? ¿Y el
viaje decisivo que intento, mientras en Cuba alza-
mos los fondos que podamos, a fin de ver al viejo
a la vuelta, a ver si, como un rayo inesperado, cae-
mos con los calores? Lo que no esperan es lo que
no hemos de hacer. Y yo no caigo. Quiérame:

sienta yo su cariño. Y tengo ánimo y cuerpo para todo.

De los autonomistas, ni piense. Sálveme al *pueblo autonomista* en su magnífica campaña. Péguemele a *esos saludadores* de que hablo en mi discurso. *Ese es el sentimiento en Cuba*: estemos con él; seamos los voceros de los que allí no tienen voz. Siga con la distinción, y ni piense. Lo poco que vale del autonomismo, aunque vote, es *nuestro*. A ese villano carácter, intrigante y servil; a esos administrativos inútiles, y ambiciosos sin cuajo, a esos junteros es a quien me les debe Vd. sacudir la pluma luminosa. Y querer, y escribir a su

José Martí.

Les bendice la casa, y la de Rogelio. ¿Qué noticias de Raimundo?

4

A GONZALO DE QUESADA

Fernandina, 18 [Febrero, 1893]

Sr. Gonzalo de Quesada.

Gonzalo querido:

¿Con que pintar papel para *Patria* y descansar? Del Martes acá, y es Sábado, me he acostado una sola noche, desde el Martes que llegó el comisiona-

do de Matanzas, hasta este instante, en que acaba
de irse Julio Sanguili. (1) Seguí por mis líneas, y
todo ha ido bien. Los cascos leves se alarman, pero yo creo conocer mi mundo. Adelante, pero a
pasos firmes, y sin prisa inmotivada. Se convino
así, y aprovecho un campo nuevo de relaciones. De
noche, ellos dormían: yo, tira que tira, las llené de
cartas. El día, oir y hablar: la noche, despachar
las sendas comisiones. Sin embargo, mi mal se ha
interrumpido, y vengo de admirar, como único reposo, una playa de oro brillante, festoneado de blanco, bajo un cielo violeta, azul y rosa. Ahora no
sé qué haré. Se me llevó la visita el último centavo,
y telegrafié a Benjamín: calle, a todos, esta sencillez, que la situación es para tomada con pinzas.
Creo que daré un salto a Tampa, y acaso otro salto.
Y luego, otro mayor, pero les iré antes a examinar
el trabajo. Es mucha la habilidad que necesitamos
para salvar la poca arca de la mucha boca, y hacer
en el suspiro que nos queda la faena final.

Recibí, y contesté, el telegrama sobre intentona
marítima. Fernandina da a la mar, y es cuanto hubo de intentona. Desmienta con brío: ya habrá des-
mentido. Es excelente anuncio. Cuando vayamos,
no lo sabrán. Ahora ¿quién no sabía en Cuba la
ostentosa visita? y aquí me hallé conocido de todo
el mundo. Lo de las cartas me ha enojado mucho.
Por fortuna, salvo las de Vd., Gustavo (2) no hu-

(1) El general Julio Sanguily.
(2) Probablemente Gustavo Govín, primo político de Quesada y Aróstegui. También pudiera ser Gustavo Aróstegui.

biera llevado las cartas que el día 11 por mi mano
entregué al conductor del *Pullman* p* que las pusiese en el correo. Luego de escritas las demoré dos
días, adivinando que de Matanzas venía algo. Y
vino todo un héroe de aquella gente sensatísima,
de aquella gente honrada. Es hermoso, verse a la
obra con gentes de la misma perspicacia y pensamiento. Y esperaba sólo al segundo visitante para
suspender por telégrafo las cartas q. suponía en
manos de Sánchez Iznaga desde el 11, cuando recibo—imagine qué pena—el telegrama de Vd. Gustavo me contestó: no Iznaga. Esta mañana, con
sello especial, he enviado las instrucciones nuevas,
y mucho más sencillas, que Gustavo recibirá, según
le dije por telegrama, en el hotel a las 5; el vapor,
en que se va por cierto Sanguilí, sale a las 10 de la
noche. Reservemos a Gustavo para ocasión mayor.
Lleva encargo bastante. Le pido que, aun sin carta,
vea, con instrucciones prudentes y fáciles, a Arturo
y a (1).

Y como me quema la espalda derecha callo, lo veo
escribiendo el otro n* de *Patria,* y siento que no vean
las dueñas de la casa, ni el doctor poético, (2) este
cielo de aire azul.

Le avisaré por telegrama la mudanza. El periódico, sereno en la campaña, como si la autonomía

------

(1) Nombre ininteligible que parece ser Feble.

(2) El ya citado Dr. Ramón L. Miranda.

fuera el humo que es; pero en templado contraste con esta alharaca. Un buen abrazo de su

J. MARTI

Digo a Benjamín, como privadísimo, que Sanguili estuvo.

5

A MARTIN HERRERA

Central Valley, 9 de Marzo, 93.

SR. MARTIN HERRERA.

Mi muy querido Martín:

Aquí tiene un agradecido que no olvidará nunca lo que un bravo corazón hace en su leal entender, y en la capacidad de todo lo grande, por el servicio de su patria. Todavía oigo sus palabras en el club Todavía le veo brillar los ojos con la fe en la hora angustiosa, y tal vez grande y decisiva, en que vivimos ¿A qué se iría, sin almas de la piedad y el arrebato de la de Vd.?

Pero el punto de ahora es lo del club. Lea esa nota que mando al club, y verá toda mi razón, y cómo quedan a cubierto sus esfuerzos de Vd, y de modo que nadie se los censure. Pero hay que quitar todo pretexto al enemigo, vigilante en estos días difíciles. Déjeme velar, y cortarles los caminos. Esta sencillez de devolver los fondos al club, los fondos que en realidad no necesito usar —por el anticipo natural sobre los fondos ordinarios— contribuirá al respeto que necesitamos. Déjeme quedar agradecido al club, muy agradecido a Vd., y al buen Pompez y hacer lo que creo conveniente para nuestro orden y cariño. Le ruego que sin pérdida de momento, y procurando concurrencia grande, me reuna al club, me le haga leer la nota adjunta y me escriba sobre la sesión.

Pancho ya tiene su cuchilla. No tiene Estrada discípulo más aplicado, ni de más moderación Ha engordado y echado color y espaldas, y se le ha afinado la fisonomía. Lleva en los ojos la aspiración y el contento. Cuida especialmente de su traje. Es atento, tierno y pundonoroso.

La prisa me obliga a acabar. Porque esta alma mía es la de Vd., y no deje que me la hagan inútil, que me la hagan inútil el amor y la fe de mi pueblo, las arrogancias y preocupaciones ajenas. Trabajemos para la dignidad y bienestar de todos los hombres. Así lo entendemos y ésa es nuestra resolución. Esa es la obligación que le echo encima: predicar sin cansancio el espíritu humano y democrático de nuestra revolución. Todo por los que padecen, y Vd. y su América, y sus hijas, quieran a su

JOSE MARTI.

6

AL PRESIDENTE DEL CLUB
"CAYO HUESO"

Delegación
del
Partido Revolucionario Cubano.

Central Valley, 9 de Marzo de 1893.

Sr. Presidente del Club "Cayo Hueso",

Key West.

Mi muy estimado compatriota:

Con el más vivo agradecimiento, con el justo orgullo de que la patria tenga servidores tan constantes como los miembros de ese Club, y con la confianza de ser bien entendido por ese grupo de hombres
valiosos á quienes en la angustia sagrada de mi
cargo, hablé hace poco con todo el corazón, —vengo
á dejar aquí testimonio del servicio extraordinario de
ese Club, al convertir a los fondos de acción, insuficientes ya para las atenciones precipitadas de la
preparación de una guerra que se nos viene encima
ántes de lo pensado, los fondos de guerra que tenía
acumulados—, y á devolverlos al Club, retornando á
su Tesoreria el check en que los envío, para que con-
tinúen intactos en su Tesoro como fondos de guerra.

El Club recuerda bien, y la Delegación no puede

olvidar, las circunstancias, de entusiasmo á la vez que
de agonía, en que la Delegación, segura de que hablaba en el Club "Cayo Hueso" con cubanos capaces
de apreciar las ventajas y deberes del momento, ex-
plicó, como ante el consejo de hombres de razón y
de gobierno que ese Club es, la situación urgente y
feliz de nuestros asuntos revolucionarios. "No estamos jugando á guerra; sino á las puertas de la guerra. No vivimos en paseos y en orgías, sino regan-
do la sangre por la tierra, y con la transparencia y
la humildad de los apóstoles. No hemos necesitado,
para unir á todas las emigraciones como ántes nunca
se ligaron, para despertar y atraer el patriotismo cubano disperso ántes por el (1), para unir las fuerzas
revolucionarias aisladas en la isla y crearlas donde
no existían, para juntar todas las fuerzas de la revolución de dentro y de afuera, más que una suma total de poco más de *tres mil pesos* en un año; sí, para
resolver todos los problemas previos de la guerra, para mover y decidir á todos sus hombres, para levantar una organización con qué inspirar á las naciones
y á nuestros benefactores posibles, el crédito y respeto que nos son indispensables, y para reunir *doce*
mil pesos de fondos de guerra, seguros en las manos
de los que los han reunido, no hemos necesitado más
que poco mas de *tres mil pesos* en un año. Y el pasado y la buena memoria dirán si se hizo antes
cosa parecida en nuestra revolución, o en cualquiera
otra revolución. Pero el éxito de nuestros trabajos,

———————

(1)   Espacio en blanco en el original.

y el influjo adquirido por su orden y rapidez, preci-
pitó—mucho antes de lo que teníamos en nuestra modestia derecho a esperar—, los sucesos que presagian
la guerra. La confianza en nuestro auxilio, agrandado por la imaginación, alentó é impacientó á los revolucionarios más preparados en la Isla, que no nos
quieren dar tiempo á más preparativos. La unión
cariñosa de nuestros héroes y trabajadores de siempre con los elementos nuevos de dentro y fuera de
la Isla, inspiró fé á los revolucionarios importantes
que no creían posible esa unión en un plan fijo y
abierto y de buena política. El temor á la guerra
que adelantábamos con tan buena fortuna contribuyó
principalmente á que la dirección autonomista, como
medio de distraer ó desarmar el espíritu de revolución, acatase la reforma provocativa de elecciones, y
saliese del retraimiento. Los revolucionarios preparados—y la indignación de la Isla, envalentonada
con el auxilio que espera de nosotros—, rechazaron
la reforma electoral, con una agitación unánime que,
en pleno vigor de nuestros preparativos, hace temible en todo momento un estallido revolucionario.
Mas aún, por una razón ú otra, por el fervor de algunos impacientes ó por el plan artero del gobierno español de hacer abortar la guerra con un alzamiento
prematuro, se ha fijado una fecha demasiado cercana,
para la cual, no hay modo humano de que nuestras
fuerzas estén preparadas como deben y pueden, y cuya fecha pudiese convidar á algún patriota inquieto,
á algún culpable apasionado de gloria, a levantarse
antes de que estuviera el arma al hombro de todo el

pais, como estará pronto si queremos que esté. En esta situación gravísima, la Delegación tiene que acudir a todas partes: tiene que avisar á la Isla toda para que cubra sus fuegos, sepa lo que hacen los demás, y esté dispuesta para un alzamiento unánime é inmediato; tiene que pedir al mundo porque con doce mil pesos no se puede hacer la guerra, las armas y los barcos que las emigraciones apenas tienen ya tiempo de adquirir y emplear, si quieren llegar á hora, y evitar el desórden y acaso la catástrofe de la revolución; tiene que esparcir la voz entre los elementos de afuera y tomar las medidas necesarias para echar sobre la Isla lo que tengamos, sin esperar á más, cosa de que la guerra estalle sin esperar á nuestra ayuda: tiene que hacer todo esto en meses, en semanas. Y en el instante en que lo tiene que hacer, no existe un solo peso en la Tesorería de la Delegación, —y la fuente de fondos mayores, la del Cayo, por estar allí los cubanos en mucho mayor número, está comprometida á gastos anteriores de comisiones en Cuba con dos meses de anticipación.— ¿ Saldría por las calles la Delegación á explicar á la multitud estos detalles de esperanza á la vez que de dificultad, saldría la Delegación, para salvar una minimez del momento, á publicar escandalosamente ante el enemigo las entrañas de la situación revolucionaria, las entrañas que están ya á punto de echar afuera á su hijo ? No: con la fuerza que le daba el hecho de haber realizado con sumas ínfimas resultados grandiosos, con la confianza de quien se dirige á un grupo de hombres escogidos, capaces de com-

prender y encarar una necesidad santa y extraordinaria, con el abandono y el fuego de un cubano que
habla entre hermanos, el Delegado—enemigo de sacrificios innecesarios y excesivos—, puso ante el Club
"Cayo Hueso" la situación, que no se podía poner
ante la plaza pública, para que el Club meditase si
debían pasarse en la desesperación é inactividad estos dos meses preciosos, ó si convenía, en la discreción de un cuerpo de superior pericia revolucionaria,
emplear en preparativos que bien pueden ser los últimos, y tan cercanos á la guerra que son ya verdaderamente de guerra, los fondos, o parte de ellos, que
en concepto de fondos de guerra tuviese el Club acumulados. Esa era la situación el día en que el Delegado habló ante el Club, como un hombre ante
hombres, como un hermano habla entre hermanos.

Y jamás olvidará el Delegado el entusiasmo genuino, y la adhesión unánime, con que el Club acogió
sus declaraciones y su demanda. Y en instante supremo, en que un detalle desatendido puede torcer
la marcha de todo triunfo, en instantes en que el corazón se llena al fin de la dicha indecible de ver cercanas las horas de la libertad, se siente una profunda
ternura por los hombres que sirven con entusiasmo
á la patria. El Club acordó enviar íntegros sus fondos á la Delegación.

Pero a la mañana siguiente trajo á la vez á la Delegación la oferta de fondos suficientes para los gastos más indispensables, con carácter de anticipo á
los fondos de acción, —las ofertas, inaceptables por
no romper los Estatutos que en nada han de rom-

perse, de los fondos de otros Clubs, ansiosos de que
la Delegación los emplease, —y la noticia de que, por
puntos reglamentarios ó respetable opinión, pudiera
ocasionar alguna perturbación en la marcha del Club,
—del Club espontáneo y de patriotismo inolvidable
—el acuerdo, unánime, de la noche anterior. —Con
gratitud vehemente, con prudencia natural, con el
hecho de no necesitar ya tanto de la conversión de
fondos que pudiera perturbar el Club, aún levemen-
te, y con la misma alma fraternal, para el Club todo
y para cada uno de sus miembros, que le inspiró en
la noche de la sesión y le inspira hoy, la Delegación
rogó a la presidencia del Club, —nó por puntillo áspero ni por soberbia de hombre, —sino por medida
prudente de quien no desea emplear un auxilio innecesario ya que pudiese ocasionar divergencia ó tibieza entre patriotas que ama, que rogase al Club dejase sin efecto la votación unánime de la noche anterior,
y conservase en su Tesoro como fondos de guerra
los fondos que había convertido en fondos de acción.
Y después de este ruego á la presidencia, sólo que-
daba á la Delegación el placer natural de poder atender á sus obligaciones sin acudir á un recurso extraordinario. —Y el cariño, el hondo cariño de ver el
patriotismo generoso y la sinceridad valiente de aquel
grupo de cubanos.

En Tampa estaba el Delegado cuando recibió noticia, por funcionario competente del Club, de haberse girado por la Tesorería á New York los fondos
del Club; á pesar del ruego de la Delegación. Y la
Delegación aceptó este hecho, reconocida á la adhe-

sión que esta insistencia demostraba, á la adhesión á
una causa que no se quiere ver entorpecida en momentos decisivos de acción por obstáculos pequeños;
pero, como en verdad puede atender á lo más urgente de sus deberes con las sumas que le son espontáneamente ofrecidas como anticipo á los fondos ordinarios decidió asimismo dejar intacta la remesa, y
considerarla como fondos de guerra; sólo empleables
en los gastos directos de guerra, que ya se acercan;
en armas, municiones, barcos, y atenciones de la guerra armada.

Mas al llegar á New York, y recibir del Sr. Tesorero esta suma que no tiene en qué emplear, no
cree el Delegado, hoy más que nunca agradecido al
Club, que, —tomando en conjunto todos los prece-
dentes, y teniendo en cuenta el saludable efecto de
que en nuestro Partido mismo se vea cómo seguimos
obteniendo resultados magnos con las sumas pobres
del Tesoro ordinario, —deba permitir que quede ociosa en New York, en la Tesorería del Partido, una
suma cuya vuelta al Club "Cayo Hueso" demuestra
que la Delegación que tuvo, y tendrá, bastante confianza en su patriotismo para hacerle partícipe íntimo de sus deberes ó angustias extraordinarias, —cree
también conveniente, como el mismo Club pudiera
creer, que no se alteren sino en caso imprescindible,
que esta vez por fortuna ha desaparecido, las vías
estrictamente reglamentarias con que hasta hoy el
Partido ha logrado con sumas ínfimas resultados
magnos.

El Delegado sabe con qué hombres habla; ellos

saben que el Delegado entiende que el servicio de la
patria demanda al buen servidor que aniquile en sí,
aún con las más grandes razones, todo impulso de
orgullo ó arrogancia que, con crédito de su persona
tal vez pudiera lastimar la unión de sus colaboradores
en la libertad de su país. El Club "Cayo Hueso"
sabe, hombre por hombre, que el deseo único del
Delegado, al volver á su Tesoro natural los fondos
que de todos modos dejaría por ahora sin empleo en
la Tesorería de la Delegación, es causar en el público, entendiendo por público nuestra organización,
el justo respeto que, ante un pueblo obligado más de
una vez á sacrificios inútiles, ha de inspirar un Partido que, ni aún en horas de verdadera agonía, y de
reforma justificadísima por la celeridad y grandeza
de los hechos, usa más fondos que los que se puede
allegar por sus medios estrechos y ordinarios. No
vivimos para nuestra persona; sino para la patria.
Debemos aceptar lo que nos mortifique, si es útil a
la patria, si le es indispensable. Si mañana ve otra
vez un gran servicio la Delegación ante sí, y cree
mejor dirigirse, mientras duren estas estrecheces
convenientes á la dignidad, á los propios que á los
extraños, —y á un grupo de hombres sensatos que
á la multitud de publicidad peligrosa,—mañana, sin
temor y con cariño, volvería á dirigirse el Delegado
al Club "Cayo Hueso" á pedirle este mismo servicio.
Hoy el Delegado, lleno de reconocimiento verdadero
y profundo, movido de respeto y de amistad hacia
el Club, y hacia cada uno de sus miembros, cuyos
móviles puros conoce y estima, devuelve los fondos

al Club "Cayo Hueso" porque lo cree así conveniente á los momentos críticos, y muy vigilados por el
enemigo, que atraviesa en su marcha al triunfo la
organización de la patria.

Con este espíritu saluda al Club la Delegación.
Con esta alma reconoce la activa energía con que sus
miembros apresuraron con el vigor al Cayo peculiar,
la remesa de unos fondos que con razón, en cuanto
ellos podían saber, estimaban salvadores. Con esta
alma acompaña á los que, en la vigilancia de su celo
patriótico, hubiesen podido temer que la forma de la
remesa dejara una opinión siquiera lastimada. Para
amarnos estamos, y no para lastimarnos. Para echar-
nos unos en brazos de los otros, y fundar juntos
la patria que nos aguarda.

Por su parte, sólo para el agradecimiento y la
virtud tiene memoria el actual Delegado. No vuelve
un hombre al seno de la tierra con mayor solemnidad
que la que llena su alma en los momentos en que escribe, en los momentos en que ha empezado á intentar sus esfuerzos supremos por reunir el tesoro necesario para comprar armas y barcos á la independencia de la patria. Y en esta hora angustiosa en que
ruega la compañía de todos los cubanos buenos, ni
podía abrigar en su corazón ninguna pequeñez, ni en
nadie la sospecha, ni para cubano alguno tiene mayor
agradecimiento, y amistad más grande, que para los
cubanos generosos y vigilantes del Club "Cayo
Hueso".

El Delegado,

JOSE MARTI.

7

A EDUARDO GATO

Delegación del Partido
Revolucionario Cubano.

New York, 9 de Marzo de 1893

Sres. Eduardo H. Gato
    Carlos Recio
      Manuel Barranco
        Teodoro Perez.

Mis distinguidos compatriotas:

Cerrada ya la época de preparación y tanteo de opiniones que las emigraciones unidas en el Partido Revolucionario Cubano creyeron indispensable para inspirar confianza al país en nuestro plan ordenado y total de revolución en acuerdo con la Isla, nos hallamos frente a frente con una situación digna de la atención y ayuda de los cubanos de patriotismo extraordinario.—Entre ellos cuento a Vds.; conozco su prudencia, su constancia, y sus sacrificios anteriores; conozco su crédito e influjo en ese asilo de la libertad de Cuba que han ennoblecido con su industria, y con su firmeza patriótica; y en el instante de recoger, —sin el delito de la exageración ni la ligereza de una mera tentativa,—los esfuerzos supremos que pueden llevar a Cuba en plazo breve y con seguridad bastante el auxilio armado que necesita para

emprender con fuerza y fe la campaña que ha de
poner al cubano en posesión de su decoro y de su
suelo,—acudo a Vds. en ese Cayo glorioso, como
a otros patriotas verdaderos en las demas emigraciones, para que, al mismo tiempo que la Delegación
del Partido Revolucionario llama a todas las puertas
en demanda de barcos y de armas, concierten y rea-
licen en esa localidad de su influjo la manera más
fácil y rápida de reunir la suma con que ese Cayo
puede contribuir a una empresa que ha de ser ya de
pocos meses, suma que no se empleará sin el bene-
plácito del interventor nombrado por los contribuyentes para cerciorarse de su digno empleo, y de la
cual se dará cuenta detallada por vía del interventor
a los donantes.

De sobra dice este lenguaje a mis distinguidos
compatriotas la realidad y urgencia de la hora revolucionaria en que nos hallamos. La Isla ha respondido, y el período de ensayo ha pasado. En mucha
angustia se podrá ver, y se ve acaso, la Delegación,
que con poco más de tres mil pesos ha satisfecho las
obligaciones todas de unir, en su campaña de un año
aún no completo. las emigraciones,—de atraerse la
adhesión espontánea de los veteranos esparcidos por
el extranjero,—de exponer nuestro plan ante la Isla,
y juntar, aumentar y ordenar sus grupos revolucionarios,—de levantar en el extranjero una organización que nos dé derecho a la simpatía y ayuda de los
cubanos vacilantes y pudientes y de los pueblos que
por interés o afecto deban auxiliarnos. Pero por
apremiante que la situación sea para la Delegación,

que ve claro ante sí su plan de deberes, ella sabrá
cumplirlos, en tanto que el honor y peso de la representación de sus conciudadanos esté sobre sus hombros. Y lo que la Delegación se propone, en el plazo de los dos meses en que ya ha entrado, es allegar,
—sobre la suma de doce a catorce mil pesos, si no
más, que ya tiene acumulada de seguro,—la cantidad mínima, y no extraordinaria, que basta, sin dis-
pendios extravagantes ni aparatosos, para llevar a
Cuba, con probabilidades de éxito, todos los hombres
de armas que tenemos fuera de ella, y el armamento bastante para que sea invencible la primera
acometida de la Isla. Y la Delegación actual, si en
su mano estuviese aún la obligación que hoy tiene,
no empleará a retazos el tesoro de guerra, con riesgo
de que se pierda lo reunido por no poder tener a
tiempo el resto, sino que no comenzará a emplearlo
hasta que no tenga la certidumbre racional de po-
seer el total indispensable. Ni empleará al garete o
a capricho las sumas reunidas; sino que, juntando
el sigilo a la vigilancia, invertirá estrictamente, como
ya ha dicho, en armas, pertrechos, barcos y atenciones expedicionarias, las sumas contribuídas, que el
interventor de cada una de ellas desembolsará a cambio de dichos objetos o atenciones comprobadas
Porque estamos fundando una república honrada, y
podemos y debemos dar el ejemplo de la más rigu-
rosa transparencia y economía.

Ahora me cumple indicar a Vds. que la suma con
que, midiendo el esfuerzo extraordinario por las pra-
babilidades desusadas de éxito de nuestra empresa,

estima la Delegación que, incluyendo en esta suma
todo lo que el entusiasmo juiciosamente fomentado
con el ejemplo de Vds. pueda levantar en ese Cayo,
por concepto del día de la patria o cualquiera otro,
de hoy en adelante, la contribución de ese Cayo a la
guerra que estamos a punto de realizar puede ser de
treinta y cinco mil pesos, que quedarán en manos de
la representación de los contribuyentes hasta la hora
de su empleo, y se emplearán en objetos y atenciones
de guerra con conocimiento y anuencia del interventor.

   Con otra especie de hombres usaría la Delegación
un lenguaje entusiasta y tentador, que sería realmente ofensivo para cubanos de sobrada experiencia,
que cumplen con su deber sin el estímulo de la pompa y la vanagloria, y conocen el acento de la verdad
y los engaños de este mundo. La Delegación, que
atiende secamente a su obligación, sin más esperanza
que la de contribuir a la libertad y mejora de los cubanos, ni más placer que la compañía de los hombres
buenos, se limita a decir que es la hora, que es la
hora suprema, y que ése es el modo pronto y garanti-
zado con que el Cayo puede ayudarla. ¡Dichosos
los acaudalados del mundo, que pueden dar un poco
de lo que les sobra para ayudar a la libertad de su
pueblo! ¡Dichosos los que con un retazo de su fortuna pueden comprar un nombre inmortal en el cuadro de honor de los fundadores de un pueblo!

   Del modo de reunir esta contribución pudiera hablar a Vds.; pero en esto, como en todo, cree la Delegación conveniente dejar los métodos de cada lo-

calidad al juicio de los que mejor la conocen y tienen influjo legítimo y natural en ella. Deseó la Delegación libertar de la carga personal a los patriotas que, siempre los mismos, la han llevado ya tantas veces; y abrogándose nuevo trabajo, trabajo acaso irrealizable por sus complicaciones, ideó levantar un empréstito por esa suma, con interés suficiente, bajo la garantía primera de la emigración organizada, y la fundamental y subsidiaria de los contribuyentes, por notas aisladas y personales, a pagar sólo en el caso de que las emigraciones no satisfaciesen la deuda. Pero el patriotismo superior ha salido al paso de este pensamiento, para cuyos detalles múltiples no hay tiempo en verdad, y se ha propuesto a la Delegación, con sacrificio de verdadera hermosura, el contribuir directamente y sin ambajes con la cantidad que a cada cual sea dable. No apunta, pues, idea ni forma alguna el Delegado; ni sabe a qué personas dirigirse; ni dará paso en esto sin el consejo de Vds. y para favorecer y fortalecer, si posible fuera, sus demandas. Deja totalmente en manos de Vds. el concierto y manera de la contribución; y sólo añade la conveniencia de fomentar en la primera ocasión el día de la patria, con una ayuda pública ostentosa que hará a la larga menor, como es justo que sea, el sacrificio personal. Con preparación previa y oportuna por parte de la Delegación, los manufactureros y personas de viso, solicitados por el Delegado, encabezarían con ímpetu unánime y superior al de las veces anteriores el día de la patria, y éste, con ese empuje, adquiriría naturalmente más crédito, quedaría definitivamente establecido, y haría mucho menor la contribución personal. Debe además la Delegación decir que en su pensamiento es justo que, hasta el día en que la guerra estalle, se dediquen a aminorar la contribución privada del Cayo, considerada como anticipo de la contribución total, los productos de todos los días de trabajo que siguiesen al de la colecta de la contribución, y de los fondos de guerra que desde esta fecha se recaudasen por los Clubs. Y esta suma, con el entusiasmo bien movido por el ejemplo, no puede ser insignificante, puesto que, sin más que meros preparativos y con las dificultades del día de la patria en los dos últimos meses, lo recaudado para fondos de guerra por el Cayo llega a más de siete mil pesos.

Expuestas las ideas generales, quédame sólo echarme en brazos de la nobleza y abnegación de mis distinguidos compatriotas. Ellos adoran a su pueblo. Ellos se le han sacrificado muchas veces. Ellos ven hoy la conveniencia y la oportunidad de un esfuerzo nuevo, que podrá ser vencido en la mar o en la tierra por el enemigo, pero que no podrá ser burlado o mal empleado. Ellos sienten el sublime deber que la fortuna pone hoy en su mano. La patria nos dé a todos valor para hacer los esfuerzos extraordinarios que requiere hoy de sus hijos!

Saluda a Vds. con la alta estimación debida a sus largos e infatigables servicios patrióticos.

El Delegado,

JOSE MARTI.

DE *PATRIA,* NUEVA YORK

14 de Marzo, 1893

I

HORA SUPREMA

En ella estamos. Ciego es quien no lo ve. Con
una sola alma se mueven la Isla y las emigraciones.
El programa de las emigraciones cubre los deseos
secretos y unánimes de la Isla. La Isla, como una
resurrección, se alza sobre el codo de su agonía, ve
el fango que la cubre y el camino sangriento por
donde se sale a la libertad, y prefiere la sangre al
fango. Nos hemos puesto en pie los cubanos de
afuera a la misma voz, con la misma alma unánime
y el mismo plan con que se pone en pie la Isla.
Nada hemos hecho, sino llegar a tiempo. Tal vez,
si nos demoramos o desmayamos, no lleguemos a
tiempo. Hay auxilios que se parecen a la medicina
que llega al paciente después de la muerte. Antes
de la muerte es cuando hay que llevar al enfermo
la medicina. Maldades y espionaje son como un
gusano en el pecho de un león. A nadie más que
al español conviene la desconfianza o la tibieza entre los cubanos: él la fomenta de cien modos: él
se sienta a nuestra mesa y aconseja nuestra almohada; él se desliza en nuestros talleres, en nuestros salones, en nuestros hogares, en los rincones mismos
de nuestros entretenimientos y nuestros vicios: él se
aprovecha de nuestras pasiones y de nuestros odios:

él afea la pureza que puede desafiar al mismo cielo: él clava a Cristo en la cruz del ladrón: él espera hallar cómplice en el jornalero indiferente, en el pensamiento pequeño que cede retorciéndose ante el pensamiento grande, en el militar que de seguro no hallaría, en la campaña de levantar dudas contra la guerra que va a salvar a su patria, el gozo sublime que sintió al ver correr su sangre por la patria frente al enemigo. Pero el español no hallará entre los cubanos los cómplices que cree hallar,—porque ellos oyen las voces de la tierra y las plegarias del corazón; porque ellos saben que ésta que se levanta es una guerra nacida de la rebelión del hombre contra todo lo que aje una dignidad o merme un derecho humano; porque ellos conocen por las señales del alba, aunque oscurezca una ú otra vez el horizonte la sombra del despotismo o la soberbia del pasado, como el sombrero de teja de un mal cura mancha en la perspectiva el cielo azul, que los sacerdotes de la religión nueva se han puesto en pie, que la compasión por la infelicidad del hombre los guía y morirán por la felicidad del hombre, que el alma de los pobres ebenitas que acompañaron a Jesús, vibra otra vez y resplandece, y nadie la ha de pagar en el pensamiento que mueve y aconseja esta renovación de las almas cubanas. ¡Atrás el español! Nuestra misma mano ahogue, en esta hora de agonía de nuestra patria, toda bajeza o vacilación o pensamiento indigno de la cabecera de la madre moribunda, de la cuna de la hija que nace! Es la hora de morir o de nacer. Al español, al español nada más con-

viene nuestra desconfianza o nuestra tibieza. ¡Eche
sus serpientes por entre nosotros, y nos encontrará
fuertes como un solo corazón, sin una hendija por
donde quepa un solo criminal! En el hogar, en las
horas comunes, el padre exasperado por las faenas
de la vida, encuentra en todo falta, regaña a la
santa mujer, habla con brusquedad al hijo bueno,
echa en quejas y dudas de la casa que no las merece el pesar y la cólera que ponen en él las injusticias
del mundo; pero en el instante en que pasa por el
hogar la muerte o la vida, en que corre peligro alguno de aquellos seres queridos del pobre hombre
áspero, el alma entera se le deshace de amor por el
rincón único de sus entrañas, y besa desolado las
manos que acusaba y maldecía tal vez un momento
antes. ¡Es la hora suprema!

Nuestra tierra se ha hablado y se levanta. No
es mérito nuestro: es mérito suyo. Nosotros le ten-
dimos el brazo; y ella se alzó de su timidez. Ahora
ella nos sacude el brazo, nos pide nuestra palabra,
nos llama tímidos. Afuera los que tenemos cintura,
los que tenemos verdad, los que no queremos comer el pan que no hemos ayudado a ganar, los que
no nos sentimos hombres mientras veamos un solo
hombre infeliz, los que no queremos injusticia, ni
desequilibrio, ni preocupación, ni tiranía en la independencia de nuestra patria, los que queremos que
los reclamantes de mañana contra los parciales y soberbios de la libertad tengan el derecho de haber
ayudado tanto como ellos, o más que ellos, en la
obra de fundarla; los que han echado su vida toda al

viento, para que sea en las tempestades banderín de equidad, y en la tierra nueva sea semilla de hombres,—afuera, con las cien manos a la vez, recogen todas las virtudes de la revolución; juntan, callados todas sus fuerzas. Por las inmundicias se pasa, como pasa el león sobre el gusano. Por las intrigas del español se pasa, como pasa la luz sobre la culebra. Pasa el espíritu de construcción, sobre el de destrucción que por ley humana le sale siempre al camino. ¡Atrás el español! La tierra entera se levanta, tendiéndonos los brazos. Entre los cubanos no hay criminales. Es la hora suprema.

La tierra entera se levanta. No se miente ante la tumba, como dijo bien el que acaso fué el primero entre los poetas cubanos. La tumba, abierta como un surco, llama a la semilla. Las madres viudas ven sin lágrimas partir al hijo a buscar en el monte perdido la sepultura de su padre, a morir digno de él, levantándole con su cuerpo un peldaño más a la patria: la tierra nuestra nos responde: ¡o nos pregunta, cubanos, nos pregunta si ya estamos listos! No se miente ante la tumba. Será pronto, será luego, será cuando la Isla mande, cuando deba ser.

No tiemblan los corazones. No tiembla el juicio decidido a defender la libertad. No tiembla el viejo de ayer, ni el mozo de hoy. De todas partes acude el valor, se ofrece el valor. Será cuando deba ser. ¡Límpiese el corazón de pequeñeces, que va llegando la hora de nacer, o de morir! ¡Atrás el español! Es la hora suprema.

Patria. 14 de marzo de 1893.

2

POBRES Y RICOS

Es la gloria de nuestra guerra. El esclavo salió
amigo, salió hermano, de su amo; no se olvidan los
que se han visto cara a cara ante la muerte: la muerte con claridad sobrenatural, ilumina la vida. Nuestro pobre ha crecido: ha echado mente y autoridad,
en la defensa de la vida, en pueblos extraños y cul-
tos: todo su oro interior le ha salido a donde se ve,
en la tribuna y el periódico, en el liceo y la escuela
gratuita, en la religión nueva del filósofo, en el hogar virtuoso y fino: entiende y mantiene con inco-
rruptible vigor la verdadera libertad.

Nuestro rico ha purgado en el sacrificio y el trabajo la fuente tal vez criminal de su fortuna. Los
nietos han de hacerse perdonar el pecado de sus
abuelos.

El servicio a la revolución de la libertad puede
lavar la culpa de la riqueza, acumulada con el fruto
de la esclavitud. El mundo es equilibrio, y hay que
poner en paz a tiempo las dos pesas de la balanza.
El decreto de emancipación de los esclavos aseguró
para siempre la paz de Cuba en la independencia.
La restitución a la guerra de la libertad de una mi-
gaja siquiera de los provechos amontonados en la
explotación de la servidumbre, hará más firmes y
generosas las relaciones de los cubanos en la república.

¡Ah, pobres y ricos!

Ayer, en "La Rosa Española," la fábrica de tabacos de Cayo Hueso, no tenía un cubano ferviente, enfermo en la semana de la contribuicón voluntaria, con qué cubrir el día de trabajo de la patria. Y lo pidió prestado, para cumplir con el deber de dar a sus hijos un pueblo donde puedan aspirar y vivir, como se pide prestado para cumplir con cualquiera otra obligación sagrada. Ni latines ni alemanes sabe ese hombre bueno, que no quiere la vida sin la dignidad, que no entiende la vida sin poder saludar de frente y como igual a los que hoy gozan por su valor de todo el derecho humano en un pueblo suyo. Ese hombre, oscuro hoy, será leyenda mañana. Ese es el pobre de Cuba.

Ayer, un poco más atrás, cuando la guerra de Calixto García,—Carlos Roloff y José Martí fueron a pedir a un solo rico, a San Miguel Cantos, el barco y las armas de la expedición. No había barco, no había armas. Martí le habló, unos cuantos minutos. Don Miguel Cantos se puso en pie, y le echó el brazo por el hombro: "!Vamos, hijo; ya tienes todo: ya tienes el barco, ya tienes las armas!" Y un hombre solo pagó la expedición, Don Miguel Cantos, que es polvo hoy, será mañana monumento. Si tuvo esclavos primero, redimió esclavos después. Así fué un rico de Cuba.

Patria, 14 de marzo de 1893.

3

LA LOCOMOTORA

Hablaba una vez Martí, hace doce años, en la
sala olvidada de Steck, en la calle catorce de New
York, cuando la guerra que tuvo por jefe al cubano
de la frente horadada, a Calixto García. Hablaba de
las causas íntimas e inconstratables de la guerra, del
estado revolucionario de la isla, de la independencia
que como solución única se vislumbraba en el choque diario de un pueblo americano y consciente con
el pueblo español, inconsciente y tardío, y construído
todo él sobre el sistema del aprovechamiento desa-
tado y despótico de las colonias. Hablaba ante el
auditorio compuesto, que en la cordialidad real de
su doctrina entreví, por la amalgama del respeto en
la equidad, la condición indispensable solo a la gente
de medio corazón, costosa, para que coexistan sin
violencia los elementos discordes de nuestro pueblo.
Hablaba ante la mujer del presidente mártir, ante
el gallego que cayó muerto al llevar su caridad a
la casa del jefe de la revolución, ante el liberto recientemente redimido que, para mentís de quienes
lo suponen ingrato a sus libertadores, era entonces
en el destierro, como fué en los últimos años de la
guerra, sostén principalísimo de la revolución. Hablaba, hace trece años, previendo que, caso de que
por su hilación precipitada u otras causas fuese ven-

cida aquella tentativa revolucionaria, los factores
permanentes de discordia que quedaban viviendo,
entre las esperanzas que se desvanecerían y la explotación y ofensa congénitas que no habían de cesar, traerían la guerra definitiva dentro de un plazo
que se debía emplear en robustecerla y ordenarla.
Hablaba Martí, como quien sangra, hace trece años,
de la vileza en que vivimos; del hábito de la indignidad ambiente que afloja y extravía a los mismos
que levantaron antes contra él la melena de león;
de la generación fervorosa que del campo fiero y
de la universidad piáfante y de los hogares empa-
ñados e inseguros había de surgir, indómita como
Agramonte y pura como Morales, a probar que los
criollos de ahora, aunque los hayan envenenado en
estos últimos años con el espectáculo continuo de
una existencia de lujo tentador que inspira a la juventud fuerte y ambiciosa a la conquista impúdica
de la fortuna, no son de la ralea bestial que mancha,
en la vida íntima con el fraude y el vicio los asesinos
de su pueblo, la memoria de los que supieron pre-
ferir el peligro de la muerte a la llaga escondida de
la existencia sin verdad ni dignidad: ¡terrible es
el paso por el mundo, con el rostro caído detrás de
la máscara de cieno! ¡Viles, si los hubiera, semejantes mujeres y semejantes hombres! Hace trece
años, en los mismos días en que un cubano rico ar-
maba, él solo, el buque que llegó ya muy tarde a
Oriente fatigado, hablaba Martí de estas cosas, ante la sala que no ha perdido aún un concurrente fiel,
con las entrañas que dan poder al amor del hombre

por el hombre, única pasión que ha de guiar a quien
tenga la mano en la suerte de los pueblos, y profecía
a quien busca el estado futuro de un país en el desarrollo y convivencia inevitable de los elementos
que lo forman. Y por entre el gentío conmovido,
por entre los generales y las viudas y los huérfanos
de un pueblo que acababa de ver morir una guerra angustiosa de diez años y reconocía la persistencia fatal de los elementos de la guerra nueva,
se abrió paso un pintor mexicano, el indio Alamilla,
que con el genio de su lápiz había dibujado al vuelo
en una tarjeta el símbolo que en memoria de aquella
noche regalaba "al amigo de América: a Martí."
Venía a todo andar en el dibujo una locomotora;
triunfante el penacho, la delantera como un ariete,
el tren todo gallardo y seguro: y a su lado, un bo-
tijín, un bigotes, un panzón, un chaqueta, corría, a
trancos míseros, con una banderuca en la mano, gri-
tando: ¡peligro! Así quienes ahora, cuando el tren
se viene encima, saliesen a verle las yerbas al camino, y a temer lo purgante de esta yerba o lo amar-
go de la otra, en vez de adquirir en el servicio de la
revolución el crédito necesario para salvarla de sus
yerros. Así quienes, de cuerpo pedante, quisieran
salirle al paso a la locomotora.

Patria. 14 de marzo de 1893.

4

"¡VENGO A DARTE PATRIA!"

PUERTO RICO Y CUBA

Una sencilla tarjeta postal, firmada por dos puertorriqueños y un cubano, invitó a un limitado número de amigos de la independencia antillana "a
cruzar impresiones alrededor de una mesa fraternal,"
y eran quince los hombres que con alma de hermano
se unieron en un salón de Raymond a hablar de la
fe común, del cariño cada día más apretado entre las
dos Antillas, del campo seguro que deja abierta a
la empresa de la emancipación el mísero y previsto
resultado del inútil acatamiento a la reforma electoral, que hubiera podido venir a ser un respiro más
para los cubanos tímidos y una prórroga más para
la dominación española si desde el guajiro hasta el
prócer en la isla de Cuba, si desde el jíbaro hasta
el poderoso en Puerto Rico, no estuviese minada la
tierra por una de aquellas revoluciones eespontáneas
que acaso sólo necesiten para estallar el pretexto
propicio de una concesión que viene a ser una nueva
ofensa, y el legítimo descontento de un pueblo que
ve en manos de sus déspotas a aquellos de quienes
esperó honor y empuje suficientes para echar a los
déspotas abajo.   ¿Qué importan los nombres de los
que pongan su pueblo, a costa de un poco de san-

gre, en condiciones de realidad y vigor?: ¡Paso a
los emancipadores, bien surjan de Cuba, bien vayan
de afuera! El vanidoso mira a su nombre; y el
hombre honrado a la patria. Lo penoso e inútil es
la sumisión voluntaria a un estado continuo y creciente de miseria y oprobio. Lo culpable, en las
horas decisivas, es la indecisión. En los horas de
crisis se enjuga la pluma del bufete, se besa en la
frente a los hijos, y se va, con la luz en el alma, y
una dicha mayor que todas las del mundo, al sacrificio que pide el derecho amenazado del cliente a
quien le aceptamos la defensa, con los honorarios a
la vez que con los peligros. Un pueblo no es un
banquete, puesto a toda hora para nuestro gozo, con
sus entremeses de fuegos artificiales; sino una masa
de esperanzas y dolores, de vileza que se ha de
sujetar y de virtud que se ha de defender, de ignorancia apasionada y luces e instintos que la salvan y
dirigen, de hombres a quienes se ha de querer y
servir como sirve el médico al enfermo que le muer-
de las manos. Al servicio de la patria se sale des-
nudo, a que el viento se lleve las carnes, y las fie-
ras se beban el hueso, y no quede de la inmolación
voluntaria más que la luz que guía y alienta a sus
propios asesinos. La patria no es comodín, que se
abre y cierra a nuestra voluntad; ni la república es
un nuevo modo de mantener sobre el pavés, a buena
cama y mesa, a los perezosos y soberbios que, en la
ruindad de su egoismo, se creen carga natural y
señores ineludibles de su pueblo inferior. La patria, en Cuba y Puerto Rico, es la voluntad viril de

un pueblo dispuesto al triunfo de su emancipación,
a un triunfo indudable por el arranque único y potente de la libertad contra el corazón inmoral y el
tesoro arruinado de sus opresores. La república, en
Puerto Rico como en Cuba, no será el predominio
injusto de una clase de cubanos sobre las demás,
sino el equilibrio abierto y sincero de todas las fuerzas reales del país, y del pensamiento y deseo libres de los cubanos todos. No queremos redimirnos
de una tiranía para entrar en otra. No queremos
salir de una hipocresía para caer en otra. Amamos
a la libertad, porque en ella vemos la verdad. Mo-
riremos por la libertad verdadera; no por la libertad
que sirve de pretexto para mantener a unos hombres en el goce excesivo, y a otros en el dolor innecesario. Se morirá por la república después, si
es preciso, como se morirá por la independencia primero. Desde los mismos umbrales de la guerra de
independencia, que ha de ser breve y directa como
el rayo, habrá quien muera—¡dígase desde hoy!—
por conciliar la energía de la acción con la pureza de
la república. Volverá a haber, en Cuba y en Puerto
Rico, hombres que mueran puramente, sin mancha
de interés, en la defensa del derecho de los demás
hombres. ¡Lo odioso es la cobardía cuando se necesita el valor; el miriñaque, cuando se necesita la
espada!: y el goce supremo, aunque hayan errado
alguna vez y persistido en el error, sería ver dignos
de su país, y a su lado en la hora de agonía, a los
que, por hábitos de dilación, o costumbre colonial,
o miedo y desconocimiento de la virtud burda y

oculta de su pueblo, obran en ocasiones de manera
que más parecen criados del gobierno que les pudre
a la patria, y los pudre, que del país donde los hombres supieron unir, durante diez años a lo menos,
el poder del carácter, que es el varón del hombre,
al de la inteligencia, que es nuestra hembra!—Con
esta alma enérgica y piadosa, con esas ideas, con
esas palabras en los labios se sentaron, a la humilde
comida del día, los quince hermanos de la mesa
de Raymond, quince amigos íntimos, que querían
hablar de la tierra común, que querían declarar,
como el club "Lares y Yara" de Cayo Hueso, como
los dos pabellones con que recibía el pueblo de Tampa al Partido Revolucionario, como el puertorriqueño que abrazaba ayer en Ocala, jurando su sangre y su fe, a un cubano por donde habla hoy la
voz de su pueblo, que en los tiempos que se abren,
los de Ponce y San Juan caerán en Yara y en las
Guásimas, y los de Cuba caerán por Puerto Rico.
   La mesa misma, con el héroe a la izquierda y el
tesoro a la derecha, con el cajista escritor frente al
abogado revolucionario, con el jornalero del tabaco
al lado del jornalero de la medicina, con el título
de París cerca del criollo recién llegado, con el re-
cluta centelleante, que ahorra el rifle de su sueldo,
junto al maestro de armas, fino y seguro como su
florete, era respuesta viva a los que dudan de la capacidad de nuestro pueblo para reemplazar sin trastorno las condiciones de desdén y disensión criadas
en la colonia, por las virtudes republicanas de la acción unida y el respeto al mérito, más fáciles y du-

rables acaso entre nosotros que en los pueblos qeu
la pasión o el buen deseo nos quisiesen presentar
como modelos: ¿dónde, en el Norte, una mesa como
la que dijo adiós a Martí antes de uno de sus últimos viajes, una mesa sin casta ni color, con la
riqueza junto al pornal y la pluma junto a la cha-
beta, una mesa de rara distinción, donde los oficios
más opuestos rivalizaron en la elegancia y hombría naturales en los hijos de una tierra que sólo
necesita de esta última bofetada que intentamos,
para comenzar a ser, por nuestra alma superior, verdadero adorno y crédito del mundo? ¿Dónde en el
Norte, más alabado que conocido, una mesa hecha
de todas las universidades de la vida, del claustro
del colegio y el claustro del taller, como esta mesa
de Raymond, de los quince amigos? Los que viven
de otros, y pasan sobre zancos a través del mundo
sin halarse con hiel y sudor por la fatiga de la realidad, esos no se pueden conocer, y desconfían de
sí y de su pueblo: los que viven de sí, los que en la
vida verdadera se han graduado de hombres, esos
se conocen y confían. ¡Defenderán la independencia primero, la república en la independencia, la independencia en la república! Porque no es que des-
conozcamos nuestros peligros: los peligros de la soberbia y de la aspiración en un pueblo que tuvo esclavos hasta ayer, y los peligros del ejemplo funesto
de la gloria personal,—que creó mal en una época
distinta las repúblicas primeras de América,—en esta época nuestra posterior, de otros hombres y otra
capacidad política, donde chocaría con el espíritu re-

belde de un país más maduro, todo sistema o persona que, por concepto incompleto o precipitado de historias agenas, quisiese prescindir de él. De nuestras ventajas de experiencia y cultura en Puerto Rico y Cuba sobre la condición inferior de las colonias de América cuando la independencia; de los deberes mayores que la geografía, la vecindad temible y el problema del continente y de la época nos imponen; de los métodos nuevos, serios y respetables que nos exigen desde el nacer estos deberes, del espíritu de religión, de concordia y de magnanimidad, que inspiró y mantiene, en pobres y en ricos, en los muchos pobres y en los pocos ricos, la caridad humana enérgica que hoy lleva, en su acción en las Antillas, el nombre de Partido Revolucionario Cubano; del heroísmo de nuestras casas, del valor y abnegación de nuestros jefes, de la mucha obra que la virtud puede hacer en este mundo con poco dinero; de la justicia de amar el rincón de la tierra donde se conoció la hermosura del mundo, y la pena y el cariño que nos van ligando a él y del pecado político de llevar ese amor santo y fuerte al extremo de consagrar y compartir, por ser de nuestro terrón, los atentados contra la libertad y la patria; de cuantas ideas nobles pueden remozar el pecho de un viejo, alentar a la juventud y satisfacer a los fundadores cautos de edificio tan complicado y riesgoso como una nación,—se habló con cariño, se habló con franqueza en aquella junta de independientes incondicionales, que hallan en el carácter de nuestra patria, y en sus dotes notorias y visibles, la

profecía de su ventura en una independencia a que
sería ilícito aspirar por la satisfacción culpable de
ver imperar un pensamiento fantástico en un pueblo
sin condiciones para mantenerlo en vida. La primer
cualidad del patriotismo es el desistimiento de sí
propio; la desaparición de las pasiones o preferen-
cias personales ante la realidad pública, y la necesidad de acomodar a las formas de ella el ideal de
la justicia. Y al rededor de aquella mesa fraternal
sólo había hombres capaces de desistir de sí propios,
había almas juradas, de una vez por todas, a mover
el acero que destruye con la mano que edifica, había el centelleo, el ardor, el abrazo, el silencio súbito
que presagian, como el amanecer al sol, las épocas
donde el hombre, sacudido hasta las entrañas, echa
de sí toda su fuerza y luz. La palabra de mera verba y sin propósito es desdeñable y repulsiva, como
las pinturas de una meretriz: las palabras de previsión y de amor, en vísperas del levantamiento de
un pueblo, son rápidas y luminosas, como el florete del maestro de armas.

Así fueron, sin descuido para ninguno de los peligros presentes, sin encono para ninguno de los equivocados de hoy, sin la pompa y alarde patrióticos
que repugnan a los hombres de verdad y sacrificio,
las oraciones todas, breves y vibrantes, de los quince amigos; así, en anuncio de lo verdadero, con
aquel entrañable afecto que reune a las almas que
lo exhalan en común, como el combate con la muerte junta para siempre a los que la han desafiado
codo a codo en los campos de batalla, se mostró,

más por el fuego de los ojos que por las palabras
mismas, el apego profundo, el cariño heróico, la
unión ferviente, en esta hora sagrada de renuevo,
de esas dos islas de nombre diverso que pelearán
mañana con un mismo corazón, que se defenderán
con un mismo brazo, que se fundarán con un mismo
pensamiento: la isla de Puerto Rico, donde nacieron
los comisionados que pedían a España en la Junta de información la abolición de la esclavitud, y
la isla de Cuba, donde el primer acto de los cubanos blancos reunidos en nación fué abolir la esclavitud de los negros, cubanos o africanos; así habló; como cabeza natural del pensamiento de Borinquen en New York, como hijo espiritual de aquel
Betances que hace catorce años renunció la representación de una república en París, por aceptar de manos del mismo Delegado de hoy la representación de la guerra que iba a renacer con
Calixto García Iñiguez, así habló el presidente reelecto del club puertorriqueño, el generoso y valiente
Sotero Figueroa. Desde los días de la Junta histo-
rió él la hermandad de los cubanos y de Puerto Rico; pintó él el esfuerzo de Lares, anterior al de Yara,
y el entusiasmo con que en el corazón de su tierra
se amó y admiró, con el dolor de las manos atadas,
a los precursores cubanos; habló él, autonomista de
otros días, de la esperanza sincera con que, a par
de mucha alma libre de su país, aspiró a ir reca-
bando de España en el trato franco de la vida política, el reconocimiento de la emancipación incruen-
ta de la hija entrada en la mayor edad; describió

el desconsuelo y la indignación de su pueblo, sólo
tachado de tibio por quienes no lo conocen, al darse
otra vez de bruces con el descaro y osadía de una
nación gozadora y despótica que no tiene, en el
tiempo en que lo requieren las Antillas sofocadas,
tiempo para convertir en un pueblo trabajador y de
propia suficiencia la nación constituída, del cimiento
al techo, sobre la explotación oficial y el comercio
privilegiado de las colonias; señaló con justo orgullo, con orgullo que, a no ser cubanos revolucionarios no hubiéramos podido sentir con él, al pueblo
todo de su isla, reciensalido de la tortura de la in-
quisición, que rechaza sin miedo, como la ofensa
vergonzosa que es, la limosna electoral que levantó
sumiso el partido autonomista de Cuba; y acabó su
arenga de razón, fundada en el superior conocimiento que le asiste como persona mayor que fué del
autonomismo, con palabras calientes como abrazos
para la verdad y la previsión, para el amor al hombre y la fé en su pueblo, con que de brazo de los
puertorriqueños, entran en la guerra inevitable los
cubanos.

Antonio Vélez Alvarado puso en frases fervoro-
sas su adhesión a la causa de que es impaciente mantenedor, y su palabra de cariño a Cuba arrancó a
Gonzalo de Quesada, que fué allí como corazón hablado, el período impetuoso en que recordando a un
prócer de su apellido, que ahogó la primera tentativa de independencia de Puerto Rico, prometía lavar la culpa de su antecesor con la decisión de hijo

con que, como a la de Cuba, se tiene jurado a la
libertad puertorriqueña. De lo más bello de la juventud, y con el orden y armonía del entusiasmo
encendido en la razón, brotaban los arranques en
que recordó Quesada a Felipe Goita, el puertorriqueño que cayó herido el primero por la libertad
cubana al pie de Narciso López; a Baldorioty de
Castro, reducido a la preparación lenta del carácter que ha de preceder a la acción revolucionaria;
a Eugenio María Hostos, menos seguido de lo que
se debió en los tiempos confusos en que la revolución de Cuba iba como al garete, entre la guerra
poco ayudada de afuera en el interior, y el parlamento indeciso que imperaba entre los cubanos de la
emigración. ¡Y con razón ofrecía Quesada al terminar que, con la pericia ganada desde entonces, y
con el ánimo nuevo que Puerto Rico trae a la labor,
no se conocerá en la época que ahora empieza, diferencia alguna entre un cubano y un puertorriqueño!

Y sucedió entonces lo que sólo sucede en los ra-
ros instantes de verdad que, como términos en el
camino, marcan la vida del hombre por entre los
apetitos y vilezas de este mundo. De los silenciosos
como de los elocuentes salieron voces inolvidables y
profundas. Era una sorpresa cada oración. Cada
hombre se ponía en una frase eléctrica y precisa.
Benjamín Guerra, en un párrafo de fuego, saludaba, para los peligros comunes, la amistad natural e
indestructible de las Antillas. Lares entero habló,

lleno de Cuba, por uno de los bravos de aquella empresa gloriosa. Virgilio Zayas Bazán, pálido de emoción, declara que ve llegar con pasión de hijo los instantes en que hemos de imitar, o de mejorar, las hazañas de nuestros padres. Lorenzo García, el maestro de armas, dice que él ama su profesión porque con ella enseña a sus hermanos a ser fuertes y viriles. Manuel Collazo espera, seguro de la victoria, el saldo final de tantas vanidades y tanta complacencia inútil, el saldo de la revolución. Modesto Tirado, que ve la verdad, saluda a la esperanza de hoy en los veteranos de ayer. Vicente Díaz Comas admira la tarea de reunir todos los esfuerzos para combatir a un adversario cuya única fuerza estaría en nuestra desidia. José Agramonte, Manuel Vélez, Regino González hallan en la indignación patente de las islas causa racional de fé en la campaña, por vez primera emprendida con la fuerza de todos, contra el enemigo cuyo poder único estaba en la tácita alianza de la política del país, que daba sueltas periódicas a la cólera que, hoy, negándose por fin a ese ardid, estallará con toda su energía concentrada. Y José Núñez, con extraño poder de palabra en hombre que no la tiene por ejercicio, pintó la vida hipócrita, como un antifaz, de los que viven, afectando imposible contento, en la soledad de un pueblo indiferente; evocó la memoria del padre que lo puso en el mundo sin la libertad indispensable para cumplir con éxito y valor los deberes supremos de la existencia, y se juró a la obligación de volver a su patria de manera que pudiera decir al-

gún día, arrodillado ante la tumba del que le dió
el ser: "Vengo a darte en la muerte lo que tú no
supiste darme en vida: ¡vengo a darte patria!"

Una sola voz faltaba entre los quince amigos, la
del Delegado del Partido Revolucionario que ha
logrado encender entre las islas complementarias
tanta hermandad y fé; y su voz se alzó, trémula
como la primera claridad de los días decisivos, grave
como el deber ya visible que pesa sobre todos los
hombros, para celebrar en aquella junta de almas el
raciocinio que debe preceder, y a toda hora acompañar a un entusiasmo pernicioso cuando no se mide con las fuerzas a su orden y con la oportunidad
de emplearlo; para desechar por innecesarias, como
la prueba de que la sangre arde en nuestras venas
y el sol calienta el mundo, las declaraciones de hermandad entre dos tierras que son una sola desdicha,
y un solo corazón; para señalar en el júbilo robusto
de aquellos hombres sinceros, no por cierto una
derrota, con los sucesos autonomistas, en los planes
revolucionarios; sino la victoria patente de nuestras
ideas en la triste campaña que, sin mano alguna de
los independientes sagaces, ha parado en enviar ante España una minoría a que no tiene el derecho de
atender un parlamento que la ve acompañada de una
opinión que le es tres veces superior; para declarar
que el error gravísimo de las elecciones, irritando
por su mentira y osadía a un pueblo a quien no se
preparaba a la vez para las consecuencias naturales
de la ira, ponía obligaciones mayores sobre los cu-

banos y puertorriqueños que se han echado a hombros el deber de acudir en la hora de la guerra a la patria abandonada al conflicto por los que no han sabido ordenarla para él; para saludar, ya como más cercana, la independencia de Cuba y Puerto Rico.

Patria, 14 de abril de 1893.

1893

A Gualterio García

A GUALTERIO GARCIA

Central Valley, Marzo 21, 1893.

SR. GUALTERIO GARCIA.

Mi muy querido Gualterio:

Todo le va contestado, y va lo del *Yara* amigo, y las cuentas, que es lo que más orgulloso me tiene porque con este precedente se estorbará en lo futuro abusos o excesos innecesarios.

Sobre fondos, y su venida acá, recuerde que, por más que estime conveniente, y aun urgente, la centralización de ellos, más urgente estimo la confianza de los que pudieran tener menos de la que la concordia necesita, si se creyesen obligados a poner sus fondos afuera, antes de las mayores señales que para todos han de ir siendo más claras, o de la orden general, que sólo podría dar sin razón un criminal reconocido. Bueno ha sido el ejemplo de Occidente. Lo haré, pero no me lo apure ni exagere. Y así será más *juntifero*. No me ha dicho del club "Cayo Hueso".

Antes de irme, por supuesto, tendrá Poyo noticias del modo contínuo de alcanzarme. Estoy al salir. Me vine a Central Valley a trabajar, y de puro bravo estoy sacando en salvo mi labor por entre tanta visita, y menudencia neoyorquina y tanta nieve.

Y otra razón hay para no promover mucho en estos días, por necesario que sea, en lo que tenga que salir de la Delegación; y es que el simple cumplimiento de su deber, el hablar con la fe y fuerza natural en estos instantes, parecería mal, y aun ofensivo, en los días de elecciones en que entramos. De la virtud misma hay que privarse, cuando puede oler a candidatura.

En lo que sí no tienen que hacer las elecciones es en lo que me dice del noble amigo Díaz Silveira. Porque guerra ha de haber, a pelear hemos de ir, y es bueno ir pensando en la excelente costumbre de los hermanos de armas. Puede ser que Díaz Silveira no me conozca a mí, pero yo sí lo conozco a él, por ser obligación y gusto mío saber dónde hay un cubano puro y leal. No me dé pícaros ni héroes de vanidad, sino gente de alma ideal y desinteresada. Firmemento creo que hemos entrado ya a los alrededores del fin, y es pronto o no es, en cuanto a mí a lo menos, porque si no me alcanzase el poder para lo que falta, que no es obra de dioses, lo diría francamente, para que entrase enseguida a la prueba quien pudiese más que yo. Hay que aprovechar la hora y arremeter con ímpetu. Allá empezaremos a ser hombres: iremos sin escándalos, e iremos los que podamos servir: y en cuanto al ofrecimiento que Díaz Silveira me hace, no tengo los ojos secos al darle por él gracias. Con este corazón sencillo podremos juntar un pueblo. Y si me toca caer, será el gusto mayor por tener alma tan generosa a mi lado. Yo voy a que me estrujen, a que me acorralen, a que me intriguen, a que me nieguen. Pero seré mientras viva, en el Cayo como en el monte, fortaleza de verdad y amor. Con la realidad, y por el cariño. Dé un fortísimo abrazo a Díaz Silveira.

Y para Vd. y su casa, callo. Que sean fiesta y animación las elecciones. Háblase de ellas. Háblase en todas partes. Que lleguen los ecos a Cuba. Que se solemnicen. Que nos acostumbremos afuera a la República, y de adentro nos vean ordenados.

Su

J. MARTI.

DE *PATRIA*, NUEVA YORK

1 de Abril, 1893

LOS EMIGRADOS, LAS EXPEDICIONES Y LA REVOLUCION

EL ALZAMIENTO SUPUESTO DE MARZO

El Partido Revolucionario, creado para salvar a Cuba de los peligros de la revolución desordenada, no puede contribuir por el óbolo insuficiente de una expedición mezquina y pedantesca, al desorden que tiene el deber de evitar.

El Partido Revolucionario, compuesto por el examen previo y voto libre de los emigrados independientes, aborrece de raíz el concepto pueril y peligroso, y en Cuba de realidad imposible, de las revoluciones personales, de las guerras importadas a un país crítico y rebelde, por un fanático ensoberbecido que no consulta ni respeta a su país.

El Partido Revolucionario ha explicado minuciosamente a quienes debe, y a todos a quienes lo debe, dentro y fuera de Cuba, su constitución republicana en el erterior, con el voto por base, y un delegado responsable de su gestión vigilada y corta a los electores; la obra unida y continua, sin un solo obstáculo ni reparo, de todas las emigraciones; su trabajo de tiempo y conjunto, en acuerdo constante y fraternal con el espíritu del país y su representación real y útil y activa; su plan de componer afuera, con verdad y equidad, todos los recursos, y no menos de todos, con que la emigración puede concurrir, a la hora acordada y jamás antes, a la guerra que de las voluntades juntas y ordenadas compone, aun inconscientemente, la isla.

Ha explicado sobre todo el Partido Revolucionario a Cuba, con el vigor de lo que ha de quedar, en la historia, y no se puede honradamente desmentir, —la condenación expresa, por parte de los emigrados, de las correrías de carácter personal, sea el invasor evangelista irreflexivo, o principiante vano, o capitán famoso; del pensamiento temerario y estéril de precipitar a la isla, por un desembarco intruso y violento, a una guerra que el país no desée, que no haya acordado con él, y no arranque con toda la unidad y fuerza necesaria para su triunfo;—del crimen de aprovechar para la gloria privada de un solo hijo de Cuba el desorden revolucionario que todo cubano que no pueda negarlo a sus ojos debe, con cuanto tenga de hombre y por su fuerza y métodos propios, componer y dirigir.

El Partido Revolucionario ha dicho en Cuba, por cuantos modos lo pudo decir, que existe para allegar los recursos de guerra y política indispensables a la rebelión, que muchos anhelan, que pocos dejan de presentir, y que todos confirman, quien con el descontento rebosante, quien con su desesperanza mísera, quien con su fortuna viciosa, quien reco-

nociéndola al negarla;—para preparar la guerra de
manera que entren en ella los cubanos todos y las
comarcas todas, y se eviten desde la raíz los pujos
de redención personal, la lentitud de una organización de paz, la imitación de métodos extranjeros,
complicados o primitivos, y los recelos de regiones
o de regionarios que esterilizaron y perdieron la
guerra pasada;—para impedir el aprovechamiento
delincuente del espíritu de guerra, producto y propiedad de los cubanos todos, por un cubano solo,
terco, ofuscado o atrevido ladrón, que creara en
Cuba un estado de trastorno y muerte, sin pedir
venia a los que van a morir.

El Partido Revolucionario ha publicado en Cuba,
por su prensa y emisarios, su deber y determinación
de no llevar a la isla una guerra culpable, ni un plan
incompleto, ni una invasión inapetecida, ni expediciones caprichosas e insuficientes. No se ve como
el azuzador de su pueblo, ávido de lanzarlo a una
lucha ciega; sino como el ejecutante honrado de un
programa de bases públicas y fijas, contra las cuales no se ha alzado voz cubana alguna, de bases
en ningún acto ostensible o íntimo de conjunto o
detalle traicionadas o desobedecidas, que prohíbe
"precipitar inconsideramente la guerra en Cuba,"
"lanzar al país a un movimiento mal dispuesto y
discorde," "llevar a Cuba una agrupación victorio-
sa que considere la isla como su presa y dominio."
Ni reconoce, ni reconocerá, el Partido Revolucionario bandos, ni castas, ni exclusiones entre los cubanos que habitan en Cuba, donde el disimulo más en-

gañoso es impuesto a veces a almas puras y viriles
por el riesgo de la prisión y de la muerte, mal oculto
bajo la cubierta de los ridículos derechos que hasta
ahora han servido a España astuta para distraer, y
ver de dividir, a los cubanos y dar pretexto de conformidad y patriotismo cómodo a los tímidos que
prefieren la agonía irremediable de Cuba en los vicios de España a la tentativa racional de su rena-
cimiento con la virtud y vicios propios,—a los egoístas que ven en calma el régimen de iniquidad y de-
sastre en que pueden gozar, sin cuenta alguna con
el honor de los beneficios materiales de la fortuna,
y a los pocos que la guerra creadora, de la única
época de realidad y unificación de Cuba, salieron
cansados, o heridos en su vanidad, o arrepentidos...
¿aunque dónde, que no se los ve, están esos cansados y arrepentidos?

El Partido Revolucionario, cuya misión previa y
transitoria cesa el día en que ponga en Cuba su
parte de la guerra que haya acordado con la isla, ni
tiene cabeceras que levantar, ni jefes viejos o nuevos que poner sobre los del país, ni pretensiones que
serían de un aliento arrolladas por el derecho anterior de la primera república, y el derecho nuevo y
supremo del país.   No andan sus funcionarios, que
solo como funcionarios se miran, arrebatándose una
gloria que solo pertenecería, de todos modos, al pueblo virtuoso que diera ocasión para ella; ni pierden
el tiempo preciosísimo para la patria, en picarse la
vanidad, en ponerse unos sobre otros, en murmu-
rarse o negarse los méritos, en llevarse el honor del

primer desembarco, en prepararse autoridades futuras. Son hombres los funcionarios del Partido de la
Revolución, hombres dispuestos a morir por los cubanos que los temen, y los necios que afectan des-
deñarlos y a deponerse ante·las realidades humanas, ante el poder decisivo del interés, la vanidad, y
el largo influjo del lugar y del tiempo. Son los padres de ayer, que vuelven: y sus hijos. Son los
encargados de evitar, en vez de permitir o hacer por
sí, los desembarcos pueriles y prematuros de héroes
inexpertos, las acometidas flojas y parciales que sólo
pueden aprovechar al gobierno que las desea y fomenta, las expediciones mezquinas y alardeadas de
Key West, o de otra parte, bajo el mando de un
hombre que por la prueba de su historia, por lo filial de su pasión al país, y por los hábitos mismos
de conjunto y cautela, de su mente, no podrá nunca caer, ante su conciencia y la historia, en el delito
de usar los elementos allegados con la doctrina de
la revolución total y bastante, en la empresa de ni-
ñez y traición que sería el vaciar sobre Cuba, en
un rincón ahogado, una jícara del ejército que no
ha perdido aún uno solo de sus gloriosos capitanes.
¡En verdad que semejante idea sólo puede ocurrir a
un criado español, a un cubano ciego, o a quien abo-
rrezca la revolución de Cuba!

Ni el 20 de Marzo estuvo para estallar en Cuba
rebelión alguna; ni ha habido recientemente entre
los cubanos de la isla y el Partido Revolucionario
trato alguno para fomentar o permitir un movimiento armado que comprometiese por su ligereza y pe-

queñez el éxito incontrastable de la guerra que se
va ordenando en los espíritus, y nada podría estorbar o debilitar sino la precipitación, conveniente sólo a nuestros enemigos; ni estuvo ni está para salir, de Key West o de otra parte, expedición al
mando del Delegado del Partido Revolucionario.
Los agentes de España propalen esas villanías y miedos. Los cubanos, niéguenlo. Porque, aun cuando
por la pobreza de la sangre, o el raciocinio insuficiente, o el desafecto señoril a la justicia, o el hábito de la domesticidad, o el desconocimiento del alma, cauta y rebelde del país, desame algún cubano
la revolución, debe, si es honrado y bueno, regoci-
jarse de que el ordenamiento de la guerra, que es
por lo menos una de las consecuencias probables de
la agonía de Cuba, esté a cargo de un Partido de
sufragio individual y guía responsable, que aborrece
la discordia entre los cubanos; que sólo reconoce y
recuerda sus virtudes; que tiene por cubano a todo
morador respetuoso y útil de Cuba, aunque sea de
nacimiento español; que conoce y evita los peligros
de desorden, personalismo, localidad, indecisión y
demora de la guerra primera; que entiende y mantiene que la guerra en la isla es asunto de jurisdicción de los cubanos de la isla, con quienes debe tra-
tarla y completarla, y de la competencia de los cubanos todos, a quienes convida y solicita; que jamás pondrá a Cuba en riesgo innecesario de una
guerra impotente, de mera destrucción y alarma, con
la fruslería de una expedición incapaz de levantar
en la isla el crédito y fe que darán el poder del triun-

fo a la revolución; que tiene ante la conciencia y la historia el compromiso de "no precipitar inconsideradamente la guerra en Cuba," "ni lanzar al país a un movimiento mal dispuesto y discorde," sino "fundar, con los esfuerzos reunidos de todos los hombres de buena voluntad, por una guerra generosa y breve, de espíritu y métodos republicanos, un pueblo nuevo y de sincera democracia, y asegurar por el orden del trabajo real y el equilibrio de las fuerzas sociales, la felicidad de los habitantes de la isla."

¡Y el Delegado del Partido Revolucionario, de un Partido que públicamente cuenta entre sus cabezas a los jefes ilustres de la guerra, saldrá a hurtadillas en una cáscara de pino de las luces de Key West, para echar a la mar, muerta por la mano elegida para su prestigio, la idea revolucionaria!

El gobierno español, necesitado de dar a la guerra que crece el aire de espasmo y locura con que quisieran desvirtuarla sus enemigos, puede, por sus ventajas obvias, fomentar semejante juicio del Partido precisamente creado para librar la guerra de los desórdenes de la escasa preparación, del desdén a la isla y de la intentona personal. Pero los cubanos, como un estratégico famoso, saben que no se ha de hacer nada de lo que desea que hagamos nuestro enemigo. A España le está bien poner de imbéciles a los que se preparan, con orden desusado, a llevar el fuego de su sangre y el peso de su moderación, a la guerra espontánea del país. Los cubanos que por preocupación, o error mental, o por reversión terca de la memoria a yerros viejos, o por alarma inmotivada del patriotismo experto, o por olvido caprichoso de las declaraciones del Partido en sus bases públicas, jamás por ningún acto o palabra contrariados, hubieran, si tal puede ser, creído esta patraña española, muden el pensamiento, respeten lo que a respeto es acreedor y amen a los cubanos vigilantes que no quieren ponerse a Cuba de pedestal de una gloria vil,—sino salvarla.

Patria, 1 de abril de 1893.

2

PERSONA, Y PATRIA

A los cubanos de afuera; a los que han visto nacer y asegurarse por la unión de propósito y métodos de las emigraciones individuales un partido revolucionario que concilia la acción política más libre y la ejecución rápida y callada de los asuntos de la guerra; a los que con entusiasmo y cariño de hermanos ejercen continuamente el derecho de su idea y voto en el partido de sufragio a que pertenecen, y cuya cabeza visible el partido pone y quita, y ajusta sus hechos a los dogmas que se le señalan; a los que ven emplearse a sus ojos la autoridad que viene de ellos, y ellos pueden negar cuando no se emplee bien,—no habría que explicar que el Partido Revolucionario Cubano es la unión de

pensamiento y voluntad de todas las organizaciones
cubanas y puertorriqueñas del destierro, y que el
representante electo por ellas, después del examen
y voto personal de cada uno de sus miembros, no es
la cabeza imperante e inamovible de cuyo capricho
o alucinación depende el sacudimiento y llamada a
muerte del país en que nació; sino un comisionado
de su pueblo, con los deberes y las restricciones que
a su pueblo le plugo fijar, para hacer, conforme a
un plan que lo obliga a "fomentar relaciones sinceras, entre los factores históricos y políticos de
dentro y fuera de la isla," lo que cumple, y nada
más que lo que cumple, en la libertad de que gozan, a los cubanos emigrados. Ahora mismo va a
ejercer su voto anual el Partido Revolucionario, a
elegir a los que deben representarlo; y el que es
Delegado hoy de los cubanos emigrados, puede dejar de serlo mañana. El poder de la idea, ordenada
y activa, que va hoy con él, mañana, sin más que
un cambio de urnas, puede ir con otro. La grandeza es esa del Partido Revolucionario: que para fundar una república, ha empezado con la república.
Su fuerza es esa: que en la obra de todos, da derecho a todos. Es una idea lo que hay que llevar a
Cuba, no a una persona. No es Martí el que va a
desembarcar: es la unión magnífica de las emigraciones, juntas en la libertad local, para mantener el
espíritu justo y los medios bastantes de la independencia del país consultado y querido: es el abrazo, grande como de las entrañas, de los revolucionarios de espada y de libro, de caballo y de bu-

fete, de cárcel y de pelea, que el gobierno español y
los errores de la guerra y el apartamiento del campo y el destierro mantenían como hostiles o desa-
morados: es la resolución previa, sí, la resolución
previa de muchos problemas, de forma más que de
realidad, que ofuscaron y perturbaron innecesariamente la guerra pasada; es el cariño y acuerdo indispensables o entre los cubanos de afuera que llevarán su parte de acción, y los de Cuba, que ordenan la otra; es el reconocimiento cordial, en la vida
política, de los méritos y derechos de todos los cubanos, sin más grados ni diferencias que los de su
virtud y los de su utilidad para la patria; es la guerra total y sensata, con pensamiento, corazón y tesoro bastantes para asegurarle la probabilidad racional de la victoria. No es Martí quien va a embarcarse: es eso lo que se embarcó y ha llegado ya
a Cuba. ¡Barrimos la Persona! ¡Servimos a la Patria!

Acá afuera, sabemos bien todo eso. Sabemos
que el poder está en todos; que hemos dado a un
representante activo su representación, pero que nos
quedamos con su sustancia; que el representante va
y viene por donde lo vemos, y le oímos y le pre-
guntamos, y no goza de más autoridad que la que
le quisimos dar, y la que cada uno de nosotros puede proponer que se le merme o se le quite; que estamos en una obra humana de cariño, de libertad y
de razón. Para czares, no es nuestra sangre. Otras
repúblicas nacieron hace setenta y cinco años: nosotros, ahora. Lo que ha pasado en otras repúbli-

cas, no pasará en la nuestra. Tenemos la médula de la república, criada en la guerra y en el destierro; y los hábitos y el recelo saludable del gobierno republicano. El cubano, indómito a veces por lujo de rebeldía, es tan áspero al despotismo como cortés con la razón. El cubano es independiente, moderado y altivo. Es su dueño, y no quiere dueños. Quien pretenda ensillarlo, será sacudido. Otros pueblos de América están al caer, porque quedó la libertad entre los poderosos que no la amaban, o la entendían sólo para su casta superior; porque la masa pública no conocía la libertad, ni la sabía defender, ni entendía los medios de propagarla y mantenerla; porque la mayoría nacional que es la que asegura la libertad, entendió sólo de ella el espíritu de independencia contra el extranjero, que ha estado para salvarla, una vez y otra, de la traición de los letrados y de los déspotas. Pero en nosotros hay masa pública, que conoce y adora la libertad, que la habla y escribe, que la razona y la acomoda a lo verdadero, que la defenderá con las uñas y con los dientes; ¡allí estaremos todos, defendiéndola! ¡No hay placer como el de defenderla!: El cubano, antes que la libertad, se arranca la vida.

¿Quién olvida aquellos caminos sublimes y dolorosos, donde dieron tantos las entrañas por ser libres? Y allá en Cuba, ¿se verá al cubano como aquí, asociándose para crecer, defendiendo de la muerte la casa, enseñando de noche, después de trabajar de día, creando desde el taburete del obrero una religión nueva de amor activo entre los hombres, el sábado en la logia, el domingo en su presidencia o en su tesorería, la noche entre el periódico y el libro? Hay indiferentes que son hombres a medias, y aquellos que condenaba el Dante al infierno, como los peores enemigos de la república; hay egoístas, que es otro modo de decir infelices; hay viciosos, porque la sociedad es como el cuerpo humano, que también tiene llagas; pero dígase déspota ¡y no hay más que un corazón entre todos los cubanos! Y en Cuba es lo mismo que aquí: ¿pero cómo podrá el crucificado bajar de la cruz? Eso es lo que hacemos los cubanos de afuera: desclavar al crucificado: él ama la libertad lo mismo que nosotros: él ascenderá a ella desde sus vicios como acá afuera hemos ascendido nosotros. Quien no lo sabe, es que no ve; o ve el polvo de las calles, y no ve las almas. Es como el aire la libertad para nosotros. El Partido Revolucionario vive y triunfa porque es la libertad. Si aplaudimos a un héroe, la pasión por la libertad es lo que aplaudimos. Si perdonamos un pecado, es porque el pecador sangró por la libertad. Si amamos a un hombre, es por lo que un soldado le dijo al preguntón celoso del cariño de la tropa a Dugonnier: "porque él nos ama." Delegamos nuestra autoridad, porque no la podemos ejercer todos a la vez; pero la autoridad es nuestra y hemos gustado de ella ya, y de su ventaja y justicia, y no nos desprendemos de ella. Lo que sucedió en las emigraciones, no volverá a suceder. La guerra no irá por un lado y las emigraciones por otro. La emigración es una masa de hombres, y el Delegado es un emigrado como los demás, que hace lo que se le ha mandado a hacer. Si se le quisiera, sería por lo de Dugonnier, "¡porque nos quiere!" Pero ¿qué piensa de nosotros, y por qué nos ofende, quien cree que le llevamos a nuestra patria un mensaje, y obramos conforme a otro? ¿Qué alma de traidor es la que nos tiene por traidores? ¿Quién, ciego e ignorante, que no lee nuestros papeles y nuestros pechos, osa decir que esta junta gloriosa de todos los cubanos tenga o no a Martí por Delegado, tuviera o no a Martí por proponente, no es más que la empresa vieja con el mote nuevo, y el barco infeliz con un poco de blanco humano para el fusil español, y una página más sangrienta e inútil, y una ridícula y nunca soñada invasión militar desde Key West, con Martí a la cabeza? ¿Cuánto paga por esos servicios la policía? ¿Por qué caen los hermanos en esa red? ¡Conózcannos desde allá, y ámennos como desde acá los amamos y los conocemos! Aquí el hombre no tiene nada que hacer. Hoy es uno y mañana es otro. La Persona hemos puesto de lado: ¡bendita sea la Patria!

Y eso es lo que en Cuba saben los que deben saberlo, y lo que acá decimos a Cuba entera, por más que el fracaso total de la alarma perniciosa, sólo al gobierno de España conveniente, demuestra en el elemento mismo revolucionario de la isla, más expuesto al arrebato por su valor y preparación, la cordura y legítima desconfianza que han de salvar la guerra de los peligros, inexcusables en esta época decisiva, de un alzamiento parcial y desmadejado: al

país no nos lo pueden sorprender, porque de allá nos
adivinan de seguro como desde acá lo adivinamos.
Al país no se le hará ir por noticias de corrillos o
incidentes falseados por la exageración y la impaciencia, a la guerra que por sus vías naturales y
confirmadas no decidan los que, con el derecho que
da el desafío voluntario a la ruina y la muerte han
de decidirlo. La guerra que prevee y ayuda el Partido Revolucionario Cubano es la guerra de todos,
y tiene afuera quien habla; y lo que no sea guerra
de todos, y de seguro lleve la voz que ha de llevar,
o no es verdad, o es la guerra de rincón, fácil de
desacreditar y acorralar, que el gobierno español
fomenta y procura, para que aborte en ella la guerra
grande y unánime. Al gobierno español sólo interesa y conviene, empequeñecer a los ojos de los cubanos la obra de la ordenación segura y total de las
fuerzas de adentro y afuera de la revolución, que
lleva inflexible y victoriosamente adelantada el Partido Revolucionario. Al gobierno español sólo conviene y urge hacer creer que este Martí de quien se
habla no es lo que es, el representante electo por el
voto de todas las emigraciones organizadas para
ordenar de acuerdo con la isla la guerra en que le
asiste, según declaración política, el consejo y pericia de los jefes ilustres de la guerra de diez años,
sino un caballero megalómano, una cabeza hinchada,
un figurín atrevido, un héroe mínimo que se ha hallado afuera un rebaño de cubanos, y quiere a modo
de libertador providencial, caer de entrometido sobre su país que lo desconoce, y molestarle la tran-

quilidad a las majestades de la isla. Y si eso fuera,
si hubiese cubano que por apetito de gloria o exageración de su derecho individual faltase con una
intentona descabezada al respeto que debe al derecho
de los demás cubanos, de cierto merecería la execra-
ción de su pueblo, o por lo menos el abandono y la
censura. Pero ese Martí de quien se habla, ha
consagrado precisamente su vida, y hoy continúa
consagrándola por el encargo expreso de todas las
organizaciones de la emigración, a impedir que se
trastorne a Cuba sin fuerza ni fundamento con expediciones personales, temibles e infructuosas; a preparar, por el respeto a la virtud, el olvido de las
ofensas, y el reconocimiento del mérito, la acción
unida y pujante de los cubanos de la isla y los del
extranjero, con los recursos plenos y ancho corazón
indispensables para intentar con éxito la independencia de la patria. Ese expedicionario de Key
West, caído en Cuba al acaso como un providencial
de baratillo, es una caricatura vil. La idea de la
persona redentora es de otro mundo y edades, no
de un pueblo crítico y complejo, que no se lanzará
de nuevo al sacrificio sino por los métodos y con la
fuerza que le den la probabilidad racional de conquistar los derechos de su persona, que le faltan
con el extranjero, y el orden y firmeza de su bienestar, imposibles en la confusión y rebeldía que habrían de seguir, en un pueblo de alma moderna, al
triunfo de una guerra personal, más funesta a la patria mientras más gloriosa. Mientras el interés español propala, y los cubanos engañados aceptan, esas

torcidas pinturas de la obra impasible y triunfante
que está llevando a cabo la emigración, mientras se
ofende a los cubanos del destierro suponiéndoles capaces echar sobre su patria en agonía un ensayo mez-
quino de revuelta, mientras se presenta al Delegado
de los cubanos del destierro para ordenar la guerra
suficiente y fuerte, como un cabecilla de rincón que
prescinde de la isla, cuando la verdad es que los
cubanos del destierro sólo prescinden de los mal-
vados y de los inútiles,—las emigraciones, de acuerdo con la isla, sin envanecerse con la lisonja ni apre-
surarse con la pasión, ordenan con la unión de todos
los elementos vivos y honrados de la revolución, la
guerra fuerte y generosa para la independencia de
la isla: ¡aborrecen la Persona y adoran la Patria!
Patria, 1 de abril de 1893.

3

EL DIA DE LA PATRIA

De paso sólo puede *Patria* tomar nota hoy del
fervor con que, ayer en Martí City, la linda ciudad
nueva de Ocala, hoy en el Cayo, han confirmado los
cubanos esta institución continua y sencilla ¡suficiente, ella sola, para redimir a nuestro país! España en Cuba es un muñeco de fango; algunos se
sientan a la mesa con él, y le beben el vino, y lo
saludan al pasar, y lo apuntalan con el acatamiento

indirecto a su soberanía: otros, que son los más, están ordenándose en silencio. ¡Es triste, el fango a la mesa, y los cubanos al rededor! De afuera, y de adentro, lo echaremos abajo. ¡A la obra, todos a la vez, y tendremos casa limpia! ¡A la obra, todos de una vez, y nos repartiremos en paz lo que hoy se llevan los pícaros, y las necesidades del despotismo que nos gobierna! ¡A la obra, una vez cada mes, y en un poco de tiempo estaremos arreglando nuestra propia casa!

Ayer, en Martí-City, cuando llegó un viajero amigo, aunque el trabajo había sido pobre, aunque todos están pagando por semana el hogar en que viven, no hallaron mejor manera de celebrar la visita, que dedicar a la patria el día entero de trabajo. En el Cayo, pocos días hace los escogedores de la casa de Gato, repitieron en un documento público su compromiso, el menor compromiso que puede contraer un cubano que ve a su país esclavo en esperanza y oportunidad de salvación, el de dar un día íntegro de trabajo al mes a la Patria, a la raíz única y fuerza única de la vida, y darlo alegremente.

Y ahora, en el Cayo mismo, han celebrado el día con una fiesta espontánea y hermosa. Un Club valiente y ya histórico, promovió la fiesta—el Club *Santiago de las Vegas*—todo de hombres; pero el Cayo todo fué aquella noche un club. Hasta el Norte llega el esplendor de la noche hermosa. Unos pocos se meterán en su rincón, a maldecir de la virtud ajena, a ver que otros le preparan, con el trabajo de sus manos y la privación de su familia, la libertad de que el desvergonzado perezoso querrá ir a gozar luego. Pero esos son pocos: el cielo es azul, y los nubarrones son pocos' A vuela pluma, ya al cerrarse *Patria*, hay que decir la mucha hermosura de la fiesta. Trae *El Yara* una crónica vibrante de Francisco José Díaz. "La velada fué espléndida"; "el recinto se llenó completamente": abrió, de presidente, el puro Salinas: habló, con la autoridad de su vida, el editor del diario de la revolución, José Dolores Poyo: María Padrón, alma ardiente de Cuba, "avasalló al auditorio": "largo rato—del aplauso continuo—estuvo Martín Herrera en la tribuna antes de poder hablar" "de toda la grandeza de la obra que lleva a cabo la emigración": Fernando Figueredo, que ha peleado diez años por su país, y todos los días de cada mes en los diez años ¿cómo no ha de encontrar natural que los cubanos que no pueden pelear den a la patria, por unos cuantos meses de su vida, un día de trabajo al mes? Y hubo teatro, de pieza limpia y bien representada: hubo versos conmovedores de una niña, de Melitina Azpeitia: hubo orquesta y alegoría, donadas por el entusiasmo.

¡A la obra, todos a la vez, un día cada mes. a echar abajo el muñeco de fango!

Patria, 1 de abril de 1893.

DE *PATRIA*, NUEVA YORK

10 de Abril, 1893

1

¿CON QUE CONSEJOS, Y PROMESAS DE AUTONOMIA?

Los que van a las hojas desde la raíz, y buscan
el remedio de los males públicos en la extracción
de sus causas, no en el mero cambio de sus nombres;
los que creerían delincuente provocar o fomentar
una guerra en Cuba, si hubiera el menor acomodo
posible entre los intereses opuestos, los diversos estados de cultura, el distinto tipo personal, las necesidades hostiles de España y de la isla, y sus irreconciliables tendencias históricas; los que no pro-
curan, en la cosa pública cubana, pretextos con que
esquivar su obligación viril, sino un estado nuevo y
permanente de libertad franca y pacífica y de fina-
lidad y trabajo; los que conocen, de mucho ver y
de mucho leer, los ardides con que un gobierno astuto puede ir sofocando, con formas de libertad que
van en promesa de formas mayores, el sentimiento
de emancipación de un pueblo temeroso de que el
orden y fuerza de su levantamiento armado no co-
rrespondan al deseo secreto y notorio de su corazón; los que de antemano han contado, en el cálculo
de su política, con los entremeses de falsa espe-

ranza que España, comediante buena, ha de ensayar en Cuba para ir demorando su hora mortal, esos ven como un simple entremés, sin influjo ni mudanza alguna en la verdad del país, el establecimiento del consejo administrativo que, de puro miedo a la actividad de los revolucionarios, promete a Cuba el mismo gobierno que la acaba de burlar con la reforma fraudulenta y ofensiva de la ley de elecciones. Y queda dicho que los revolucionarios hemos contado con esos entremeses, y que sabremos aprovecharnos de ellos.

Pero pudiera, entre los cubanos inquietos o inexpertos, prender el temor, habilmente azuzado por las agencias españolas, de que este anuncio de los consejos, y la institución nueva que pudiese seguirlo, desvanezcan la oposición irreductible de los intereses de España y Cuba; la constitución viciosa e incorregible en un plazo cercano, del pueblo español, que lo fuerza a emplear su sobrante perturbador y famélico en las colonias de cuyas gabelas viven sus próceres, así como de su comercio se alimentan sus únicas ciudades vivas; y la necesidad de España de mantener en Cuba con un disimulo u otro, el ejército de ocupación que, ya roído de las costuras, sujeta aún por nuestro consentimiento más que por su poder, la savia renovada de la revolución. ¡Y qué ha de desvanecer un consejo cualquiera, ni la misma risible legislatura que España pudiese conceder a la colonia de perpetua mayoría gubernamental, el conflicto,—que nosotros de fuera siempre agravaremos,—entre la aspiración cubana, sofocada en todo lo verdadero de la vida, y la política de España en Cuba, que no puede ser más, sean cualesquiera sus colorines, que la consecuencia de la constitución colonial y despótica de España, a pesar de sus alfileres de política moderna, y el medio de satisfacer en Cuba las necesidades que no tiene cómo suprimir, ni cómo atender en la Península! Lo demás es juego y máscara; y todos los que fomentasen esa fé serían cómicos y enmascarados. Traigan y lleven leyes, y llévenles la cola los crédulos de oficio: nosotros, hora a hora vemos adelantar nuestro reloj revolucionario.

¿Y cuándo, sino cuándo está la revolución a puerta; cuándo, sino por la virtud y poder de los partidarios de la revolución; cuándo, sino por la necesidad apremiante de quitar vigor a la idea de guerra en la isla, que las emigraciones impulsan y apremian; cuándo, sino por esta espuela que llevamos los emigrados al talón; cuándo, sino por el miedo que inspira al gobierno nuestra ordenación revolucionaria—obtendría Cuba, de la metrópoli que aun después de diez años de guerra se burla de ella, esas migajas de apariencia con que da a los tímidos pretexto para acatar, y con los que ya no puede engañar a la isla escarmentada? ¿Quién no ve la transparente astucia? ¿Quién no sabe que el Partido Revolucionario sería hoy, como siempre lo fué, el autor único de cuantas ventajas, para quitarle la fuerza del descontento de la isla, otorgase España a Cuba? No deja de haber revolucionario melancólico que piense con tristeza en esa misión, en apariencia desairada, de las emigraciones, condenadas, según algún perito superficial, a ganar con el martirio y el esfuerzo de los cubanos independientes las batallas de los cubanos parciales e indecisos, que no tienen la energía ni la capacidad de la independencia. Pero se engañarían los cubanos parciales e indecisos, y el perito superficial. Aunque no fuese más que como acicate de las reformas que España pudiese otorgar a Cuba, improbables sin la amenaza de la guerra, sería factor decisivo en las cosas de Cuba, y el factor real primero el Partido Revolucionario. Como su izquierda indispensable, y como su médula y respaldo, debería levantar afuera el partido de la reforma española en Cuba, de ala y de espuela, la amenaza patente de la revolución. Pero no es esa función de saca-castañas la que tienen en mientes los ordenadores del alzamiento ineludible de Cuba; sino la de allegar los elementos del triunfo rápido y generoso, para cuando la isla, totalmente convencida ya de la incapacidad de los remiendos españoles, se alce en su sangre nueva, y barra los títeres. Todo eso es entretenimiento y fantasmagoría, miga para recienacidos y málaga para chochos: parche y espanto es todo eso. Y nosotros somos acá los autores conscientes de esas reformas vacías, cuya aplicación, que nuestra actividad revolucionaria precipita de intento, quita las últimas esperanzas infundadas, los últimos obstáculos a la revolución. El gobierno español, pues, está sacando las castañas a los revolucionarios. Vengan reformas nulas, como la de las elecciones; desacredítense, como la ley

de elecciones; limpien el camino a la revolución.
Vayan y vengan máscaras. El Partido Revolucionario, cada día más cordial y vigoroso, continúa,
con conciencia de su necesidad, preparando la guerra inevitable.

Patria, 10 de abril de 1893.

2

CASAS NUEVAS

"LA CUBANA CITY," EN THOMASVILLE
EN GAINESVILLE, OTRA COLONIA

Como abriéndole casa al tiempo nuevo; como preparando el hogar a los que ya salen de Cuba, con
la espuela del hambre o el peligro o el oprobio, buscando refugio durante la ventisca; como intuitiva
obediencia a la política de la amistad y del trabajo
entre Cuba y el Norte, que reemplazará al sueño
caduco y rudimentario de la anexión, criado en buena fé por nuestros padres impacientes en la época
idílica y desvanecida de la república norteamerica-
na; como justo reconocimiento de la cultura y hombría del obrero cubano, que, desde el faldón de la
chupa de su señor abuelo niega, con dientes verdes,
el criollo parcial e incapaz que no ha querido verle
de cerca el crecimiento y la virtud; como morada

propia del cubano obrero, amigo por naturaleza y
desarrollo de la elegancia y de la libertad,—surge
en Thomasville, en el estado de Georgia, una ciudad
nueva de familias de Cuba: "La Cubana City". Y
en Gainesville poco menos, donde "no dejan ir al
cubano que llega"; lo que es de justicia, porque el
cubano no va de pordiosero ni de codicioso, comién-
dose la tierra con un ferrocarril, ni vendiendo a peso
los gemelos de a centavo, sino que ha ensanchado
y favorecido las tierras todas, trigueñas o yankees,
que le dieron hospitalidad. Y ensancha y favorece.
Muchos hablan de esto sin saber, y desconfían de
Cuba, porque desconfían de sí propios. El estudio
excesivo de nuestras cuitas y ambiciones, sobre todo cuando éstas son frustradas, lleva al desconocimiento y negación de la aptitud ajena para la dicha
y la prosperidad. El cubano, en verdad, más que
para solicitar, está para solicitado. Esto hace Ocala, que les levanta a Martí City; esto Thomasville,
con "La Cubana" de ahora; esto Gainesville, que
disputa a su rival nuestros colonos. Florida y Georgia, hacen esto, después de ver al cubano en el hogar, y en el taller, durante veinticinco años de destierro. Quien trabaja, adivina y ama al trabajador.

Por supuesto, que no hay razón de pena, como a
primera vista aparece, en ver levantar tanta casa
criolla en el país ajeno con que hemos de seguir
después de la libertad en amistosa y preferente relación. Este es ensayo; y de la nulidad que éramos,
y de los vicios e incapacidad de un pueblo criado a
lomo de hombre, volveremos ya diestros en el arte

de poblar, de crear por la asociación, de levantar
entre todos y para todos, lo que sólo vale por el
esfuerzo de todos, de sembrar de ciudades sanas y
alegres aquella maravilla de nuestro jardín. Acá,
en New York, el cubano anda acogotado en su ga-
bán, y pálido y murmurón, porque no halla cara que
no sea pared, y la ciudad lo echa ú olvida, y el
clima lo azota: allá, en la Florida nueva, trabaja de
obrero en la mesa y en su ciudad de explorador:
echa pinos abajo: se guía a oscuras por la calle reciente; lee a prima noche, rodeado de la mujer y los
hijos, en el silencio grande y puro de la naturaleza
que acaba de despertar a manos del hombre. No
se hinca el diente en la luz. El que dude de ésto,
vaya a verlo: o el que dude de sí. El cubano no
duda de su pueblo por maldad, sino por ignorancia.
Volverá a Cuba un pueblo de creadores. Por eso
no se ha de ver con pena el nacimiento de un pueblo
nuevo de cubanos; porque aprietan la amistad independiente y viril entre el cubano y el Norte, necesaria para el honor y la paz de ambos pueblos;
porque en ellas se habitúa el cubano a las artes de
producir y administrar que le veda España a Cuba,
y sin las cuales podría ser infructuosa o muy turbada
su independencia política; y porque, con el crédito
de los desterrados, se limpia la casa para los que,
en la hora próxima e inevitable del sacrificio fe-
cundo, huyan a buscar en tierra agradecida, como
la floridana, el hogar semejante y económico que
hará más llevadero y útil el destierro.

En la "Cubana City" todo es esperanzas y vida.

"Este industrioso suburbio,—dice un diario de allá,—
presenta una animadísima apariencia. Resuena el
hacha del leñador; de todas partes se oye silbar la
sierra; caen los árboles grandes; todo da fe de la
energía y verdad de aquellos fundadores. Gribben
tiene el contrato de una fábrica de ladrillo, y el de
cien casas de madera lo tiene Coulter. Y Coulter
hará otra fábrica. Y hablan de otra más. Ya están poniendo los durmientes, y pronto va a correr la
línea eléctrica. El taller de los Pino anda aún am-
bulante; tendrá enseguida casa suya; y el de ese
otro meritísimo paisano Ramón Govantes. De la
Habana, donde ha empezado ya la fuga, salió ayer
para Martí-City la fábrica numerosa de Morales,
y para "La Cubana" anuncian cuatro más. Lluvias
y vientos recibieron a nuestros colonos, como aviso
de que no tienen derecho pleno a la ventura de la
libertad ajena los que no han hecho cuanto pueden
hacer por la propia; pero de los cubanos de Thomasville no se ha de decir esto porque al recibir de un
diario generoso de la ciudad una columna libre para
las cosas nuestras, al escribir su primera frase en
la ciudad nueva ese cubano de oro, ese levantado
Baliño, he aquí lo que escribe:

"Venimos a fundar en Thomasville una nueva colonia de emigrados cubanos y, al plantar nuestras
tiendas sobre las bellas colinas de Georgia, nuestro
primer pensamiento ha de ser para la patria irre-
denta y amada que espera de todos sus hijos el
cumplimiento del deber sagrado de redimirla. Aquí
sin tener que ceder a la presión de nada ni de nadie,

ni aún a la presión de la opinión pública, sin más presión que la que ejerce sobre la conciencia el sentimiento del deber y la dignidad, hemos de poner manos a la obra redentora que está encomendada a todos, hemos de organizarnos en club patriótico, afiliarnos a el Partido Revolucionario Cubano y estar prontos a todos los llamamientos del deber. No queremos ruborizarnos ante nosotros mismos pensando que, mientras todos nuestros hermanos del destierro se imponen un sacrificio, nosotros lo eludimos escudados con el aislamiento y la distancia, como si dejáramos a otros a quienes consideramos de mejor madera que nosotros, el cuidado de hacer para nosotros una patria libre e independiente."

Así, sin la vergüenza de ver con la calma del egoismo o la insolencia del vicioso el esfuerzo valiente de los hombres de honor para ordenar y lograr la salvación del país común, del país del vicioso y del egoista, podrán los fundadores de "La Cubana," los que mañana irán a sembrar pueblos a Cuba, merecer y conservar, aun por su propio interés, el respeto de los americanos libres que desdeñarian con razón y tratarían con todas las consecuencias del desdén, a los americanos que quisiesen igualarse a ellos en los provechos de la libertad sin saber ser iguales suyos en el entusiasmo y sacrificios necesarios para conquistarla.

Patria, 10 de abril de 1893.

POLITICA Y REVOLUCION

INDICE

1893

Pág.

1893

JOSE MARTI

(Ampliación de la fi-
gura del Maestro, toma-
da de un grupo fotogra-
fiado por J. B. Valdés,
en Jamaica, en 1892).

DE *PATRIA*, NUEVA YORK

16 de Abril, 1893

LAS ELECCIONES DEL 10 DE ABRIL

Después de un año de trabajos asíduos; después de verse un año entero en la fatiga de juntar y preparar; después de rendirse cuenta minuciosa de sus entradas y de sus gastos; después de ver juntas, sin peligros de extravío, sumas superiores con mucho a las que se han empleado en reunirlas; después de conocerse en el detalle íntimo, por los mil modos sutiles de nuestro pueblo crítico y franco,—todas las agrupaciones organizadas de los cubanos en el extranjero, todos los cuerpos cubanos, unidos bajo un plan fijo y conocido para allegar los recursos políticos y pecuniarios de la guerra de independencia de Cuba y Puerto Rico en acuerdo con las islas, se reunieron para elegir, conforme a sus Estatutos, su Delegado y Tesorero responsables, votaron hombre por hombre, y han reelegido por unanimidad al Delegado José Martí y al Tesorero Benjamín Guerra. Los representantes, que en esta consagración ven sin duda el premio y deber mayores de su vida, llevarán su carga noble y servirán a su tierra con cuanta humildad y fervor cabe en horas grandiosas en el alma humana. Ellos no tienen el poder de hacer calzada de la mar, ni oro de la podredumbre, ni

república donde no la haya por la naturaleza, ni
honor en los que viven contentos sin él, y osan lla-
marse hombres. Ellos tienen el deber de unir, en
el plazo más breve posible, todos los factores de
acción que los cubanos y puertorriqueños del destierro puedan allegar para que triunfe sin odio, y
con promesas de ventura permanente, la guerra de
independencia de Cuba y Puerto Rico. Pudieran
otras plumas, más oratorias que reales, celebrar a lo
largo, como sería de razón, el terco patriotismo criollo,
y la virtud romántica, y como polaca o israelita, del
mero sentimiento de independencia del país. Pero
eso no es lo que hay que loar en las elecciones del
10 de Abril; sino el mentís que con ellas dan los cubanos a quienes, de su propia casa o de la ajena,
los supongan incapaces para el orden y disciplina,
para el pensamiento propio, para la política de voto
y representación, para la autoridad delegada y responsable, para el acomodo de voluntades diversas en
el bien común, para la idea esencial del gobierno
por el pueblo de los actos y hacienda del pueblo, sin
los que vive ensangrentada o muere entre cenizas
la república. Mañana, cuando se viva en la patria
palpitante, y se disputen el triunfo la tradición soberbia y la equidad previsora, que es todo lo que
tiene que disputar en Cuba; mañana, cuando opon-
gamos a una política recortada de preocupaciones
con miras al extranjero, como la de los que en España acataron al rey José y en México llamaron
al emperador, la política autóctona y veraz, que
está en la explotación inmediata de la riqueza vir-

gen por un pueblo cuyos hijos todos vean seguros
sus derechos de hombre; mañana, cuando se tenga
ya bajo los pies la realidad del suelo nativo, y hier-
van apasionados los intereses y las virtudes, es natural que el cubano, sabedor por la experiencia agena de que un voto descuidado es un derecho perdido, y la indiferencia en el sufragio la antesala del
déspota, vote con la animación y el fuego de quien
quiere poner techo firme a la casa nueva de sus
hijos: que con la política locuaz, y voto libre y frecuente, no hay guerra que temer, ni tiranía de arriba, ni de abajo, en las democracias.   Y entonces podrá ser, y debería ser, obligatorio el voto, porque
nadie tiene derecho de poner a la patria en peligro,
por su desidia.   Pero hoy, después de veinticuatro
años de prueba; después de haber visto caer en la
paz inesperada, aunque no inútil, una guerra de esfuerzo gigante, perdida sólo por falta de preparación
y de unidad; después de haber visto con la hopa
del ahorcado a tanta cabeza juvenil y tantas bar-
bas canas; después de padecer de la zizaña incesante y hábil con que el gobierno español, por bocas
criminales de cubanos, trata de aflojar o dividir las
fuerzas libres de la emigración; después de oír inflexible la solicitud angustiosa de la madre anciana
y la triste compañera, que cada día le ve en la expatriación menos raíz y dicha al hogar, al padre
menos ventura, menos carácter y guía al hijo,—es
admirable de veras la emigración que, sin el deber
de la ley ni el estímulo de la pasión, sin la práctica
del gobierno ni el estudio detenido del problema

americano, practica antes de la república, como el
único medio de obtenerla, el régimen de examen
propio y voto individual que salvará a las nuevas
repúblicas de América, a Cuba y Puerto Rico, de
los trastornos necesarios que, por la incultura política de la masa, y las distancias inermes y caudi-
llaje personal que en Cuba por naturaleza y carácter no tenemos, impidieron el asiento de un régimen
de educación pública y equilibrio de clases en el voto,
en las primeras repúblicas, recién salidas de la casta,
de los países ineducados de América. Esa fé, ese
orden, ese examen directo, esa confianza otorgada
después del examen, esa responsabilidad de la representación delegada, esa disciplina voluntaria y
unidad de acción, es lo que el cubano ve con rego-
cijo, y el extranjero sorprendido aplaude, en las elecciones del 10 de Abril del Partido Revolucionario
Cubano. Antes, el mero sentimiento, encendido hasta la ceguedad en un alma incapaz de creer en la
sumisión perpetua del hombre a la ignominia, sa-
cudía de vez en cuando, con llamarada que revelaba
sólo la falta de orden revolucionario del país, la idea
latente, y con razón después de la catástrofe asus-
tada, de la independencia del país; y temía Cuba,
con justicia, que una gran corazonada, una pechada
de ambiciosos o de héroes, no pudiese inspirar en
el país la confianza en el pensamiento político y
económico de la guerra, y la fe en su ordenación y
recursos, sin los cuales son inútiles las palpitaciones
más vivas de los pechos generosos. Hoy, la revolución no es la amenaza ciega de un trastorno irres-

ponsable que augura un régimen de exclusión y de supremacías; sino la censura alta y expresa de la guerra sin objeto ni democracia suficientes, sin plan y sin tesoro, sin unidad y sin precaución, y el edicto con que el pueblo cubano proclama que entra en la república, ya al acabarse el primer siglo de nuestra América, con los hábitos de propia conciencia y cultura política que faltaban en las repúblicas de principios del siglo, al nacer, de tribus de indios sobre un montón de familias ensoberbecidas en territorios de rebeldes distancias.

Sin pasión; sin ira; sin el engaño del sentimiento, tan fatal en su exceso como en su carencia a la buena guía de los negocios políticos; sin el propósito culpable de trastornar el país con una guerra rechazada o desconocida que no se acomode a sus intereses y a su realidad; sin más pensamiento de persona, o terquedad de apóstol, o soberbia de caudillo que los que de antemano se doblegan ante un amor ferviente a la patria, sin más afán que el de poner a los habitantes de Cuba, por un gobierno propio y equitativo, en condición de asegurar sus hogares aruinados y emplear sus notables aptitudes: sin más pasión que la de justicia entre los hombres, sin la cual no hay paz, y la de la hermandad entre los hijos de un mismo país, y entre los hombres buenos de todos los países,—los emigrados cubanos fueron a sus urnas el 10 de Abril de 1893, con los ojos vueltos a la tierra que adoran, y votaron por el Delegado que ha de continuar uniendo los elementos de la guerra corta, generosa y fuerte para la independencia de la Isla, y el Tesorero que custodia, como propiedad de los donantes, el caudal que va creciendo, día sobre día.

Patria, 16 de abril de 1893.

2

"MI RAZA"

Esa de racista está siendo una palabra confusa, y hay que ponerla en claro. El hombre no tiene ningún derecho especial porque pertenezca a una raza u otra: dígase hombre, y ya se dicen todos los derechos. El negro, por negro, no es inferior ni superior a ningún otro hombre: peca por redundante el blanco que dice: "mi raza"; peca por redundante el negro que dice: "mi raza." Todo lo que divide a los hombres, todo lo que los especifica, aparta o acorrala, es un pecado contra la humanidad. ¿A qué blanco sensato le ocurre envanecerse de ser blanco, y qué piensan los negros del blanco, que se envanece de serlo, y cree que tiene derechos especiales por serlo? ¿Qué han de pensar los blancos del negro que se envanece de su color? Insistir en las divisiones de raza, en las diferencias de raza, de un pueblo naturalmente dividido, es dificultar la ventura pública, y la individual que están en el mayor acercamiento de los factores que han de vivir en común. Si se dice que en el negro no hay culpa aborígene, ni virus que lo inhabilite para desenvolver toda su alma de hombre, se dice la verdad, y ha de decirse y demostrarse, porque la injusticia de este mundo es mucha, y la ignorancia de los mismos que pasan por la sabiduría, y aun hay quien crea de buena fé al negro incapaz de la inteligencia y corazón del blanco; y si a esa defensa de la naturaleza se la llama racismo, no importa que se le llame así, porque no es más que decoro natural, y voz que clama del pecho del hombre por la paz y la vida del país. Si se alega que la condición de esclavitud no acusa inferioridad en la raza esclava, puesto que los galos blancos, de ojos azules y cabellos de oro, se vendieron como siervos, con la argolla al cuello, en los mercados de Roma; eso es racismo bueno, porque es pura justicia y ayuda a quitar prejuicios al blanco ignorante. Pero ahí acaba el racismo justo, que es el derecho del negro a mantener y probar que su color no le priva de ninguna de las capacidades y derechos de la especie humana.

El racista blanco, que le cree a su raza derechos superiores, ¿qué derecho tiene para quejarse del racista negro, que le vea también especialidad a su raza? El racista negro, que ve en la raza un carácter especial, ¿qué derecho tiene para quejarse del racista blanco? El hombre blanco que, por razón de su raza, se cree superior al hombre negro, admite la idea de la raza, y autoriza y provoca al racista negro. El hombre negro que proclama su raza, cuando lo que acaso proclama únicamente en esta forma errónea es la identidad espiritual de to-

das las razas, autoriza y provoca al racista blanco.
La paz pide los derechos comunes de la naturaleza:
los derechos diferenciales, contrario a la naturaleza, son enemigos de la paz. El blanco que se aisla,
aisla al negro. El negro que se aisla. provoca a
aislarse al blanco.

En Cuba no hay temor alguno a la guerra de razas. Hombre es más que blanco, más que mulato,
más que negro. Cubano es más que blanco, más
que mulato, más que negro. En los campos de
batalla muriendo por Cuba, han subido juntas por
los aires, las almas de los blancos y de los negros.
En la vida diaria de defensa, de lealtad, de hermandad, de astucia, al lado de cada blanco hubo siempre un negro. Los negros, como los blancos, se dividen por sus caracteres, tímidos o valerosos, ab-
negados o egoístas, en los partidos diversos en que
se agrupan los hombres. Los partidos políticos son
agregados de preocupaciones, de aspiraciones, de
intereses y de caracteres. Lo semejante esencial se
busca y halla, por sobre las diferencias de detalle;
y lo fundamental de los caracteres análogos se funde
en los partidos, aunque en lo incidental, o en lo pos-
tergable al móvil común, difieran. Pero en suma,
la semejanza de los caracteres, superior como factor de unión a las relaciones internas de un color de
hombres graduado, y en sus grados a veces opuesto,
decide e impera en la formación de los partidos. La
afinidad de los caracteres es más poderosa entre los
hombres que la afinidad del color. Los negros,
distribuidos en las especialidades diversas u hostiles

del espíritu humano, jamás se podrán ligar, ni desearán ligarse, contra el blanco, distribuído en las
mismas especialidades. Los negros están demasiado
cansados de la esclavitud para entrar voluntariamen-
te en la esclavitud del color. Los hombres de pompa e interés se irán de un lado, blancos o negros; y
los hombres generosos y desinteresados se irán de
otro. Los hombres verdaderos, negros o blancos
se tratarán con lealtad y ternura, por el gusto del
mérito, y el orgullo de todo lo que honre la tierra
en que nacimos, negro o blanco. La palabra ra
cista caerá de los labios de los negros que la usan
hoy de buena fe, cuando entiendan que ella es el
único argumento de apariencia válida, y de valides
en hombres sinceros y asustadizos, para negar al
negro la plenitud de sus derechos de hombre. De
racistas serían igualmente culpables: el racista blano
y el racista negro. Muchos blancos se han olvidado
ya de su color, y muchos negros. Juntos trabajan
blancos y negros, por el cultivo de la mente, por la
propagación de la virtud, por el triunfo del trabajo
creador y de la caridad sublime

En Cuba no habrá nunca guerras de razas. La
República no se puede volver atrás; y la República
desde el día único de redención del negro en Cuba
desde la primera constitución de la independencia
el 10 de abril en Guáimaro, no habló nunca de
blancos ni de negros. Los derechos públicos, con-
cedidos ya de pura astucia por el Gobierno español
e iniciados en las costumbres antes de la independencia de la Isla, no podrán ya ser negados, ni por

el español que los mantendrá mientras aliente en Cuba, para seguir dividiendo al cubano negro del cubano blanco, ni por la independencia, que no podría negar en la libertad los derechos que el español reconoció en la servidumbre.

Y en lo demás, cada cual será libre en lo sagrado de la casa. El mérito, la prueba patente y contínua de cultura, y el comercio inexorable acabarán de unir a los hombres. En Cuba hay mucha grandeza, en negros y blancos.

Patria. 16 de abril de 1893.

DE *PATRIA*, NUEVA YORK

22 de Abril, 1893

La proclamación de las elecciones del
Partido Revolucionario

LA PROCLAMACION DE LAS ELECCIO-
NES DEL PARTIDO REVOLUCIONARIO

EL DIEZ DE ABRIL

La Obra de la Emigracion

Hermoso es, y consolador, el espectáculo de entusiasta unión en el amor y servicio de la patria ausente, que el 10 de Abril de 1893 dieron las emigraciones; y de justicia y enseñanza han sido las reuniones con que se las ha solemnizado. Después de
una guerra de diez años que arrebató a la vida del
goce y privilegio a la juventud, sacó a los ancianos
de su holgado sillón, y echó a las matronas a morir
de hambre o locura por las selvas; después de una
campaña frustrada en que surgieron en la lucha y
se enconaron en la derrota las pasiones naturales en
el hombre, más potentes a veces que el consejo de
la virtud; después de un cuarto de siglo de emigración, dividida primero por las contiendas de un señorío indeciso o incapaz y el patriotismo rebelde y
engañado, y envenenada luego por el influjo de la
indiferencia y corrupción de la colonia, del desa-
liento e ira de los que de mal grado entraron en la
guerra, y de los agentes que mantiene España en el

extranjero para avivar la pasión y la preocupación entre los cubanos, para dividir al obrero del que le da obra, al cubano negro del cubano blanco, al cubano de Cuba del cubano de afuera, al cubano radical del que tiene menos prisa por mejorar la desigualdad del mundo; después de veinticinco años de pruebas costosas y erróneas, y de ensayar el patriotismo impaciente en la guerra de sorpresa y aventura, más que en la de opinión y preparación,—es hermoso ver ligarse a toda la emigración independiente, a todo lo que se ve del pueblo libre de Cuba, y trabajar, del brazo todos, con un plan que excluye la ambición y renuncia la paga, a fin de fundar en la isla, tocada ya de gangrena, un país trabajador, equitativo y durable.

Hermoso es, de pie en la tumba de los padres caídos, ver a los hijos seguir, con la verdad de sus cenizas, el camino por donde llegarán más pronto al triunfo los que por el sacrificio de los padres lo conocen mejor; hermoso es ver a un pueblo, hijo revuelto de los despotismos todos, habituado al capricho por el mando absoluto, e inclinado a la prisa ciega de la rebelión por la excesiva tiranía y la dilación de la esperanza, juntarse en la disciplina voluntaria de un partido político de orden y de espera,—de avance juicio y seguro, sin puestos para el provecho y la vanidad,—y demostrarse como mantenedor de una república de trabajo y pensamiento, ante la patria sin pensamiento ni trabajo, que pudiera temer de él el despotismo o ligereza o parcialidad fatales en la fundación de las repúblicas.

Hermoso es ver, cuando pudiera temer Cuba que los emigrados tramasen sin respeto una guerra romántica y rudimentaria, sorda a las realidades del país, que lo que preparan los emigrados todos a una, es la guerra aconsejada con el país, que lo ponga por fin en su realidad, y no lleve a la patria más que el vigor necesario a levantar y defender el gobierno que en su equilibrio y ajuste quieran darse las fuerzas residentes de la isla. Para salvar a Cuba de la revolución desordenada vive el Partido Revolucionario,—de la revolución que se viene encima y nadie ordena; y para tener dispuesta a la isla, sin los peligros del noviciado ignorante, sin recaer en los peligros del noviciado primero, la solución desesperada a que por lógica de la naturaleza han de acudir sus habitantes, cuando el extremo de la ingloriosa tiranía que no deja hoy a su miseria más consuelo y golosina que la retórica inútil, los mueve a proferir, a despecho de los medrosos e incapaces, la prueba de un combate decisivo contra un enemigo cuya única fuerza viene de los oprimidos que se pueden ligar, y se ligan, para negársela.

En vez de la tentativa tenebrosa que pudiera despertar en la patria liberal zozobra para lo futuro; en vez de la guerra privada, de tratos y compromisos, que pudiese ensoberbecer en Cuba a unos elementos contra otros; en vez de precipitar afuera de la isla los factores mal enfrenados de una guerra de invasión que desconociese la voz y autoridad del país, es hermoso ver marchar paso adelante, sin un sólo paso atrás, a los cubanos previsores de la emigración, que reúnen en paz todo lo que se pudiera odiar, y en la obra común todo lo que pudiera divorciarse, y crean y disciplinan de antemano el ejército de las emigraciones, salvador del de la isla; y cuando el país entretiene su agonía con las disputas de los desocupados y la desvergüenza de los celestinos, hermoso es ver crecer, peso a peso, donde no se le puede tocar, ni emplear mal, el tesoro de una guerra que cambiará toda esa comedia vil en un país de lengua útil y de concordia suficiente, en la igualdad inevitable de los derechos de sus hijos, la fuerza de la riqueza nueva y la justicia del trabajo.

Mientras allá en la isla, con todos los miedos de una sociedad de literatura segundona al trabajo nuevo y libre, se urde entre la gente real del país, la gente productora y cordial, una guerra que el enemigo no puede vencer, porque está en la disposición razonada y creciente de las almas, los cubanos de la emigración, jurados en la república y el desinterés, pidiendo y aceptando de los cubanos todos consejo y ayuda, adelantan en silencio, con su tesoro que sube y su organización de sufragio, para que el día que la desesperación complete la unidad de la isla, y la impaciencia apresure su rebelión, no empiece la fuga desconcertada y loca, consecuencia fatal de la soberbia y la desidia, en que perdió su fuerza de arranque nuestra guerra primera. Otros creerán mejor, por miedo al peligro de la preparación, o a su trabajo áspero y sin brillo, aguardar de codos sobre la mesa de convite a que el verdugo les llame a la puerta, o el espanto de la guerra deshecha y sin

rumbo los lance a la mar. El Partido Revolucionario cree que se debe dar rumbo a la guerra, salvar
del verdugo las cabezas útiles e impedir la tristísima
recaída en la emigración vagabunda y miserable.

LAS REUNIONES DE PROCLAMACION.—Eso es lo
que dijeron a Cuba las emigraciones al elegir el diez
de Abril, en urnas sin ignominia, los funcionarios
del Partido Revolucionario Cubano. Esas voces de
hermandad, más altas que cuantas pudieran oponerles el desamor y la discordia, que cuantas piensan oponerles la codicia desairada y la pereza sor-
prendida, se levantaron, con enérgica unión, en todas
las tribunas del Partido Revolucionario Cubano, en
el Cayo, en Tampa, en Ocala, en New York. Eso,
juntas las voces de 1868 y 1892, fué lo que aplau-
día, con ese aplauso cerrado y cordial de nuestros
públicos, la emigración de Nueva York, al ver aparecer ante los cubanos electores a sus elegidos, al
oir a un presidente de la república de ayer saludar
en el Partido Revolucionario Cubano al continuador
de la nación de Guáimaro, al preparador discipli-
nado y democrático, sin orgullo y sin beneficio, de
la república de mañana.

Contar una de las nobles fiestas,—fiestas de guerra sin odio y de república sin injusticia,—es, en
esta época de fuego fraternal, contar las fiestas todas. El Cayo, de días atrás, se preparaba para la
noche de consagración, "y a conmemorar el día—
dice *El Yara*—en que fué escrito: "todos los habitantes de la República son enteramente libres," y
en que se fundó el Partido que trabaja porque ese

artículo sea una verdad, nos reunimos muchos en
San Carlos anoche. Clubs enteros de mujeres y
de hombres, gente que hará la guerra y gente que
ayudará a sostenerla, todos fuimos como impulsa-
dos por la voz amiga que nos grita desde el Norte:
"a la obra todos." El escenario estaba adornado
con estandartes de varios clubs. Al frente lucían
una a cada lado de la escena, las banderas de
Lares y de Yara, y al fondo, hermanadas y como
abrazándose, la americana y la cubana, esto es, "the
flag of our shelter and the flag of our hope". Por
cubanos enteros y de toda la vida; por hombres que
salieron de Cuba a la primera luz y no volverán sino
con la libertad; por hijos que se creían traidores a
sus padres sino fueran a levantar sobre sus tumbas
la idea por que los padres murieron, por veteranos de
la emigración que tienen a deshonra, como lo es
en verdad, ver a su pueblo en esclavitud y volverle
la espalda, y pensar sólo en sí, y censurar a los virtuosos, y negar su poca ayuda; por Gualterio García, hijo leal de un héroe, y bochorno vivo de otros
hijos que no son leales; por Cesáreo Hernández,
ejemplo patente de los deberes del emigrado; por
Ramón Valdespino, juventud limpia que vive afuera
en el asilo alzado por la revolución, y no niega su
tributo natural de fe activa revolucionaria al asilo en
que vive; por Francisco María González, que de su
hermoso desinterés, y de un profundo amor a la
justicia, saca arranques de grande elocuencia; por
Serafín Bello, que sirve con el consejo infatigable
y el discurso ardiente la causa por que murió su

hermano en el *Virginius* y su esposa en la pobreza del destierro; por esos cubanos seguros y ordenadores, habló el Partido en el Cayo; y por el hombre
tenaz en quien se igualan, como en sus hermanos
de fundación del Cayo libre y palpitante, el brillo
de la acometida a la prudencia del consejo. Así
decía José D. Poyo:

"Si la Constitución de Guáimaro fué la piedra an-
gular de la República de Cuba, el Partido Revolucionario es la legión de obreros que procura y hacina
los materiales con que ha de darse remate a la obra."
Examinó detenidamente la situación de los cubanos
de dentro y fuera de la isla antes de la formación
del Partido y estableció un paralelo entre aquella
situación y la actual, y declaró que al Delegado,
señor Martí, débense todos los progresos del Partido, y terminó pidiendo amor, unión y concordia
entre todos los cubanos."—Pero en eso erró sin duda el generoso presidente reelecto del Cuerpo de
Consejo del Cayo. El representante no es más que
lo que son sus representados. A la constancia, a
la fé, a la abnegación, a la economía, al orden, a
la hermandad, al entusiasmo, a la honradez de los
emigrados todos se deben los progresos del Partido
Revolucionario Cubano. Por las virtudes de estos
emigrados, por lo que en ellos se ve del cubano altivo y bueno en la libertad, puede asegurarse sin
pueril complacencia que será Cuba feliz en la república.

El periódico *Cuba*, noble de veras, dice lo que
fué en Tampa la reunión cubana: "momentos hay

en la vida en que, ante la grandiosidad de ciertos
espectáculos, el que se aventura a narrarlo vacila,
y teme no poder darles el verdadero color." Con
Juan Arnao, en pie desde 1848, habló la idea indomable, cansada en otros al primer esfuerzo; con
Carlos Roloff, que salió glorioso y vivo de los diez
años, habló la guerra, que da honra y salud; con
Esteban Candau, fuego y brazo en todas las peleas
del derecho, con Manuel Hernández, voz robusta
que acusa y conmueve, con Marcos Gutiérrez, notable ejemplo de propia cultura, y de la capacidad
vasta y juiciosa de la mente cubana, con Ramón Rivero y Rivero, corazón popular, rico y ardiente, y
razón cauta, y poderosa oratoria, habló la emigración agradecida a la idea revolucionaria, cuyo tesón, cuando tocan a hambre en Cuba, le mantiene
abiertas las puertas del trabajo: y la juventud, y
toda su energía, habló con Genaro Hernández. Y
las niñas cándidas y los ancianos fieles, eran, con
sus trabajos de arte y poesía, discurso vivo, y prueba de honor, en la fiesta de los recuerdos y de la
esperanza.

Ocala puso todo su corazón en la fiesta del 10
de Abril. Martí-City, el bello pueblo nuevo donde
no hay un sólo cubano infiel, celebró con la alegría toda de la linda ciudad, el día de Guáimaro y
del Partido Revolucionario. Y robusteció la celebración el respeto visible y la compañía de los
norteamericanos de Ocala. Nos estamos enseñando: y nos respetan.

LA REUNION EN NEW YORK.—New York vió hen-

chida la noche de la proclamación la sala de Hardman. Para envanecerse era la ocasión, de ver tan
fieles a los hijos de la tierra infeliz, de no tener
una traición, ni un fracaso, ni una retirada que la-
mentar en el primer año de trabajo triunfal del Partido Revolucionario; pero por el carácter de la fiesta
se vió allí el de la revolución que hacemos, que no
está, no, porque eso es feo y poco, en vivir a la
sombra de lo que hemos hecho, o hicieron los demás, sino en limpiar el camino para lo que falta, sin
mirarle al corazón los chorros de sangre, ni detener-
se a curarle al cuerpo las lastimaduras. Con ver
día a día la vida de los que aquella noche hablaron, volviera la confianza en Cuba a quien ya no la
tuviese. Juan Fraga, el presidente del Cuerpo de
Consejo de New York, bosquejó con su palabra
erguida la constitución republicana, la economía
ejemplar, la obra, a su juicio, original del Partido
Revolucionario Cubano, que es la disciplina de la
república y el imperio de la ley en la preparación
de las revoluciones, dejadas hasta hoy al impulso
de una entidad heroica o al desorden de un patriotismo ciego, y a menudo soberbio y rencoroso:—
Juan Fraga, emigrado de los veinticinco años, com-
puso hombre a hombre, por todos los países del
destierro el primer club que atesoró dinero para la
revolución; y es hombre sin mancha en quien caben
la cordura y la verdad. Carlos Zahonet, gallardo
orador, quitó esperanzas a los que en el desorden
moral de Cuba fíen el remedio, cobardes o intere-
sados o perezosos, a algo menos que el trabajo

previo de todos los días, y de todos, que lleva a cabo
el Partido Revolucionario, para tener montura a la
hora de salir al camino:—Carlos Zahonet es hijo de
sí mismo, y del jornal, y saca de su probidad y de
la vida verdadera su elocuencia viril. Gonzalo de
Quesada, continuo testigo del trabajo íntimo de las
emigraciones y del aplauso entrañable que arranca
a Cuba, dijo cuanto la discreción permitía decir, y
con sus párrafos austeros llevó a las almas el fuego de la suya:—Gonzalo de Quesada, en los umbrales de la vida feliz, cree, con sacrificio de su
persona en el deber oscuro, que no merece ser servido de los hombres el que no los sirve. Benjamín
Guerra, el Tesorero reelecto por unanimidad, ex-
plicó en un discurso de composición robusta, oído
con vivo placer, el oficio constructor de la revolución,
que ha de reparar el desorden profundo e inmoral
de la tiranía ruinosa que la hace indispensable:—
Benjamín Guerra, comerciante sagaz y afortunado,
emplea el descanso de su mucha labor, su sólido
juicio y su sobrio carácter en preparar a Cuba, con
la revolución de la concordia, el estado de propiedad
permanente en que la riqueza no viva en el ahogo
de la explotación, el susto de la pérdida, y la vergüenza de su complicidad inevitable con una co-
rruptora tiranía.

Como de hijos eran todos los corazones cuando,
venido para la fiesta desde su colegio patriarcal de
Central Valley, recordó el presidente vivo de la
república de Cuba, el incólume Tomás Estrada Palma, la dicha grande del día de Guáimaro, que "en-

cauzó la rebelión de Yara"; reconoció el alma de
aquel día y aquellos hombres, y su alma propia, sin
arrogancia ni celos, en la democracia de voto y obra
compacta e impersonal del Partido Revolucionario,
y, con evocación de extraño poder y singular beldad
moral, bendijo en nombre de los padres la obra de
los hijos, trajo al 10 de Abril del Partido Revolucionario la sanción conmovedora y angusta del 10
de Abril de Guáimaro.—Tomás Estrada Palma ama
a la libertad como hija suya que es; con la palabra y
el acto continuo enseña la honradez de ella, y la
vida sin pereza ni mancha, a los discípulos que se
le agrupan amorosos; crece y arrastra cuando recuerda, de pie entre sus hijos, los días inmortales
y creadores del carácter cubano en el sacrificio útil
y necesario de la guerra; conoce las entrañas de
nuestra revolución, y su espíritu imperecedero y sus
excrecencias, y con la autoridad de quien la gober-
nó, y hombre por hombre la ha estudiado, proclama
que la revolución ha de vivir, porque es el alma de
nuestro pueblo.

Por los hijos; por lo que falta que hacer; por los
obstáculos que el interés español, y nuestros dejos
de soberbia e indecisión, pueden poner a la guerra
en el camino; por la isla que le habla, que se ha de
respetar, que está cansada de descreídos e inútiles,
y de la que puede dar fe, habló, dando a su pueblo
el honor de cuanto se hace, el Delegado reelecto
por las emigraciones: él conoce la reserva prudente,
y la determinación sorda e inquebrantable, de los
cubanos; él declara que el patriotismo de la isla no

necesita de maestro ni de acicate, sino que al patriotismo de afuera y no al de adentro es a quien
resta que hacer: él señala las causas de duda injusta, desconocimiento voluntario, localidad asustadiza
e innecesario temor que, bien movidos por el gobierno hábil, pueden moverle objeciones al Partido
Revolucionario, creado para tener dispuesta la guerra, en el caso inminente de que el país, barriendo
en su ira como un ápice toda oposición miedosa o
venal, decidiese buscar en la pelea el remedio cada
día más lejano de otras fuentes a su indignación
y ruina: que al rayo no se le aparta con poner la
mano contra el cielo, ni con negar el zig-zag, que
centellea en las nubes, ni con pararse a mirarle los
colores, y a decir que son lúgubres y pavoroso, sino con abrir vía al fuego en las entrañas de la tierra. Y prometió el Delegado decir continuamente
la verdad, pasar como quien no ve por las contin-
gencias que aturden a las almas flojas, decir a la
isla lo real de la emigración, y a la emigración lo
real de la isla, y evitar como un delito toda demora
innecesaria en el allegamiento de fuerzas, junta de
hombres y acomodo de ideas indispensables para
que triunfe la revolución unida, con la guerra de
todos, y de todos el consejo y la intervención, a fin
de alzar en la ruina moral de hoy, que ya envilece
los hombres a grado increíble, el pueblo bueno que
llevamos en nuestras conciencias, salvado de las llamas de Guáimaro.

Patria. 22 de abril de 1893.

1 8 9 3

1

A JOSE DOLORES POYO

Sr. Jose Dolores Poyo.

Poyo:

Una fe de vida. Vd. no necesita de mis palabras,
y yo he puesto en estuche mayor las que de todas
partes me le celebran en el famoso *meeting*. Ahora
al 10. Yo entretanto aparejando finales. Mucho escollo hay para todo, y el Gobierno, aunque totalmente despistado, está ya muy sobre aviso. Pero creo,
a pesar de estas mortales distancias, y de nuestra
bolsa humilde, que haremos lo que nos hemos propuesto hacer, antes de cansar al país, ni de tener al
Gobierno encima. Pero hombres, Poyo; hombres que
vuelen conmigo y a mi voz; ¡qué falta me hacen dos
o tres hombres! Por eso lo quiere tanto, porque le
ve la realidad, su,

J. Marti.

2

A GONZALO DE QUESADA

Viernes, [Abril 28, 1893]

Gonzalo querido:

Le escribo de Atlanta, con muy pocas fuerzas. Le puse telegrama. De Filadelfia, muy fiel y creciente; sólo pude arrebatar a la visita y al quehacer continuo los momentos de escribir hasta el miércoles por la noche lo q. ofrecí para *Patria*. A las 12 se acabó el meeting, después de un día afanoso, y muy bien aprovechado: y a las 3, con no sé qué cabeza, estaba escribiendo sobre mis rodillas en la estación la crónica, (1) pálida de propósito, que llegaría a la imprenta el jueves muy temprano. El jueves, pues a 1ª hora faltaban sólo dos columnas y media, que por telégrafo distribuí, p' q. estuvieran el viernes temprano, entre V., Benjamín y Figueroa. Las pruebas, por supuesto, me las habrán visto con amor. Yo escribo a Figueroa, rogándole esa parte, en ayuda de V. aunque Vd. debe ayudarlo en lo que pueda. Mi tarea va a ser mucha, sea cualqa. mi cuerpo. En Cuba es mucha la intriga; y ha corrido peligro, por indiscreciones y traiciones, de caer en la trampa toda la organización. Eso me ha enfermado más. Miranda cayó en ese fermento, y yo no quise que corriera ese peligro en un situación desfavorable, que

_____

(1) Véase *Patria,* 29 de abril, 1893, pág. 2.

pudiera inutilizarlo pª otra superior, y crearle dificultades. En New Orleans no tendré momento mío.
No importa dejar correr, muy sutilmente, que he ido
a ver a Maceo.

De cualqr. modo, en N. O., (1) si no muero, dejaré al día toda mi corresponda., y Vd. me acusa recibo de cuanto llegue pª mí, y me mantiene activa la
gente con sus respuestas. Cuanto deba yo hacer, y
noticias de V. constantes, mándemelas a

S. S. Capillon D. D.
St. Ann St. bet. White and Broad St.

N. Orl. (2)

"para J. Martí".

Sobre *Patria*. *Más le escribiré*. Ahora no puedo.
Patria es su carga de Vd., y su crédito. Es bella
oportunidad, y el único trabajo que ahora le dejo:
Su influjo es real y sus columnas son leídas con estudio, y con muchos por anhelo. Imposible llenarlo de
ligerezas. Amenícemela, como yo hago en este número, para facilitar su redacción, que pesa cuando es toda idea,—y no me la saque de la filosofía de los últimos números, ni—*y esto importa mucho en estos días
de intriga alrededor de Vds.,*—caiga en la red de hacer la menor alusión personal, ni para defensa innecesaria, ni para ataque indigno de la altura a que llevamos nuestras cosas. Porque corre la esperanza
activa, *ligada con la Habana, y por el lado peor, se-*

(1)   Nueva Orleans.
(2)   Idem.

gún prueba que he obtenido en Filadelfia—de que
de Vds. se podrá sacar el conocimiento que de mí
no se puede. El mozo que mandaron a Filadelfia a
ver qué daño hacía, y el cual, espontáneamente conocido y señalado antes de mi llegada, he debido
proteger y he protegido de la persecución que se
le preparaba, me ha rodeado torpemente;—me ha
revelado que todo lo que dije, porque creí deber de-
cirlo, a cierto viajero ha vuelto en forma de pregunta
de la Habana por otro conducto, para confirmarlo, o
saber más,—y me ha enseñado el plan de ahí, que,
como el de acá, fué fingir aquiescencia y solicitar
explicaciones amistosas para llegar por rodeos a saber algo de la verdad, *que puede ir a parar a las mismas regiones de traición conocida de donde vino.*
De modo, Gonzalo, oiga lo q. cualquier buen amigo
le tenga que preguntar,—responda con lo que se ve,
que es suficiente, crecer de las emigraciones, camino
sin dificultad, y sobre todo, *y muy encargado, calle
en absoluto todo juicio desfavorable, o toda insinuación de que lo pudiera yo tener sobre la gente de la
Habana de que tenemos noticia. Que de ninguna
manera puedan asirse de ningún desvío nuestro, o
acusación clara o embozada o desconfianza para justificar la actitud que el más temible de entre ellos parece tener encargo de provocar.* Acepte sólo lo sabido del Cayo. Deme por creyente, y por amigo
incansable de los que desearían de mí pretextos p*
mostrar que yo no lo era. *Importa mucho la conducta que le fijo, que es parte de mi plan para acabar de
inhabilitar la intriga de falsa entrada entre nuestros*

amigos de Cuba, que se ha estado desde hace dos meses llevando a cabo.

Vuelvo a *Patria*. Ayúdese de Benjm. y Figueroa
pᵃ cada nᵒ. Inaugure, para lo ameno, unas *conversa-
ciones con los veteranos*, que eso se escribe al correr,
aunque ha de ser artístico, y publique una cada semana; yo, siempre, le mandaré unas dos columnas,
de editorial alguna vez. Y cuando no, editoriales
de afuera, *que en nada se rocen con nuestra situación
en Cuba*. Pero el estilo, Gonzalo, púlamelo, y los
En Casa, que pueden volver, pᵃ la circulación local,
límelos como desearía limarlos yo, a fin de que las
semillas se salven por el arte con que se dicen. Esa
es su parte. A ver qué pruebas me da sobre las dadas, de sagacidad, elevación y aptitud ejecutiva.

Marcos Morales, 433 Pine Street, quiere 6 nos.
de éste.

El periódico debe ir, desde éste al *Ledger*, al *Record*, y al *Enquirer*. Importa, *mucho*, cultivar el
campo en Filadelfia. A los cubanos, manténgame-
los contentos por la correspondencia activa.

Pida a José González, y Lucena—González, Co-
lumbia Av. 1738 dirección de fams. sobre lo q. hay
pᵃ asegurar la lista; y vea de enviar 10 nos. a las dos
manufacturas principales: Marcos y Domínguez.
¿Debo volver a decirle que para mí los *meetings* no
son más que la cáscara de la fruta, y que de Filadelfia salgo contento por otra especie de trabajos?
Y ví, a Emilio, (1) que se enojó porque no fuí a su

---

(1) Emilio Núñez.

casa, y es tan noble y juicioso como spre. Va a Cuba, y su nombre no ha de ser tocado.

Para la prensa de ahí, yo le enviaré una nota de N. O. Callemos, por razón: y lo que digamos, sea escalonado, p' evitar el desorden en Cuba, *que ha querido el gobierno ayudar y justificar con las publicaciones expedicionarias de afuera*, y p' preparar cosa mayor. ¡Cuánta red en el camino! ¡ Y cuánta astucia necesitamos! ¡Y qué Cuba tan valiente y dispuesta! ¡Y yo arrastrando la última vida de este cuerpo miserable! Pero no habré caído en vano.

Adiós, pues, *Patria* es mi encargo, y lo que ruego sobre callar y esquivar la opinión que se desea, *por todos los medios*, sobre lo de *Cuba y el o los de la Habana*. Reciba sonriente, y complacido, y calle. *La Igualdad* y *Yara* mandémelos, durante 4 días. A ver qué lindo no. nuevo, y qué 11 de Mayo.

A Benjamín, que para el otro no., si ve que la cosa gana formalidad, escriba lo q. me prometió—oportuno p' que no se nos crea grupistas,—sobre lo de la prensa,—la feria: si gana formalidad.

De las fiestas, Gonzalo, nada. Son humo para nosotros, y lo son. No existen para nosotros.

Insista en cariño personal a las gentes todas de Cuba, a troche y moche: a los literarios, siempre puntillosos: a los que tienen mérito verdadero, y miedo de que no les haremos justicia.

Vea que ya no puedo escribir más: Viendo por el camino, de tierra como la nuestra, mucha raza blanca, pensé en Angelina, que me vió con malos ojos. como a un agua-casamientos, cuando estrenó el lindo vestido lila. Y yo no soy eso, sino el amigo que más la cuida.

Adiós Gonzalo. Y piense, cuando lo molesten, en cómo vive y viaja su

J. MARTÍ.

3

Key West, Mayo 3 1893.

Suceso importante (1) Cuba confirma situación prevista por partido que sin alarde encara sereno obligaciones confirma con entusiasmo indescriptible deber unir prudencia energía Tampa Cayo locura ordenado escriban editorial solemne así conviene meeting inmediato como solicitud pueblo.

MARTI.

4

[Mayo, 1893]

Gonzalo querido:

Voy viaje Cayo, a encarar dificultades. Recibiría mi telegrama por Benjamín. Repita prensa q. el alzamiento, si es, es espontáneo, o precipitado de intento por España, pª copar la isla. Que vigilamos, y haremos—no lo que esté en el interés de revolucionarios ambiciosos—sino en el de la Isla.

---

(1)   Se refiere al alzamiento de los hermanos Sartorio.

Bajo el rubro *Antecedentes,* traduzca y publique,
extractando, desde este nº, las noticias principales
de Cuba, a partir del alzamiento. Extracte, bajo *La
prensa norteamerica* lo del Ledger, y lo q. le irá
hoy del *Atlanta Constituion.* Así se hace el periódico pronto, e interesa,

Su

M.

Por supuesto, voy sin cuerpo. Ahí escribí, al salto del tren, esas cuartillas. Cuídeme las pruebas.
De Tampa envío editorial, justo pⁿ la 1ª página: de
modo que, aunque llegue Jueves, pueden esperar por
él hta. el último momento. Urge ahora salir a punto, sale el tren.

Su

M.

5 (1)

Key West Fla. 5
Mayo 5 1893.

Gonzalo Quesada—349 West 46 St.

Fío mucho habilidad elocuencia suya meeting (2)
saque justo triunfo perspicacia partido previendo de-

---

(1)   Telegrama trasmitido por la Western Union Telegraph Co.
(2)   Se celebró el *meeting* en Hardman Hall, el 6 de mayo.
Véase *Patria,* 8 de mayo, 1893.

sórdenes revolución sacándola incólume yerros impaciencias redes comunique cablegrama resoluciones periódicos cubanos ahí.

MARTI.

6

[Cayo Hueso, Mayo, 1893]

Mi Don Gonzalo:

Emilio le dice. Llena la casa. Lleno el día. Termino en este instante los arreglos de forma de la magnífica contribución espontánea de los obreros: ya sabe $20,000 en un día. La situación nos es clara. Aquella gente, o perseguida o engañada, se precipitó: nosotros, contándolos por lo que son, y como avanzada de prueba, ni debemos ocultar la verdad, por si falla su precipitación, p* que no le quede el descrédito a la idea, invencible con los recursos de q. ahora se hace, ni de ningún modo los desamparamos ni desautorizamos. Ante la isla en armas, sin hacer alarde de esto p* q. no se sigan nuestras huellas nos preparamos a todo. No parece posible que se acorrale el alzamiento antes que, con el resultado actual de él, hayamos adquirido los recursos necesarios p* llevar la guerra mayor, tal como está acordada. Sigilo, artículo muy breve sobre esto, en que lo principal sea que el suceso confirma nuestras predicciones; y cunda este entusiasmo, igual en todas partes, y disciplinado. Se va

Emilio. Imposible escribir. El Cayo hierve a mi alrededor. Lleve ésta a Benjamín, y envíe copia a Fraga, como noticia y guía al Cuerpo de Consejo. Imagíneme. Siento mucho no ver a Lucianita.

Su

J. MARTI.

7

AL GENERAL MAXIMO GOMEZ

Key West Mayo 6 [1893]

GENERAL MAXIMO GOMEZ,

La Reforma.

Mi General y amigo:

Desde ayer, porque sólo un día ha pasado desde que lo ví, hace cerca de un año, sólo he vivido, con lo que me queda de cuerpo, para cumplirle lo que le ofrecí. No puede tener idea de mi vida. No le escribía porque Vd. me veía vivir, y nos lo habíamos dicho todo de una vez, y sólo la flor de mala tierra necesita el riego de todos los días, y usted sabía en qué andaba yo. Yo no tengo miedo de que Vd. me juzgue mal. Vd. me conoce y me quiere. La fuerza entera he gastado en poner a nuestra gente junta, en torcerle las intrigas al gobierno español, en salirme de la red que con sus visitas y espionaje nos tiende en la casa propia, en salvar la revolución

indudable de lo único que la amenaza:—de la traición de los que la sirvieron una vez, y hoy sirven al
gobierno español. ¿Y me habré yo equivocado con
Vd. y lo grande de su alma, y mi fe en que mi carta
diaria a Vd., la carta nunca escrita que Vd. recibía,
era mi vida sin sueño y sin salud, en el cumplimiento
mortal de todo nuestro deber, desde el más alto hasta
el más humilde? Vd. y su casa han vivido conmigo.
Ya me verá, ahora que voy, hecho un cadáver. Pero ha sido por ponernos en condición tal que al alcanzarme, camino de los últimos preparativos, la
noticia temida del alzamiento de Holguín, y abando-
narlo todo para tomar las riendas alborotadas en el
Cayo, he podido convertir la derrota que ya se anuncia, de los hermanos Sartorius (1), precipitados o
engañados, que debían ir en Mayo a la Reforma a
verse con Vd. y conmigo, en una víctima verdadera
en un esfuerzo tan vigoroso de las emigraciones, en
dinero y unión, que él nos dejaría con crédito mucho
mayor que el que pudiéramos perder con la presentación, aun increíble, de los holguineros. Su amenaza continua me ha tenido angustiado todo este año,
sin poder llevar mis esfuerzos a la distancia en que
hubieran dado mayor fruto. Los amigos aparentes
del alzamiento aspiraron a perturbarle a Vd. el corazón, y a destruir, vaya una manera de ayudar a la
guerra! el plan con que la hemos estado preparando;
pero caso de que, como de Cuba dicen y el raciocinio niega, se hayan presentado sin batalla y a los

---

(1)   Ricardo y Manuel Sartorio.

pocos días de alzarse los Sartorius, del entusiasmo de este suceso, y de la filosofía francamente aceptada de su fracaso posible, he sacado tal ímpetu que en verdad la equivocación de Holguín, en cuyo mal éxito no quiero creer, nos dejaría con más unión que la que tuvimos jamás, con un entusiasmo duradero y reflexivo, y con casi todo el tesoro necesario.

Imposible me es escribirle de todo. Tres días hace que llegué, $30,000 he levantado, en la cara derrota, en el Cayo sólo. He desviado la intriga contrarrevolucionaria, que, de parte de los revolucionarios aparecen, de dos o tres acomodados o vendidos, nos preparaba el gobierno desde la Habana, he convertido en triunfo el desbandamiento de nuestro pueblo, que parecía inevitable si tras tanto esperar, y ver al fin la primer luz, caía la guerra en su primer arranque, sin ver que no era la guerra lo que caía, sino la impaciencia o imprudencia de ella; no la guerra bastante y prudente. Y ahora, obedeciendo,—si me lo querrá creer—a la obligación del momento y al cariño, corro a verlo, pasando por N. York, adonde llegaré como el 15, y de donde saldré en el primer vapor, en el que más pronto me lleve a Vd.—no le explico, pues, mi primer cablegrama por el Cayo ni el que envié por Jamaica, los explicaré en persona. Después del primero, la certidumbre del descubrimiento de los Sartorius, la incomprensible familiaridad con que se hablaba en la Habana de nuestros detalles más íntimos después del viaje seguro y repetido al Cayo y a verme de Julio Sanguily, y el trastorno causado por la publicidad e impunidad

de él en la organización adelantada de la Isla, se
juntaron a mi enfermedad y la agravaron, hasta el
punto de que, aunque desde mi cama no he faltado a
todo lo urgente, estuve un mes sin poder alzar la
cabeza de la almohada. El viaje de Julio, sin resultado positivo, me desvió un mes de lo que en él pude
hacer, y, por la colecta de él en el Cayo, desmorali-
zó a los que tenía yo criados para contribución mayor, base esperada de negocios con ellas fáciles. Por
eso hube de poner a Vd. un cablegrama enterándo-
le de la situación; y, siguiendo las cosas, y estando
yo a todo, y no pudiendo llegar a Vd., lo que llega
hasta mí, y estando avisado de que el gobierno astuto se vale de amigos indiscretos o inexplicables, de
sacar la verdad de Vd., y de mí, insisto en que, por
la salvación de lo que amamos, oiga Vd. con reserva, sea de quien sea, y vaya quien vaya, lo que de
la Habana, con extrema impunidad y pretextos plau-
sibles, pudieran ir a preguntarle. Yo estaré allá, aunque sea a rastras, para el 22 de este mes. Dejo en
tanto preparado en cuanto cabe, y estudiado lo que
puede ser, y voy a sus consejos y opinión, y a ver
qué cree Vd. que conviene que hagamos en la situación que para entonces se mantenga. Hasta hoy
¿cuándo con la mano cansada de tanta pequeñez, y
seguro de su confianza y cariño, iba a encontrar
hora de escribirle las cartas que Vd. leía día por día,
en mis enfermedades, en mis caídas, en mis logros,
en mis preparaciones, en mi silencio ante las tramas
y desvergüenzas en que, negando el sol, querían en-
volverme, el nombre de Vd.? Fié en Vd., con una

fe que yo sé que está bien entendida y pagada. Comisiones, diarios, colectas, gente de Cuba, todo me
rodea en este instante, y no puedo mover apenas la
salud deshecha. Se me va el vapor. Repito mis
ruegos; lo invito nuevamente a recibir con cautela,
sin excepción alguna, por los peligros de la indiscreción de los nuestros, u otros peligros, cualquier
mensaje curioso o visita de la Habana; y voy a Vd.,
como si lo hubiera visto ayer, seguro de que fué ayer
cuando lo vi a Vd., y anheloso de verlo otra vez en
el rancho histórico para mí, y de verle la gloria de
su casa. Su

JOSE MARTI.

Me rodean, sin saber que le escribo, Fernando, Serafín, Rogelio, que ya quiere ir a Vd., todos los que
lo quieren a Vd. tanto. (1)

8

A RAMON RIVERO

SR. RAMON RIVERO.

Mi noble amigo Ramón:

Van los papeles; excuse prisa grande para Vd.
y para Martín Marrero.

Ya sabe: que organice sin violencia, sujetos, el

---

(1) Fernando Figueredo, Serafín Sánchez y J. Rogelio
Castillo.

contingente que ha de armarse—que reunan lo suficiente para armarlo;—que digan cuanto armamento; que estudien el modo de hacerlo llegar; que
abran comunicación contínua con Vds. A Marrero que le tengo mucha fe: que arregle su comarca.

Sale el correo desde Ocala. Abrace a Palma no-
bilísimo.

Su

J. MARTI.

9

AL PRESIDENTE DEL
CLUB "PEDRO FIGUEREDO"

Partido Revolucionario Cubano
  Consejo Local de Presidentes.
      Cayo Hueso.

Mayo 6, 1893.

SR. PRESIDENTE DEL CLUB
"PEDRO FIGUEREDO".

Señor Presidente:

Son bien conocidas de Vd. la gravedad y obligación de la hora presente y creería el Delegado
ofensivo a Vd. y a ese Club insistir en ello, después de la magnífica prueba que en este instante
dan todas las emigraciones.—Ruego a Vd. por ello,
en caso de que ese Club aun no haya enviado los
fondos a la Tesorería General en New York, los
remitan sin dilación, bajo dos sobres, uno certifica-

do con la letra de giro, y otro con la carta en que se anuncien, caso de que no crean más oportuno enviarlos por conducto de la Secretaría del Cuerpo de Consejo.

Con la mayor estimación y agradecimiento por la patria, saluda a Vd.

El Delegado

JOSE MARTI.

J. D. POYO.

GUALTERIO GARCIA.

Sec.

10

A MARTIN MARRERO

[1893]

SR. MARTIN MARRERO.

Querido compatriota:

Convencido de su patriotismo y aptitudes me dirijo a Vd. Tenemos que salvar la Patria, y para ello es necesario buscar, recoger y organizar este movimiento separatista, que en Cuba desordenadamente brota; para afrontar una revolución que será tanto menos duradera y dolorosa, cuanto mayor y unánime sea el esfuerzo empleado: armar a los decididos, convencer a los indecisos y avisar a todos los buenos, para que no sean sorprendidos; esa es la misión que a Vd. le queda encomendada.

Estos trabajos se harán aisladamente, y para ello
en cada Término Municipal habrá un delegado, el
que se concretará única y exclusivamente a su Término, sin conocer ni relacionarse con los trabajos
de los otros. No obstante ésto, llegado el momento,
el movimiento será unánime, simultáneo en toda la
Isla y ésto se hace con el fin de que si por cualquier causa es sorprendido uno, el gobierno no tome el hilo de la conspiración.

Para la dirección y vigilancia de estos trabajos,
habrá un Delegado General para toda la Isla, con
poderes para resolver en todos los casos, el que
trasmitirá las órdenes por conducto de los Delega-
dos Provinciales, con el que cada uno de Vds. se
entenderá directamente. Y para facilitar su cometido queda Vd. autorizado para hacer recolectas y
utilizar todos los medios hábiles que estén a su alcance.

Saludo a Vd. y en Vd. a todos los buenos cubanos de su Término.

JOSÉ MARTI.

11

A J. A. LUCENA

[1893]

SR. J. A. LUCENA.

Mi amigo Lucena:

Leo con gusto, a pesar del tema penoso, su carta

de hoy, y sin las proporciones que da el cablegrama, ni el carácter de intentona aislada que se des-
prende de él, bien puede ser que haya algo de verdad en lo que dice. Estamos, mi amigo Lucena, en
revolución. Pero mal soldado me haría Vd. si se
me aturde con las primeras noticias del enemigo, o
se me rinde porque de un encontrón se le salió el
cabo al machete. Nada debe hacerse, y en el Partido Revolucionario nada se hace sin que, en lo humano, las desventajas sean menos que las ventajas.
La importancia de este suceso ya saldrá, y no cabe
en mí tratar de ella. Pero la prueba irrefutable de
actividad y energía en la obra revolucionaria que
va en suceso tal, y el ánimo que ella ha de traer a
la masa sorda o indiferente del país compensarán
—ya lo verá Vd.—desde ahora, caso que la noticia sea cierta, todos los males que del suceso pudieran resultar. Por los hombres habría que sen-
tirlo, por los hombres acaso muy valiosos. Pero
cuando se está dispuesto a morir, se piensa poco en
la muerte, ni en la propia ni en la ajena. Estamos
en guerra. Con el dolor y la sangre, lo mismo que
los hombres, nacen los pueblos.

Dispense, pues, Lucena amigo y tenga o no enojo público, para después del 10 se irá a Filadelfia,
y lo verá a la larga en casa de hombre honrado su

JOSE MARTI.

12

AL PRESIDENTE DEL CUERPO DE CONSEJO

Nueva York, Mayo 25, 1893.

Sr. Presidente del
Cuerpo de Consejo.
[Nueva York[
Señor Presidente:

El peligro de guerra precipitada que acaba de co-
rer Cuba, el justo temor de que a cada instante
pueda estallar en Cuba la guerra que hemos de
auxiliar enseguida, la decisión y obligación del Partido de estar en todo momento preparado para ac-
tuar con vigor y rapidez en el instante en que se
decida la guerra, y la importancia de no revelar al
enemigo, por la hora de la colecta la hora de la acción, son razones que sin duda parecerán suficientes
a los meritorios clubs de ese Consejo para recomen-
darles, caso de que no lo hubiesen hecho ya, el
depósito de los fondos de guerra en la Tesorería
Central, donde está hoy ya enviada espontáneamente por los Clubs, la mayor parte de ellos.

Seguro de que los Clubs de ese Consejo se es-
forzarán inmediatamente, dada la fe que inspira-
mos y el peligro del país, en llenar de nuevo el Tesoro que deje vacío la remesa a la Tesorería Central, saluda en Vd. a los Clubs,

El Delegado,

JOSE MARTI.

13

AL GENERAL ANTONIO MACEO

New York, mayo 25 de 1893.

Sr. General Antonio Maceo.

Mi amigo y general:

No empiece por extrañar la letra ajena, porque mi compañero de trabajo es su amigo de Vd., Gonzalo de Quesada, Secretario hoy de nuestras labores y esperanzas a ver si volvemos con la ayuda del país a rematar lo que Vd. comenzó con su valor incomparable: le pide otra vez la patria, como va Vd. viendo, todo su bravura. Pero ni por mano de este amigo querido le escribiría, sino por la mía propia, a no ser que estoy en cama, sin moverme más que para las obligaciones.

Mañana tomo el vapor, con rumbo a Vd., aunque parándome por el camino a arreglos previos, y espero, sin aparato y anuncio de ninguna especie, estar en Puerto Limón del 15 al 30 de junio.

Ardo en deseos de verlo. Ya le escribí de Nueva Orleans, a Vd. y a Flor. Ya sé que Vd. me conoce el alma bien, y que sólo espera de ella lealtad y cariño. Con igual tesón vigilo por nuestra Patria, donde no hay problema que no se pueda resolver con honor y justicia,—y por la gloria de los que la han creado con sus servicios. Precisamente tengo ahora ante los ojos "La protesta de Baraguá", que es de lo más glorioso de nuestra historia.

Vd. sabrá algún día para lo que vive este amigo de Vd.

¿A qué hablarle de lo de Holguín, ni de nada, si nos vamos a ver? Mejor ha sido que me detuviera la noticia cuando iba a verlo a fin de abril, porque hoy estamos ya sobre seguro, y ahora podemos hablar con la concordia de las horas grandes, como si estuviéramos ya más cerca de las cosas.

Si Vd. quiere hacerme alguna observación previa a mi viaje, aunque ya conoce mi sencillez y discreción, y que procuro estar a todo, escríbamela a Jamaica, por cualquiera de los amigos, que por allí creo tener que pasar.

A mi amiga María, la más prudente y celosa guardiana que pudo dar a Vd. su buena fortuna, dígamela otra vez todo mi respeto y cariño. Ahora volveré a ver a una de las mujeres que más han movido mi corazón: a la madre de Vd.

Seguiría conversándole, pero el quehacer es mucho. Espéreme con los brazos abiertos, que ya yo sé por mi cuenta que lo único que pudiera faltar a Vd. es la ocasión, que ahora se renueva, de mostrarse grande. A sus hermanos, y a los míos, todos cuantos cubanos viven por ahí, saluda cariñosamente en Vd. hasta el día de mi callada visita, su amigo,

JOSE MARTI.

DE *PATRIA*, NUEVA YORK

27 de Mayo, 1893

El Partido Revolucionario a Cuba.

EL PARTIDO REVOLUCIONARIO A CUBA [1]

La patria es sagrada, y los que la aman, sin interés ni cansancio, le deben toda la verdad. Cuando acaba de sorprender a Cuba el alzamiento aislado de un grupo rebelde que sólo pudo durar en el campo el tiempo necesario para que apareciese nula su tentativa, pujante el gobierno, abandonada la idea de independencia y supremo el influjo de los amigos de la paz, o para que el fracaso aparente de la rebelión aturdiera o desbandase las emigraciones dispuestas a auxiliar la guerra por donde Cuba entre en el goce de sus capacidades y su suelo,—cumple al Partido de la revolución, censor enérgico de toda rebelión parcial o insuficiente, declarar que el alzamiento de Holguín, que a mantenerse en armas habría recibido su ayuda, como cualquier otro por donde el país mostrase su deseo de ser libre, no obedeció a orden ni consejo del Partido Revolucionario Cubano, creado y regido por el voto de las emigraciones unidas, en un plan hostil al despotismo y el desorden, para allegar todos los elementos de emancipación que existan dentro y fuera de Cuba; para impedir que se trastorne el país, sin propósito adecuado a sus

(1) Aunque este manifiesto circuló profusamente en hoja suelta salió publicado en *Patria* del 27 de mayo de 1893.

necesidades y cultura, o recursos bastantes a realizar el propósito; para salvar la guerra, patente en los corazones, de los yerros naturales y corregibles de la primer República, y para ordenar, con anuencia de la Isla, el levantamiento vigoroso y total que cambiará por fin en nación equitativa y trabajadora a la colonia desesperada y miserable.

Reciente aun el alzamiento de Holguín, no puede de seguro decirse que fuera causa de él la precipitación heroica, sorda a veces a la más cariñosa prudencia, o un ardid del gobierno de España, que, conocedor del espíritu de la localidad, la forzó a rebelión antes de que madurase y cundiese, o cualquiera otra causa impenetrable, cuyo resultado único ha sido robustecer en los cubanos del extranjero la fe entusiasta en el plan de orden y extensión con que se ha de intentar la independencia, y en los de Cuba el respeto a los que de afuera han ligado al país con tan repetidas y sinceras declaraciones en este plan formal, que cuando surgió la rebelión escasa o misteriosa, reservó sorprendido su concurso, hasta que se les vieran las relaciones a los cubanos alzados, o desapareciese el misterio. Un partido ambicioso, que temiese comprometer con declaraciones francas una popularidad indigna cuando a tal precio se la compra, pudiera aguardar a más amplias noticias, esquivando declaraciones expresas, o alimentar en sus prosélitos impresionables la creencia, útil al entusiasmo, de que fué suyo el alzamiento de Holguín; pero ni los acontecimientos en que va la vida de los pueblos pueden dejarse al azar, a que los comente y trastorne la de-

sidia malévola, o la cobardía disimulada, o el interés
venal, o el pavor de los que ven amenazadas su bo-
chornosa prominencia o sus satisfacciones pueriles
en una sociedad donde el honor anda descalzo y sólo
prospera quien se ayuda o beneficia del delito ambiente, o reduce el alto espíritu o el caudal salvo al
trato violento con las leyes y las costumbres inmo-
rales; ni desea de auge falso un partido que tiene su
poder en el decoro, más potente por reprimido, de
los cubanos de la Isla, faltos sólo del auxilio que les
pueden llevar sus compatriotas más libres, en el irreductible conflicto del interés urgente de Cuba y la
composición colonial de España, y en el espíritu de
concordia superior a toda malicia, con que depone la
ayuda del extranjero ante los cubanos del país, a que
disponga él sus formas y poderes, y liga en fusión
piadosa y sagaz, esperanza del pobre a la vez que
garantía del rico, a los cubanos de más opuestos
grados de riqueza y cultura, que ven un verdadero
peligro, y síntoma de caquexia moral, en la intentona
de crear en un pueblo de América, donde la inteligencia y la aspiración no son patrimonio de una minoría soberbia, una sociedad de categorías que al
gozo viril de componer en justicia su pueblo resca-
tado, prefiera servir de apoyo al opresor que corrompe a su patria, por no abrir sus vidas medrosas
a la fatiga de creación del mundo nuevo, ni reconocer a sus conciudadanos todos el derecho que les
viene del buen uso de sus capacidades naturales, sello
único de la autoridad entre los hombres. Ni a la
demagogia ni a la pasión debe su fuerza el Partido

Revolucionario, sino al concepto y análisis de nuestros problemas, al propósito de convertir en agencias útiles los errores del pasado, y al cariño y respeto con que junta a los cubanos que en la Isla desesperan sin ayuda ni voz, con los desterrados cuya culpa única será ante la historia aprovechar su libertad del extranjero para auxiliar a su patria inerme. Ni puede el Partido Revolucionario permitir que el ánimo de la Isla, robustecido desde que conoce el plan ordenado de las emigraciones para su independencia, desmaye al creer culpable de ligereza o deslealtad al partido único de que puede esperar su inmediata redención. Cree el Partido Revolucionario que la revolución no se ha de intentar hasta no haber allegado los acuerdos y recursos necesarios para su triunfo; pero sabe también cómo la patria padece y piensa; y si el pundonor o el genio estallan, y los cubanos levantados desafían el poder que una banda atrevida burla felizmente desde hace años, nada podrá sujetar la rebelión que aguarda impaciente —oculta sólo a los que no la desean— en el alma de la Isla, ni el auxilio dispuesto de las emigraciones, que indignadas pasarían sobre quien quisiese negar a los sublevados de Cuba el oportuno amparo. En el desorden del noviciado volvería así a nacer la guerra inevitable; y el deber del partido creado para ayudarla, sería acudir a ella velozmente, a ahorrar sangre y yerros. Llevará a Cuba su auxilio el Partido Revolucionario; lo pondrá en manos del país, con asombro sin duda de los que sólo esperan grandeza de los hombres cuando conviene a su interés:

y como soldado y ciudadano, no como intrigante ni
dueño, seguirá la marcha de los ejércitos libertadores.

¿Qué es el Partido Revolucionario Cubano? España, o la villanía, intentará sin duda propalar, contra la declaración expresa, y tanto privada como pública, de los cuerpos del Partido y de sus representantes, que la obra unida de todas las organizaciones cubanas, desde la ciudad poblada a las puertas
habaneras con recién llegados de Cuba, hasta los
rincones recónditos donde resucita por toda la América el valor errante,—la obra en que las emigraciones, divididas en la primer guerra, juntan unánimes, bajo su representación electa y responsable, los
medios de llevar a Cuba el auxilio necesario para que
ella establezca, sin presión ni invasión, la República
libre,—la obra en que los revolucionarios históricos,
aun los de fama más personal y agresiva, se congre-
gan con nobleza admirable en una constitución admirable, en una constitución republicana para ofrecer
a la Isla impotente la guerra robusta y respetuosa,—la obra que viene a encauzar, después de larga
espera y necesarios errores, el pensamiento de guiar
la revolución, con pruebas de hecho, de modo que no
la tuerzan o mancillen las disensiones o la idolatría
por donde padecieron en tiempos distantes las Repúblicas de América,—la obra donde trabajan a la vez
todos los cubanos libres, sin lisonja al vano ni paga
al vil, sin reparto inmoral de poderes futuros, sin
más autoridad que la que arranca del voto individual
en las emigraciones, sin más anhelo que el de procurar a la Isla los medios de lograr en una guerra

fácil la posesión de la patria detentada, y el derecho
de levantar la frente entre los hombres,—no es más,
acaso, que la empresa pueril de un soñador de revoluciones, que tiene atrás, por armada única, una
aldea vocinglera. ¡Así puede la maldad pintar ante
los cubanos confusos de la Isla la empresa pura y
potente en que los cubanos todos de tierras extranjeras se han unido, desde los generales sazonados de
ayer hasta la juventud recienllegada de Cuba, para
ofrecer una vez a su patria los medios de ser libre!

Si en Cuba hubiese vías actuales, o cercanas al
menos, de suficiente mejora; si no desfalleciera visiblemente el carácter personal, base única del bien
público, en la existencia de ocultación, mendicidad y
bochorno, que allí con raras excepciones se vive; si
en un plazo racional pudiera esperarse de una metrópoli prudente la libertad necesaria para entrar a
tiempo en el concierto de los pueblos con que ha
ligado a Cuba la naturaleza; si no fuese preciso, para
hacer a Cuba feliz bajo el gobierno español, nada
menos que la mudanza total e imposible de una nación basada sobre la explotación de las colonias, en
un pueblo capaz de sacrificar a la justicia las únicas
fuentes de riqueza que nutren sus empresas, remozan
sus ciudades, agabelan a sus políticos y sustentan
su pueblo inquieto y desocupado,—pudiera el ideal
sumiso de la emancipación, como pálido recuerdo de
perdida gloria, o visión vaga de lo porvenir, ceder,
sacrificado, ante la libertad, siquiera incompleta, que
se podría obtener sin riesgos y sin sangre. Pero
cuando, después de la lección suprema de la guerra

de diez años, repite y afinca el gobierno vencedor,
so capa de falsas libertades que deshonran a quienes mentidamente las invocan, los agravios que llevaron a las armas a los que sólo fueron vencidos por
su desorden e inexperiencia; cuando la importación
continua de la burocracia corrupta e incapaz de España y la protección creciente al peninsular inculto,
reducen a la miseria al padre criollo, que en vano
busca empleo, salvo con grande y extraño favor, o lo
compelen en plena paz al destierro voluntario; cuando la guerra sube silenciosa, hombre por hombre, de
cada campesino a quien priva del sustento el soldado
que le oprime, de cada obrero a quien desaloja el
competidor de la península, de cada desheredado que
trabaja de peón en la comarca donde su padre des-
poseído murió por la libertad, de cada mérito vencido
sin lucha, en la guerra sorda del peninsular preda-
torio contra el cubano maniatado; cuando la guerra
impalpable por su misma verdad y extensión, puede
venir a ser, por punible desidia, el consorcio de la
rebelión novel y un auxiliar burdo e interesado,—urgente es que, en el general descuido, vele el Partido
Revolucionario para que el país, que se rinde al azar,
con la guerra en el alma, halle abierta a su hora la
vía de la emancipación. ¿Quién, si no, lo salvará
de la política concesionaria, que nunca llegará, aun
en sus mayores triunfos, hasta privar al peninsular
en Cuba de su supremacía, y dejará languidecer al
país, fuera de su aptitud y de su época, bajo la liga
inmoral y satisfecha de los beneficiarios españoles y
un número exiguo de beneficiarios cubanos, servidos,

de cerca o de lejos, por los que de España se valen
como de barrera contra la igualdad, triunfante ya
por todo el universo, de los derechos humanos?
¿Quién, si no, salvará a Cuba de la revolución ven-
gativa o déspota?

No existe, pues, el Partido Revolucionario como
el tesón ilegítimo de ideólogos marciales, por más
que siempre se ha de considerar de mejor ley procurar el bien de un pueblo en la libertad de sus
moradores que servir de instrumento al opresor incapaz del pueblo en que se nació; sino que es el
Partido—fruto del profundo estudio de las fuerzas
y vicios de nuestra revolución—la liga espontánea
y unánime de las emigraciones cubanas, en un plan
de sufragio y responsabilidad madurado y aprobado
por todas, para atesorar el caudal de la guerra de
independencia, y librarla desde sus arranques del
misterio y capricho que suele, después de la más
santa rebelión, pagar el pueblo incauto con el gra-
vamen injusto de su hacienda, o la merma, cuando
no la ruina, de sus libertades.

No desea el Partido Revolucionario, desconocien-
do el carácter humano y las lecciones de la guerra,
ocultar por pasión o ignorancia los peligros de la
lucha en Cuba, no mayores que aquellos de que pueblos semejantes se salvaron en época pasada e inferior, y preferibles siempre, dado lo fácil del remedio en suelo propio a los males incurables y cre-
cientes que los provocan; pero el Partido aprende a
confiar en la historia serena, que relaciona los detalles y los juzga por la ley que los rige y por su

composición final y beneficiosa,—en la historia que
concede a los pueblos el derecho de balbucear, previo al de hablar, y otorgar a los hombres a la vez el
don de errar, y el de arrepentirse.

No ignora el Partido Revolucionario las dificultades y obstáculos de la guerra de independencia contra el último poder de España en América, y los esfuerzos que aun puede hacer su autoridad caduca en la nación que con la colonia pierde
su primer sostén, y en la Isla, en que le falta ya el
corazón, antes engañado, de los españoles que hoy
en gran número prefieren la desaparición del gobierno que los esquilma a asesinar su propia libertad en el pecho de sus hijos.   Y el Partido, sin prisa
ni ilusión, allega los recursos indispensables para
poner, sobre la colonia expulsa, la República donde
puedan vivir en paz cubanos y españoles.

No intenta el Partido Revolucionario una guerra
de invasión, que cayese sobre la Isla hostil a ensangrentarla sin su anuencia, o se arrogase la facultad
que en el trastorno del país reside principalmente,
—fuera del título igual de la indignación, fuera del
clamor del hijo huérfano y el corazón privado de
todas sus raíces, fuera del derecho de todo ser humano a recobrar la patria en que no puede vivir con
honor, fuera de la potestad de todo hijo de Cuba a
rebelarse en ella contra el Gobierno que la estanca y corrompe—en aquellos que pudieran tener por escasa la fuerza de la Isla en que habitan, ante el poder de cuya venganza no sufrirían,
sin embargo, más que los que, dueños ya en el ex-

tranjero de su libertad individual, no hallan paz en
ella si no la usan para ir a conquistar la de sus hermanos.   No es que la emigración intrusa quiera llevar a Cuba la guerra que condene el país, y a la que
no podrán oponer la moratoria de una independencia más lejana los que con sus actos la estorben y
desmientan, y empleen en su descrédito el favor que
deben a su tácito culto; ni es que un cayo de cubanos
ínfimos, de los menos letrados y vistosos, usurpe a la
mayoría residente de la isla el poder de decretar la
hora y carácter de la revolución; es que los cubanos,
libres en el destierro de la desconfianza y espionaje
que impedirán en Cuba siempre el ordenamiento de
la guerra, cumplen con su obligación, todos a la vez,
—haciendo afuera lo que el país no puede hacer
adentro,—de allegar las voluntades y recursos necesarios para conquistar la independencia que desea la
Isla.   El Partido Revolucionario puede disponer, y
dispone, la guerra que Cuba, ceñida del mar y celada
por la traición, no puede preparar por sí; pero si la
patria desoyera su ofrecimiento y le echara atrás el
brazo, el Partido Revolucionario acataría la voluntad de la patria.

   Con honradez igual habría hablado el Partido a
las emigraciones, a haberse podido convencer de que
la Isla se negaba a la guerra; y si por la respuesta
a su investigación respetuosa no tuviera conocido el
asentimiento del país, el Partido no se habría consi-
derado con causa para existir, porque la más noble
pasión debe ceder el puesto a las realidades que la
hacen inoportuna o imposible.   Los cubanos expa-

triados, por justo que fuera su móvil, no tendrían el
derecho de organizarse para una guerra que la Isla
rechazara; pero como en Cuba es unánime el deseo
de la independencia, y poco más que unánime la
convicción de que una guerra de unidad y de recursos, que no tiene hoy por qué durar y dividirse como
la primera, derribaría fácilmente a un adversario
cuya única fuerza está en la conformidad de los que
se le pudieran oponer, el Partido existe, seguro de
su razón, como el alma visible de Cuba, harto crecida
para no desear empleo a sus fuerzas, y sobrado prudente para lanzarse a empresas temerarias. No pudiera el Partido Revolucionario, que congrega en su
seno a cubanos de las más apartadas residencias,
ostentar a las puertas de Cuba tal vigor, si la continua comunicación con ella no le trajese un germen
de entusiasmo comparable a la flojedad que le ven-
dría de la opinión contraria. En vano España, o la
villanía, tacha de réprobos, o poco menos, a los cubanos emigrados que a costa de sus vidas y hacien-
das ofrecen a la patria, apta ya para la libertad, los
medios de conquistarla, sin pedirle más premio que
el honor de haberla servido como hijos: en vano se
procuraría hacer recaer sobre las emigraciones de
hoy, unidas de antemano para armar y ayudar sin
tasa al ejército de la revolución, la censura que la
emigración de ayer, culpable sólo de confusión pri-
meriza, mereció por su falta aparente de auxilio en
la guerra anterior. Porque no ayudaron se censura
a aquélla, y no se ha de censurar a éstas porque
ayudan. Recienvenida de Cuba es la mayoría de

las emigraciones de hoy, y a los cubanos constantes
del primer destierro ha unido su ímpetu la generación
actual: asociaciones hay en el Partido Revolucionario formadas por los desterrados voluntarios de
uno y otro pueblo de Cuba, y alguna hay, de expatriados recientes, en que está el pueblo todo: pueblos
enteros han emigrado en estos años últimos de la
miseria e hipocresía de aquella vida: con entrañables
voces saluda la isla agradecida a los que limpian la
vía de la guerra de los riesgos de desorden, localidad o mando flojo o excesivo que en los largos
ocios que le permitió la emigración pausada, minaron
y rindieron la guerra primera. Defrauda a Cuba
quien le describa las emigraciones como resto enco-
nado de la pasión de otros días, en vez de loar el
espectáculo de un pueblo que en los errores de la
primera tentativa ha aprendido la disciplina y tole-
rancia esenciales al triunfo: defrauda a Cuba quien
describa las emigraciones de hoy, donde los más humildes oficios se igualan en grandeza a las altas for-
tunas, como cohorte de voceadores que va detrás de
un empírico revolucionario. Las glorias todas de la
guerra, libres en el extranjero, están en el Partido
Revolucionario Cubano; en él los jefes de ayer, des-
agraviados con la fructuosa unión de las emigraciones, fraternizan, soldados todos, con los que antes,
en noble impaciencia, tenían por pocos amigos.
Unense en el voto, a elegir su representación, docto-
res y obreros, fabricantes y mecánicos, comerciantes
y generales. Junto al íntegro Presidente de nuestra
República, espera ansioso, puesto a la mesa de una

industria humilde, el bachiller descontento de su
inútil diploma: y el hijo de padre ilustre no cree tener
cedido su derecho de cubano porque nació de seno
valeroso en los montes libres, y no pudo vivir en su
tierra, satisfecho con menos honor. Ni a los cubanos de ayer se ha de negar el derecho de opinar
sobre su país, porque sangraron por él diez años en
la guerra: ni a los cubanos de hoy, porque, en busca
de asilo para sí y salvación para la patria, cruzaron
hace poco el mar. Los emigrados, sin más anhelo
que el de servir a sus compatriotas impotentes, ordenan la rebelión que no pueden ordenar ellos, la
salvan de los peligros que pudieran hacerla temer, y,
en el instante en que la Isla desvalida parece a
punto de abandonar su porvenir a la revuelta sin
concierto o a las tinieblas de la nada, aprontan la
guerra unánime con que el país puede lograr su libertad. El decida.

La separación de España es el único remedio a los
males cubanos. Redundancia fuera describir el estado del habitante de la Isla, criollo o peninsular,
bajo el gobierno que distrae de la producción del
país el tesoro con que lo tiraniza, y cobra en las in-
númeras formas del soborno en presupuesto silente,
más dañino por la inmoralidad que fomenta que por
los caudales que acapara. La consideración de hermanos, que se han de guardar siempre los hijos de
un mismo país, y la esperanza legítima en el reconocimiento final de su error, aconsejan dejar a su
propia censura los actos de prolongada conformidad
de los cubanos que han fallado en entender que el

único problema real de Cuba está en el conflicto
entre la aspiración del cubano a regir su propio
suelo, y la incapacidad en que España estará siempre, por su resguardo e interés, de entregarle con el
gobierno del país los privilegios en que mantiene a
fuerza de armas a la población peninsular. Sin im-
plicar que en el día de la República sean lastimados
en su derecho de hombres nuestros padres peninsu-
lares, condueños de la Isla por nuestro nacimiento,
bien puede decirse que todo el caso político de Cuba
está en la lucha por el predominio entre el cubano y
el español. De sobra habrá siempre en tierra tan
despoblada y rica espacio para el español trabajador, y el comercio legítimo de la península tendrá
mercado constante en nuestras costumbres; pero
debe cesar con la independencia del país, modo único de obtenerlo, la injusta exclusión de los cubanos
de las vías todas de la vida, en provecho del español favorecido. Pasea arrogante el necio o el aven-
turero por las calles donde solicita empleo en vano
el mérito criollo, y expira el cubano insigne a los
pies del politicastro tahur, el gozoso militar y el juez
comprado. La necesidad fatal habitúa al criollo a
la dependencia, y aun a la gratitud indebida, del
español que posee lo más de la riqueza pública. O
se come el pan con manchas, o no hay pan que comer. Buscan los políticos de la paz en leyes lentas
de elecciones,—leyes de perpetua servidumbre bajo
la máscara de sus formas, que a lo sumo no vendrían
a ser más que modos perfectos de suplicar a un interés contrario—el remedio a la perversión creciente

y al desahucio de los naturales. Empléanse en servir al gobierno desmoralizador, con pretexto de combatirlo, las fuerzas que debieran emplearse en ordenar los ánimos para la defensa. Vive una minoría
medrosa o complaciente, encarada a la patria deshecha, en las delicias del acomodo o la calma de la
dejadez. Los mismos campesinos que aparecen ar-
mados en defensa de España, confundiendo con esta
fidelidad monstruosa todas las bases de la moralidad, más cargan armas por quitarle oficio al guardia español, harto caro en los campos a sus prote-
gidos, y para salvar las propiedades que el gobierno
no le puede defender. Se cae la patria a pedazos.
Fatigado el espíritu, y sin salida visible a tanta angustia, llega el cubano, sólo en su vergüenza, o satisfecho en la contemplación de su virtud inactiva, a
oir indiferente el clamor de su alma propia, como
el presidiario de más blandas entrañas oye por fin
sin temblar los alaridos del infeliz a quien las varas,
al son de la música, desgarran las carnes desnudas.
—En vano se pedirán a un dueño armado e impe-
rioso las leyes que han de arrebatarle la prosperidad
y el poder.

Pero está la separación de España y Cuba, para
bien final de España misma, impuesta por más alta
razón que la de sus intereses encontrados, la burla
del derecho criollo y la postergación del país; y es la
del espíritu y fin diversos de ambos pueblos, y su
grado distinto en la composición social. Cuba,
amaestrada en la guerra, la expatriación, y la estrechez misma de sus hijos, en la isla para desarrollar

la riqueza de su suelo y el vigor de su mente, más
servido que herido por la mezcla de sus razas, es un
pueblo superior, como entidad contemporánea, a
pesar de su heterogénea y peculiar formación, a la
nación española, que con su pueblo inerte en su or-
ganismo feudatario, vuelve, bajo el remedo superficial de las formas políticas extranjeras, a la verdad,
retrasada por siglos, de sus nacionalidades originales
y diversas, fuente lenta y única de su reconstrucción,
cegada en el arranque de la independencia contra el
moro para alzar sobre ella la unidad que mantuvo,
más que la misma religión triunfante, el botín des-
lumbrador de las Américas. Sobre las Américas
quedó constituída la nación española, maleando desde
la raíz su forma nueva con el azar y el ocio; y fuera
de los siervos pegados al terruño, o los mercaderes
que del descubrimiento habrían de aprovechar, buscó
en las aventuras americanas y sus oficios lucrativos
un rendimiento más pingüe que el del solicitante re-
mendado en la corte oscurecida de capas y sotanas.
Con el subsidio colonial quedó desde el nacer vicia-
da la monarquía española, que quebrará su forma
inútil antes que pueda desprender de la constitución
nacional—basada en el tributo de las colonias—el
hábito y necesidad de dependencia, de los empleos y
comercios impuestos, para sostén de la península
holgadora, a los países americanos. Desprovista
España de trabajo real y directo con que nutrir su
población emigrante, su milicia larga y levantisca, su
numerosa magistratura, su gentío universitario y bu-
rocrático, la excrecencia toda de una monarquía que

desaparece sin realizar la unidad para que fué crea-
da, echa hoy sobre Cuba,—sin tiempo, modos ni voluntad de sustituir sus bases coloniales,—el peso que
antes repartía por el continente, y no aligeran siquiera las industrias que con el ímpetu del siglo le
han ido naciendo, y en el trato con Cuba tienen su
sostén forzado y principal. Cuba, en tanto, encla-
vada entre ambas Américas en el crucero del porvenir, ve a sus puertas al mundo hervir y mudarse,
los canales abrirse, el comercio de sus frutos crecer
en manos libres, ligarse por tierra y mar con sus únicos mercados los pueblos de su misma producción y
clima, mientras sus hijos, dotados con especial favor
por la naturaleza, disciplinados en la guerra y la expatriación para el gobierno propio, y en las sorpresas de la suerte y la larga escasez para el trabajo,
unidos, a pesar de sus simientes de odio, por la evidencia de su mérito común y su impetuosa aspiración
a la cultura, desfallecen en impuesta ociosidad, ata-
dos a un pueblo elemental y lejano, cuya subsisten-
cia depende de sus colonias sofocadas. El porvenir
feliz de uno de los países ventajosos del mundo en la
época más propicia de la libertad y el trabajo de
los hombres, se estanca, aislado en el progreso veloz,
y se pierde acaso para siempre, por mantener a un
gobierno que ofende y empobrece a sus súbditos, por
abastecer la población ávida del pueblo que lo opri-
ne, y por orlar de palacios las calzadas de Barcelo-
na y Santander. No puede Cuba, dispuesta ya para
el progreso libre en el mundo americano, seguir de
peatón de un pueblo europeo, reino oscilante o re-

pública militar, que retrograda, tras siglos estériles de holganza y tiranía, al período de fomento de sus nacionalidades rudimentarias.

La independencia, sin embargo, pudiera temerse, si de ella hubiesen de venir peligros mayores que la ruína y degradación que la hacen deseable, o si crease conflicto alguno que no fuera, en cualquier forma política, natural e inevitable desenvolvimiento de la sociedad cubana,—capaz, con el simple trato equitativo entre sus miembros, de convertir en grande fuerza nacional los elementos que sólo podrían hacer peligrosos la arrogancia y la injusticia. Son suma los pueblos de las aptitudes de sus hijos: y Cuba habrá de ser,—con el ímpetu de la libertad, la exención súbita de sus tributos onerosos, la conversión al peculio nacional de los caudales que hoy paga al vicio y la tiranía, y el retorno de los cubanos hechos a la dificultad y la creación en la aspereza del destierro,—conjunto robusto de la laboriosidad, moderación y empuje de que en el mismo país oprimido, y en los pueblos más agrios de la expatriación, ha dado muestra, humilde o culto, el criollo cubano. Llega Cuba a la vida de América, por sus hábitos de trabajo, disciplina liberal, extensas peregrinaciones, mejoras modernas, aspiración pública y feliz geografía, con elementos muy distintos por cierto del patriciado indolente, las constituciones postizas o teocráticas y el campo inculto e inaccesible que estorbaron, con conflictos en su mayor parte ajenos a Cuba, el desarrollo, en una época sin luces y sin vías de las primeras Repúblicas Americanas. En la guerra y en los primeros años de la paz tuvieron los Estados Unidos, puestos a menudo de ejemplo inimitable ante oyentes crédulos, los mismos celos, traiciones y desdenes, las mismas disidencias, rebeldías y conflictos, las mismas intrigas, cábalas y crímenes que pudieron haber afeado nuestra guerra, o nos afearán la República mañana.—De padres de Africa, ignorantes y sencillos, ha nacido en el país gran número de cubanos, tan aptos por lo menos para el arranque original y productor de un pueblo naciente, como aquellos de color más feliz que en la desgracia y el trabajo no hayan purgado su sangre de soberbia y molicie; pero el amor engendrado entre unos cubanos y otros en los diez años de guerra, el lazo natural que para siempre liga al cubano esclavo con el que lo rescató de la servidumbre, los méritos de trabajo, orden y generosidad por donde el liberto, en condiciones desiguales, se ha mostrado tan capaz y bueno como su señor antiguo, y el adelanto rápido y afanoso de los cubanos redimidos, más que los casos patentes de cultura extraordinaria, son hechos de influjo social superior, para la paz y asiento del país, a la inquietud que pudiera causar el deseo vehemente de salvar las vallas que en todo color se dejan al fuero privado, o la negación sistemática y ofensiva del alma igual del liberto, y del respeto público que se ha de tributar a su derechos, talentos y virtudes.

Pudiera también el que quisiese alejar de la Isla el estudio, en todos los pueblos creciente, de los problemas de la sociedad contemporánea, ver con temor innecesario las garantías más firmes de la paz, que

son el debate franco de las aspiraciones del hombre,
siempre al fin conformadas a la realidad y a su naturaleza, el deseo brioso de toda especie de mejora-
miento, por donde los pueblos se salvan de la anemia
y de la tiranía. Sólo la opresión debe temer el ejercicio pleno de las libertades, y apenas hay espectáculo más noble que el del hombre descontento de
la iniquidad del mundo, ni almas más puras que las
que, adórnenlas o no fortuna o letras, buscan se-
dientas el alivio del dolor humano. Ancha es la tierra en Cuba inculta, y clara es la justicia de abrirla
a quien la emplee, y esquivarla de quien no la haya
de usar; y con buen sistema de tierras, fácil en la
iniciación de un país sobrante, Cuba tendrá casa
para mucho hombre bueno, equilibrio para los problemas sociales, y raíz para una República que, más
que de disputas y de nombres, debe ser de empresa
y de trabajo.—El español por su parte, sin ver que
es padre nuestro, ni meditar en la hermandad de aspiraciones que une al cubano rebelde a los abusos de
sus dueños, y al peninsular que de ellos padece como
él, podría temer el desborde de un odio que jamás
se asiló en pechos cubanos; pero será vano su miedo,
porque de Cuba sólo se ha de desarraigar el gobierno que la aflige y el vicio que la pudre, no el hombre
útil que respete y ayude sus libertades: y si la pasión quisiese vengar en las cabezas inocentes los crímenes del gobierno vencido, habrá sobrados pechos
que se pongan de escudo entre el inocente y la venganza.

La impericia republicana, natural en las mismas

clases cultas de un pueblo donde el deseo tímido ad-
quiere en el estudio literario la noción de la libertad
que todo niega alrededor, puede inspirar en los cubanos teóricos el miedo de trastornos que no espera
quien en lo real de las Repúblicas haya aprendido
que el peligro de ellas no está tanto en la muche-
dumbre aspiradora, que en su libertad y cultura co-
rrige al ascender su propia vehemencia, como en la
altivez y vanidad que ignoren que el reconocimiento
constante y sincero de los derechos naturales es sal-
vaguardia única y suficiente de las más complejas
sociedades humanas. Sólo ese desasosiego del cubano colonial, a quien la preocupación y dependencia de su vida predisponen a desconocer las pruebas
de acuerdo y vigor ya en su pueblo visibles, pudiera,
unido al pánico inmotivado del español pudiente,
buscar la salud de Cuba en el ingreso limosnero a
una nación que debió a la sangre de los combates su
libertad, que de su territorio ya distribuído ve des-
bordarse sobre la presa de los pueblos débiles su población agresiva y codiciosa, y que no ha sabido resolver para sí el problema mismo de que se irían a
refugiar en ella los cubanos. Ni el español que defienda sus empresas y tiendas ha de querer, mientras sea hombre de razón, abrir la Isla a la horda
avarienta que con el favor político y poder de la riqueza monopolizada, barrería de Cuba el comercio
español; ni el cubano que teme, sin causa visible, el
predominio de los libertos en la República, ha de
procurar la anexión a un país que, por los labios
mismos de su Presidente mártir, tiene escogida a

Cuba como la tierra propicia para vaciar en ella la
población liberta que embaraza a los Estados Unidos. En vano desconocen los cubanos imprudentes
que el respeto conquistado por la propia emancipación, y el comercio libre, son los únicos medios de
mantener la paz cordial entre la colonia que sale
convulsa e inexperta de un gobierno tiránico, y la
nación adelantada e impaciente que, en el conflicto
de los caracteres y los métodos, arrollaría en la anexión las fuerzas que estimará, y llegará a amar, en
el goce del comercio pleno que se le ha de abrir con
la independencia.

En este desconcierto de ideas y voluntades, en que
la Isla sin rumbo desespera de la demanda nula de
la autonomía, irrealizable sin la previa mudanza de
la íntima y terca naturaleza de la nación española,
—o fía a la idea vaga de una anexión inconveniente,
sin orden que la pida ni pueblo que la oiga, el remedio premioso a la descomposición del país,—o duda
de aspirar a la independencia, por el temor de la
poquedad o desorden de la guerra que la ha de obtener,—los cubanos que tienen la voz libre en tierras
extranjeras, recogiendo en un plan de acción continua las lecciones todas de la expatriación y la primer
república, se unieron en la organización que, por su
acatamiento al país, el estudio y vigilancia de sus
peligros desatendidos, su misión única de llevar a
la Isla desvalida los medios necesarios a su redención, no viene hoy sin títulos, con motivo de un suceso que pudiera ocasionar juicios confusos, a explicar su obra de previsión y de cariño, bajo el nom-

bre de Partido Revolucionario Cubano. Vergüenza de sus promovedores, y culpa de que no los pudiera redimir el mismo éxito, serían las de aumentar
los males de la Isla con la amenaza de la guerra insuficiente para el fin que se propone, o compuesta,
en la pasión y ceguedad, con los peligros que suelen
ser precio harto caro de la más anhelada victoria.
Si Cuba necesita de un guardián celoso contra la
guerra incauta, contra la exaltación del entusiasmo
ignorante por un demagogo terco, contra la tiranía
embozada a veces bajo el servicio aparente de la
libertad, contra la desidia satisfecha que se pone de
valla a la obra laudable de sacar a la patria de su
postración,—ese guardián celoso es el Partido Revolucionario. Digno del amor y la confianza de Cuba,
él pide a cubanos y españoles que aceleren su parte
de labor para fundar en la Isla un pueblo de verdadera libertad, seguro para sus moradores, respetable para quien pudiera codiciarlo, amparado del desorden por la práctica de la justicia, y apto para ocupar, cuando aún es tiempo, su puesto de lucro y
honor entre los pueblos trabajadores de América.

Con la reverencia de la primer república en el
alma, y su espíritu mismo de sacrificio y abnegación,
trabajan sin reposo los cubanos expatriados, desde
las aldeas indígenas de América hasta su ciudad más
populosa, no por recobrar a mano armada una tierra
a donde la mayoría de ellos pudiera vivir en la paz
infecunda, sino por ayudar, con su peculio y con sus
vidas, a crear un pueblo moral y feliz, antes que
pase por sobre él el mundo presuroso, en la tierra,

sembrada de héroes, donde el cubano no puede ni vivir con honra ni aspirar a la felicidad. El amor sensato a las libertades públicas, la natural tristeza de ver sumisa y en riesgo de mortal abatimiento a nuestra propia sangre, y el indomable anhelo de restituir al decoro de otros días el pueblo que hoy se desmigaja en el período más vergonzoso de su esclavitud, unen en conmovedor desinterés a los héroes constantes de la guerra, fieles a Cuba como a una madre, a los expatriados que prefirieron a la zozobra colonial el rudo y útil ensayo en las tierras afines del carácter que han de probar luego en su suelo propio, y a los que con el ímpetu de la nueva indignación, huyen de Cuba día tras día, y de la miseria y el bochorno, y dan a la revolución naciente el fuego angélico e ímpetu inconstrastable de 1868. Cuba ha de amar, Cuba no puede aborrecer a estos Jefes, sobrados ya de gloria, que por defenderle su libertad volverán a dejar solas sus casas, sin más amparo que el que les quiera dar su pueblo agradecido; a estos hijos acaudalados, que del seguro de tierras extranjeras, acuden con su tesoro a conquistar a su país el bienestar de que ellos ya disfrutan; a estas admirables masas cubanas, levantadas en el destierro a rara cultura, que de un jornal infeliz sacan porción principal para dar patria libre a los que las desconocen y desdeñan. Por la emancipación de la patria trabaja el Partido Revolucionario; por la concordia de los hijos de Cuba, que pudieran luego ensangrentarla con sus odios; por extirpar, desde la guerra inicial, los peligros que amenazasen a la Re-

pública; por levantar una nación buena y sincera en
un pueblo que habría de parar, si se le acaba el
honor, en provincia ruinosa de una nación estéril o
factoría o pontón de un desdeñoso vecino. El expone ante los pueblos de la tierra la razón y conveniencia de la emancipación de Cuba, y su ansia de
entrar a trabajar en el mundo moderno; él proclama
y prueba los méritos de orden y virilidad del carácter cubano; él despierta el respeto de los que pudieran acelerar con su ayuda la santa obra, o estorbarla con su esquivez: él, con el reconocimiento cordial de todos los derechos, prepara a la patria el
goce pacífico de su cultura y su riqueza; él continúa
en el pueblo cubano la unión sublime de almas que
comenzó en la guerra; él, con el respeto a Cuba y con
su asentimiento, prepara, libre de ambiciones, la
guerra que Cuba anhela, y en su servidumbre no
puede preparar. El Partido Revolucionario ofrece
a Cuba su parte hecha de la revolución por la independencia: el país sabrá si en esta oportunidad de
ser libre, rechaza la oportunidad, y continúa esclavo.

El Delegado del Partido Revolucionario,

JOSE MARTI.

Patria, 27 de mayo de 1893.

1893

1

A GONZALO DE QUESADA

Sociedad de Beneficencia
Hispano Americana de
New York.

[1893]

Gonzalo querido:

Me quedé pª ver a la Sra. de Serrano, que ya no vive en 59th St., sino en 436 West Central Park, y me voy mañana, en el primer tren. Pero a trabajar, y necesito, sin falta, el manifiesto del Partido Revolucionario al país, (1) después de lo de Purnio, sin eso, nada puedo hacer, y mañana es el día destinado a eso. Me urge, pues, qe. si tiene V. ese mamotreto, me lo busque esta noche, y me lo ponga, temprano, esta noche en el correo, pª q. llegue mañana por el primer tren.

Yo estaré aquí el viernes, y le dejaré escrito lo q. haga esta noche.

Su

J. MARTI.

----

(1) Publicado en *Patria,* 27 de mayo, 1893.

2

A SOTERO FIGUEROA

El Cabo, 9 de [Junio] 1893.

S<small>R</small>. S<small>OTERO</small> F<small>IGUEROA</small>.

Mi noble Figueroa:

Escribo a escape, a la salida de un inesperado vapor, y con el estribo en el que me lleva a Puerto Príncipe, de Haití. De salud no voy bien, pero llevo en el alma cuanta alegría puede dar a un hombre bueno el trato íntimo, en momento de fundación, con la absoluta grandeza de los demás.

Vengo de días históricos, y sigo en ellos. Mis deseos y proyectos han sido plenamente realizados. Mi fe en la estabilidad y gloria de nuestra nación es absoluta. Reprimamos nuestra alegría, para que no se conozcan por ella nuestros próximos hechos. Pero rebose indirectamente en cuanto Vd. escriba y haga.

Patria en manos de Vd. está segura, y en su corazón limpio, y en su alto juicio. Importa, si, no hacer la menor alusión a cosas cercanas. Que nuestra fe se refiera a nuestra organización, a cosas de que no se puedan deducir hechos concretos. Insistamos un día y otro que todo depende de la Isla; que de ella es la voluntad; que aunque todo lo tuviésemos pronto, la decisión será de la Isla. Así es, y así ganamos tiempo y adelantamos bajo cu-

bierta. ¿Qué le tengo que recomendar? En palmas
va por todas partes nuestra idea.

Ayer hablé de Vd. con un haitiano extraordinario, que por Betances y por *Patria* lo conocía; con
Antenor Firmin.

Para Julio estaré allá. No se me canse. Ponga
mejilla de cuero a la maldad. ¡Habrán tantos que
al terminar nuestra obra traten de apoderarse de
ella! Quiera a este enfermo suyo. A la vuelta será
lo de las notas. Ahora déjeme seguir ligando con
fortuna para mí mismo increíble, los hilos mayores.

¡Qué esperanza en todos! ¡Qué unanimidad!
¡Qué caridad con el pobre viajero! Le abraza y le
saluda la casa, su

MARTI.

3

A SERAFIN SANCHEZ

Bath Beach, Julio 22, 1893.

SR. SERAFIN SANCHEZ.

Serafín muy querido:

El correo lleva carta, por donde verá Vd. la razón de la justa alegría que con Vd. como quien más
comparto, y de que con su propia persona, sobria
y decidida, le lleva el mensaje mejor nuestro Comandante Porfirio Batista y Varona. Todo va estando, y él es la prueba, y lo ha visto con sus ojos.

El es amigo de Rogelio, que sólo puede querer a
los que se le parezcan. Allá se lo mando a su corazón, para que hermanen, y esperen juntos la hora
de empezar; que ahora sí, con la voluntad activa de
Cuba que ya conocemos, parece cercana. ¡Si ya
no siento mis males, y creo que se me curan, desde
que se me quitó la angustia de que todo lo hecho
fuera vano, porque la tierra no quisiese servirse de
nosotros! Bese la mano a Pepa, estime a Batista en
lo que vale, y véale el alma contenta y cariñosa, y
encendida, a su

JOSE MARTI.

4

A JOSE DOLORES POYO

Bath Beach, Julio 22, [1893]

SR. JOSE DOLORES POYO.

Amigo queridísimo:

Ya escribo por el correo, aunque todavía en el
hervor de la vuelta, y en el justo contento de lo que
traigo y lo que hallo, más estoy para callar y abra-
zar que para la pequeñez de decir cosas grandes en
carta. Ya le digo aparte que los arreglos de acción con que he vuelto, de acción simultánea y pronta, encajan y se autorizan con el entusiasmo y disposición que las comisiones de Cuba, que aquí
aguardaban, me revelan. Estas líneas no son para

eso, sino para presentarle y recomendarle, como el
cubano valiente y caballeroso que es, y como persona que acaba de acreditarse de sensata y discreta,
a nuestro comandante Porfirio Batista y Varona.
Baste un rasgo: deja en Guatemala todo lo que tenía para ocupar su puesto en Cuba. Al Cayo va
como a estación de espera. Abrale los brazos. Dé-
mele, en cuanto lo desee, su consejo superior. De
otras cosas, Vd. le verá enseguida el carácter sobrio, y le oirá con júbilo la gran fe con que ha vuelto del Camagüey, donde son suyas todas las casas
principales, y es él persona amada.

Conversen. Yo quedo aquí, casi bueno del gusto, penetrándome de todo antes de echar la voz al
aire. Figúrense que me tienen esta noche sentado
entre Vd. y Clarita, en un sillón de su casa.

Su

JOSE MARTI.

5

A SERAFIN SANCHEZ

New York, 25 de Julio de 1893.

SR. SERAFIN SANCHEZ.

Serafín muy querido:

Para Vd. pongo, después de las que llevó Batista, las primeras líneas, que el trabajo fructuosísi-
mo de estos días me deja escribir. Todo lo suyo
lo he leído. Me he bebido las noticias. Caí pos-

trado el día mismo en que se fué Batista, y el siguiente: ¿fué la enfermedad, o el quehacer grande, o el gozo de ver nuestras cosas en hilera? Hoy mismo no le puedo escribir aún: el día, que era para Vd., lo he invertido íntegro en una comisión plena de Matanzas, totalmente en acuerdo con el espíritu y acción con las demás comarcas de la Isla. Estamos, pues, de recogida, y marcha. La pobreza reinante cesará a tiempo: no creo que nos entorpezca. Sobre vernos, yo no iré ahora allá, porque aquí estoy, y sigo, recibiendo gente de Cuba y esperando más, y de aquí ha de ser ahora la campaña inmediata. Déjeme decirle, en esta carta y la que sigue, el estado de los trabajos, y en todo caso, sería Vd. quién viniese, y en toda probabilidad será.

Lo primero en que debo pensar es que todo queda, en plan general, detalles, y personas, acordado con Gómez, sin un ápice de discrepancia, ni más demora que la precisa para terminar la organización de Oriente, menos completa que las demás, y para lo que queda comisionado a Maceo, de quién vengo enteramente satisfecho, y que tiene a honor, de él mismo solicitado, el que se sepa su parte de compromiso. Oriente esta bien, pero desigual, y en algunos puntos abandonado de propósito, a lo que se ha de acudir con prisa, para nivelar la organización con lo demás. De Manzanillo me vino comisión, y va otra, delicada, por lo de Incháustegui y Maceo: Vd. me ayudará a preparar la paz. De otras comarcas, vienen las noticias más favorables. El Camagüey, uno. De las Villas, Santa Clara es lo que me preocupa, y Marcos aún, aunque ahora podemos rodearlo más. Matanzas, depurada y satisfecha, y con agregaciones de la más alta importancia. Los de la Habana, ya vienen a nuestros brazos, con sinceridad de que no quiero dudar.— Ahora, pues, la duda de conciencia está removida. Hay que poner a las emigraciones, respetando la penuria presente, en el deseo y capacidad del último esfuerzo: hay que ordenar las expediciones, y proveer de armas la Isla, por las vías abiertas, sin escándalo y sin antelación peligrosa: hay que situar dentro de poco los que nos sirvan de levadura donde sea menester. El riesgo era que Cuba no estuviese dispuesta a la acción, o que se necesitase más de lo que tenemos, o que no hubiésemos podido reducir a nuestras cabezas a una acción común. En todo hemos vencido. De Gómez vengo enamorado, y no puedo recordarlo sin ternura. Maceo no me ha opuesto el menor obstáculo, me llevó él mismo al Presidente de Costa Rica, se ha libertado del contrato que lo entrababa, ha dejado ajustado conmigo su modo especial de ir. Calixto, pronto.—Confortaremos las emigraciones, hablaremos a la Isla otra vez, redondearemos el tesoro, y lo distribuiremos en seguida en acuerdo con el plan ajustado.—De tal modo me posee el ansia de acción que hoy, más que nunca, me estorba escribir. ¿Ni a qué esperar más, por meticulosidades de economía, o deseo mío excesivo de no llamar la atención? Venga en seguida, y así le daré la impresión entera, la llevará de viva voz, y me dejará las suyas, y ajustaremos su parte de obra. Los comisionados se vuelven satisfechos, y con el pensamiento unánime. Riegue por allí entusiasmo. No oculte mi alegría. Que sepan su viaje. Venga pronto, antes de mi operación. Quiero remendarme en tiempo, y recobrar, si es posible, la salud indispensable para la enorme campaña final: dinero, uniformidad, sigilo.—Va una circular a los clubs, pero es para todos. Otra nota irá al Cuerpo de Consejo; pero la otra labor, la de las comisiones, muchas y minuciosas, me roba noche y día. Es preciso que queden bien atendidas. A publicaciones, cartas y notas, y con los hechos visibles, desestancaremos por ahí las almas tristes: eso no me apena. Venga, que veo bien que eso mismo convendrá. En seguida lo devuelvo a Pepa, de quien hablamos sin cesar en casa de Gómez. En los tres días, Gómez y yo dormimos tres horas. Panamá, entero. Excelente, Costa Rica. Deséeme salud, y con la verdad saldremos a puerto. La Isla quiere. Eso es todo lo que era menester.

Un abrazo a ese bravo Raimundo, y a Rogelio. Aquí le arreglo el viaje, si Teodoro no lo puede hacer por cable. Léale ésta a Fernando. Y en camino. Su

JOSE MARTI.

6

LA DELEGACION DEL PARTIDO REVOLUCIONARIO CUBANO A LOS CLUBS (1)

Señor Presidente:

La Delegación acaba de volver del viaje que emprendió para acelerar los trabajos de acción en el extranjero, a fin de estar a todo instante en capacidad de comenzar la guerra unida, segura y democrática que la astucia o el miedo de España pudiera querer precipitar. No tratamos en palabras, ni en mero vocerío de patriotismo: tratamos de vida o de muerte, y de aprovechar la última oportunidad para la independencia de nuestra patria, que peligraría para siempre acaso si no la preparásemos con el empuje secreto, el tesoro gradual y continuo y la unánime grandeza con que hemos logrado—digámoslo con la mano en la conciencia—poner ya la idea a las puertas de la realidad. Nada se opone ya a la terminación y realización de nuestros planes. Cuantas redes

---

(1) Según Enrique Trujillo, *Apuntes Históricos*, página 184: "A fines de Julio el señor Martí distribuyó entre los Presidentes de los Clubs adscriptos a su Partido una circular, con carácter privado, pero que fué publicada en *El Yara* de Cayo Hueso".

No obstante la mencionada afirmación de Trujillo, esta circular, debido a los adelantos a que se refiere Martí de la organización para la guerra, parece más bien corresponder al año 1894 que al de 1893.

nos ha tendido el enemigo sagaz, las hemos vuelto
sobre su cabeza. Las cobardías que aconseja y paga, valiéndose de las angustias pasajeras de la vida
o de cualquier apariencia favorable, sólo deshonra-
rán y desacreditarán a los que se presten a servir al
enemigo astuto, en la hora en que la indignidad in-
separable de ciertas naturalezas, es manejada y mo-
vida por las agencias españolas de modo que parezcan, aunque no sea más que a los ciegos y ligeros,
el fracaso o el decaimiento de nuestro patriotismo.
Es mucha la nobleza que el Delegado acaba de ver
para que pueda preocuparse siquiera de cualquier
nuevo ardid de España, impotente para echar abajo
la obra, ya seguramente trabada, de los cubanos de
todas partes y de la disposición jurada y procla-
mada de sus jefes a pelear por fin, puesto que es la
verdad gloriosa y confirmada que nuestra Isla nos
lo pide y nos los ordena,—a pelear, abandonándolo
todo, bienestar y consideración y familia,—a pelear,
olvidando magnánimas diferencias y celos, hasta
que los cubanos entren al fin, con la patria libre, en
un estado nuevo donde la dignidad despierta los
haga incapaces de infamias que los manchen. Cuanta grandeza y unanimidad y sacrificio fué a buscar
el Delegado entre los jefes inmediatos y activos de
la guerra, tantas ha hallado, y más porque el Delegado viene henchido de ternura y admiración: ¿qué
importaría un puñado de gusanos ante tanta sublimidad y abnegación, ante el martirio sonriente de
los que están dispuestos a morir por los mismos
que nos deshonren?: es tanto el azul del cielo que

no lo puede empañar una nube. Jamás fué tanta
nuestra virtud, tan compacta nuestra acción, tan cercano nuestro esfuerzo, tan probable nuestro éxito.
Cuantos obstáculos hubiéramos podido encontrar,
hasta los obstáculos insuperables que a la mayor
virtud pone siempre la ambición o vanidad de la
naturaleza humana, nada han podido, ni han apare-
cido siquiera, ante esta alma de redención que hoy
nos consume y nos inspira. Somos un ejército dé
luz, y nada prevalecerá contra nosotros. Nos queda
por hacer lo que sabemos que queda por hacer, y
será hecho, porque pasará todo lo que debe pasar, y
en los lugares donde se oscureciese el sol, quedará el
sol por encima. Pero las condiciones todas del triunfo
están logradas y concertadas. La acción posible en
todos los momentos, no hay ya sorpresa ni desacuer-
do que pueda echarla atrás. Esa es la verdad, que
el Delegado viene a decir. Todo lo que a esta hora
debía estar hecho, está hecho:—Todo lo que en todo
momento debe estar junto, está junto.—Con la autoridad y el orgullo de nuestra conciencia, podemos
decir a nuestro pueblo:—todo está preparado, todo
está vencido.

Una sola angustia tenía la Delegación, al volver
de su viaje con la fuerza y orgullo extraordinario que
le han dado el sumo desinterés y el patriotismo ardiente de las emigraciones que acaba de visitar, y
de los héroes que viven en ellas. Y la angustia era,
siendo como es el PARTIDO REVOLUCIONARIO un partido de respeto y verdad, que esta actividad nuestra
no fuera imitada en la Isla,—que el corazón del país,

que es nuestro, cercana ya la hora feliz, no latiese
tan brioso como nuestro corazón,—que nuestro patriotismo nos alucinara, y el campo de batalla viniera a estar menos dispuesto que los que queremos ir
a él. Pero el alma rebosa aquí también de orgullo
santo: el temor era vano: todo está, en esto también, como debe estar: la pelea cercana no arredra a
Cuba, sino que Cuba nos espolea y la apetece: es
menor lo que hacemos, con ser tanto, de lo que Cuba
nos exige: no haya miedo de que nuestros esfuerzos
caigan en el vacío: hemos crecido debajo de la tierra: se nos ama, se nos desea, se nos espera: hemos
encendido el corazón de nuestros hermanos.—La
prudencia no deja decir más: ¡bendita sea nuestra
patria!

Otra angustia, si el Delegado no conociera a la
emigración, hubiera podido tener, y no tuvo jamás:
¿habría sido posible, sería nunca posible, que cuando
por el comité de la emigración, salvo al menos de la
muerte en el extranjero, se une y decide Cuba, por
la fé en los emigrados, ante el peligro diario de la
muerte, decayésemos, menguados, en nuestra promesa y nuestro honor, y dejáramos solos a los que hemos convidado a morir? ¿Habría sido posible,
cuando por el respeto que les hemos sabido inspirar
vuelven al servicio, más potentes y generosos que
nunca, nuestras virtudes, cuando los demás han hecho ya toda su parte, cuando tenemos ya en fila y a
la mano todo nuestro ejército, cuando hemos realizado lo que nunca hasta hoy hemos podido realizar,
que dejásemos en la inacción a tanta gloria, en la de-

sesperación a la patria que la aguarda, y en deshonor perpetuo el nombre de las emigraciones salva-
dora? ¿Habría sido posible que todo estuviese a
su hora pronto, y en el instante de la cita decisiva,
no acudiesen a ella, dignas del país, y de sus héroes,
las emigraciones?

Pero en eso también es mucha la grandeza. De
esto también viene orgullosa la Delegación. El espíritu ha cundido y los cubanos tienen fe, aprontan
contentos su tributo, y se aman unos a otros. Con
entusiasmo de religión se juntan los que no estaban
juntos antes, olvidan lo que no se había podido olvidar hasta hoy, ofrecen y anticipan para la suprema
acometida un esfuerzo supremo, vibran de entusiasmo, rodean a nuestros héroes. Nadie se lo pide; les
nace así del corazón. Se han organizado, los lugares que aguardaban la visita o los hechos para la
organización. Grupos nuevos valiosísimos, de especial significación y valor, se levantan en secreto,
donde no es conveniente o posible su aparición pública. Clubs nuevos, y pueblos, tiene el Partido.
Cuba adelanta; sus héroes trabajan juntos, con un
solo pensamiento, olvidándolo todo, menos los deberes de la abnegación y la verdadera superioridad.
Callados, estamos marchando todos.

Que nadie detenga su paso. Véase el cuadro admirable, y nadie se quede fuera de él. No importa
que aquí o allá se esté en pobreza: la realidad ha de
tenerse en cuenta siempre, y no se pondrá en agonía
a los pobres; para ellos ha de ser principalmente la
libertad, porque son los más necesitados de ella, y

no se les ha de agobiar en nombre de ella: la pobreza pasa: lo que no pasa es la deshonra que con
pretexto de la pobreza suelen echar los hombres sobre sí. Allí donde haya aflicción, la patria, que está más fuerte de lo que parece, puede esperar a que
la pobreza pase; la aflicción está en unas partes, pero en otras no: en el reparto de las cargas está el
buen gobierno: lo que unos no pueden hacer en la
hora de su cruz, los que no están en la cruz lo hacen:
lo que importa es que se vea la fé, y no se deshonre
nadie. Marchemos todos de modo que nos vean.
Por un indigno haya cien dignos. El gobierno español paga, allí donde vé angustia, a cobardes y
arrepentidos aparentes, para que aparezca que los
cubanos todos, allí donde son más en número, son
cobardes y arrepentidos. Lúzcase más sin que
haya esa oscuridad. Donde haya esa vileza pagada,
no se haga violencia a la vileza; déjesela sola, pa-
seando a la luz libre, para que la historia cuente los
viles. Levantemos todos el corazón, y veamos el espectáculo admirable de las emigraciones ligadas en
la democracia justa y amorosa, de los héroes unidos
en un plan abnegado y experto, de las obligaciones
todas cumplidas sin desmayo, aunque a uno le cues-
te lo último de su bolsa y a otro lo último de su
vida.

Repitámonos la verdad: todo adelanta: cuanto se
ha intentado, se ha hecho: ya no son posibles la
sorpresa ni el desorden: extraordinaria es la grandeza del corazón cubano: haga cada uno su parte de
deber, y nadie puede vencernos, y se hará lo que es-

tá cerca, y la patria será libre. Esta es la situación de hoy: ¡nunca estuvo más viva la patria!

En cuanto al deber, el Delegado cree humildemente haber cumplido con el suyo: no puede creer, por tanto, que ningún otro cubano haya faltado a él.

En usted, señor Presidente, saluda a cada uno de los miembros de ese Club,

El Delegado,

JOSE MARTI.

DE *PATRIA*, NUEVA YORK

19 de Agosto, 1893

1

LA CRISIS Y EL PARTIDO REVOLU-
CIONARIO CUBANO

Las casas que se levantan sobre puntales de papel, se vienen abajo en cuanto sopla un viento pasajero: el viento, vencido, azota en vano la casa que
se levantó, como los árboles, sobre largas raíces. El
pródigo, que cuenta con el azar y vive a la loca, desaparece deshonrado o befado, en cuanto baja la es-
puma que lo cargaba por el mundo: el previsor, que
gasta en lo necesario y niega a los pícaros la bolsa,
que no reparte entre timadores el sudor del trabajo
virtuoso, ese mide de antemano la ola y el vendaval,
y pone a la patria por sobre su cabeza, donde no se
la alcance el vaivén de la marejada, ni la aturda la
alarma de los hombres. Es la patria lo que se lleva
por sobre la cabeza; es la esperanza de toda la vida;
es el clima feliz y el pueblo de generosidad donde
el amor de la tierra, y la firmeza del suelo nativo, y
la abundancia del corazón criollo consuelen y re-
medien las desigualdades de la fortuna, que en la
soledad de la tierra extraña de tal manera aflijen y
perturban que la casa amenazada, envuelta en la
nube sombría, no ve por encima, con su luz nueva e
invencible, el sol del porvenir. Los que están en el

taller del sol, no tienen miedo a la nube. Mientras
más sea la agonía en la tierra extranjera, más se ha
de trabajar por conquistar, pronto, la tierra propia.
El Norte ha sido injusto y codicioso; ha pensado más
en asegurar a unos pocos la fortuna que en crear
un pueblo para el bien de todos; ha mudado a la
tierra nueva americana los odios todos y todos los
problemas de las antiguas monarquías: aquí no calma ni equilibra al hombre el misterioso respeto a la
tierra en que nació, a la leyenda cruenta del país, que
en los brazos de sus héroes y en las llamas de su
gloria funde al fin a los bandos que se lo disputan y
asesinan: del Norte, como de tierra extranjera, sal-
drán en la hora del espanto sus propios hijos. En
el Norte no hay amparo ni raíz. En el Norte se
agravan los problemas, y no existen la caridad y el
patriotismo que los pudieran resolver. Los hombres no aprenden aquí a amarse, ni aman el suelo
donde nacen por casualidad, y donde bregan sin respiro en la lucha animal y atribulada por la existencia. Aquí se ha montado una máquina más ham-
brienta que la que puede satisfacer el universo ahí-
to de productos. Aquí se ha repartido mal la tierra;
y la producción desigual y monstruosa, y la inercia
del suelo acaparado, dejan al país sin la salvaguar-
dia del cultivo distribuído, que da de comer cuando
no da para ganar. Aquí se amontonan los ricos de
una parte y los desesperados de otra. El Norte se
cierra y está lleno de odios. Del Norte hay que ir
saliendo. Hoy más que nunca cuando empieza a
cerrarse este asilo inseguro, es indispensable con-

quistar la patria. Al sol, y no a la nube. Al remedio único constante y no a los remedios pasajeros.
A la autoridad del suelo en que se nace, y no a la
agonía del destierro, ni a la tristeza de la limosna
escasa, y a veces imposible. A la patria de una vez.
¡A la patria libre!

Pero pudiera afligirse el corazón de los cubanos
buenos, temiendo que el desorden y oscuridad que
ven en torno suyo invada o trastorne la revolución a
que han de fiar su esperanza única. Pudiera el padre cubano, que ve ya su mesa sin mantel, creer que
la patria se queda sin pan y sin sal, lo mismo que su
casa. Pudiera el fiel patriota, porque le falta a él
de pronto el óbolo que dar, creer sin razón que a
todos los cubanos esparcidos por el mundo les falta
el óbolo a la vez, y que se les ha caído la cintura a
los que en el silencio prudente lo tienen ya todo ordenado para la salvación incontrastable. Ese sería un grande error. Hay dos cosas totalmente dis-
tintas: la pobreza que por causas independientes de
la revolución pueden padecer los cubanos y la marcha firme e independiente del Partido Revolucionario.

A causas independientes de la revolución, y que
ella no puede evitar, se debe la pobreza de los Estados Unidos, de que los cubanos residentes en ellos
vienen a padecer. El Partido Revolucionario, con
las fuerzas de los cubanos de todos los destierros, y
con la representación de todos va a conquistar la
patria que hoy les falta, porque ese es el modo único de dar asilo permanente a aquellos de sus hijos

que escogieron para vivir un país que no puede ya
con la población que se ha echado encima, y del
que todo hombre previsor debe ir buscando refugio
en tierra más cordial o despoblada,—o en su propia
tierra. De los Estados Unidos no vive el Partido
Revolucionario, y la crisis de los Estados Unidos sólo le alcanza en el dolor con que ha de ver la pobreza de sus cubanos y de sus puertorriqueños,—dolor que lo espolearía, si necesitase espuela, para bra-
cear con más vigor, aun contra los clamores de los
suyos, y robar a la mar y a la tiranía un suelo donde los antillanos vivan en seguridad y el miedo de la
miseria no acorrale y rebaje a los hombres. A pasos seguros ha ido adelantando el Partido Revolucionario, y no ha dado un paso sólo, sin tener bien
firme el de atrás. Avanzar puede, no retroceder.

Con los esfuerzos de los cubanos todos se ha levantado en el Partido Revolucionario una organización a la que, por dicha de los cubanos, no puede detener en su marcha regular y asegurada la penuria
de que padezca un grupo especial de los cubanos del
destierro. El Partido Revolucionario no tiene una
sola raíz, sino todas las raíces que le vienen de la
unanimidad del deseo de independencia en las comarcas varias donde anhelan por ella, con entusiasmo renacido, los cubanos. La fuerza y la victoria
del Partido Revolucionario están en el acuerdo entre sus propósitos y métodos con la situación actual
del país, en la unión estrecha y decidida entre la revolución de la Isla y la de la emigración, en la concordia abnegada de todos los jefes que con su falta

de avenimiento pudiesen debilitar la guerra, en el
cariño justiciero que une a los elementos antes desconfiados del pueblo de Cuba, en el fervor y confianza con que se juntan en él las emigraciones todas, en
el respeto que a la Isla merecen el orden y hermandad de los trabajos totales y uniformes, y en la re-
ducción de los gastos cursantes del Partido a una
pequeñez tal y tan prevista y segura de antemano,
que en esta crisis del Norte, que pudiera aturdir al
imprevisor, ni le falta al Partido nada de lo que le
es necesario, ni interrumpe el movimiento regular de
una sola de sus ruedas, ni tiene por qué temblar desde hoy hasta el día probable en que con los cubanos
de la Isla reanude, con el ímpetu de la primera vez
y con experiencia mayor, el empeño de fundar en el
afecto y el decoro una república donde la desigualdad y desamor no enconen las pobrezas de la vida,
donde por fin puedan hallar los cubanos el refugio
que en tierra extranjera no ha bastado a crearles el
trabajo de un cuarto de siglo. ¡A la patria libre!
¡Al remedio único y definitivo! Para la guerra democrática y juiciosa de la independencia fué creado
el Partido Revolucionario, y no se desviará de su
objeto, que es hacer con democracia y con juicio la
guerra de independencia.

La crisis por que los Estados Unidos atraviesan
no le quita uno solo de los elementos de su fuerza,
—ni su conformidad con la situación del país,—ni
la unión en espíritu y detalle del país revolucionario
y las emigraciones,—ni la concordia asegurada de
nuestros jefes ilustres,—ni la justicia y cariño con

que se juntan en él los elementos diversos del pueblo de Cuba,—ni el alma religiosa en que se confunden, con renovado ímpetu, todas las emigraciones,—ni el aplauso de la Isla al orden revolucionario que se le hace ver,—ni la economía que permite, en una hora de crisis, hacer cuanto ha de hacerse, sin que se pierda una sola hora, ni se detenga una sola rueda. ¡A la patria libre! ¡Al remedio único y definitivo! La pobreza actual es una obligación mayor, es una prueba más de la necesidad de andar de prisa, y de acabar de una vez. Se cae la casa del destierro. El Partido Revolucionario, aunque el clamor de los suyos le despedace el corazón, no se quedará cobarde donde no hay remedio para ellos, ni se pondrá a curar con dedadas de caldo la agonía, ni faltará por el aturdimiento de una hora al deber solemne y superior del porvenir:—él irá como buen padre, a buscar para sus hijos, en los dientes de la misma muerte, una casa de donde no tenga que echarlos la miseria.

Patria, 19 de agosto de 1893.

2

POBREZA Y PATRIA

De tiempo atrás venía elaborándose en los Estados Unidos la crisis que estalla hoy por todas partes. El país, levantado en gran parte sobre el crédito, ni sabe cuánto tendrá que pagar por la mo-

neda con que ha de cubrir sus obligaciones, ni cuánto ha de cobrar al consumidor por artículos cuyo precio depende de la tarifa que está ahora al mudarse,
ni si le será posible fabricar con provecho en las condiciones que cree la nueva tarifa. Ni tiene el Norte donde colocar la suma enorme de productos que
elabora; ni los puede elaborar al precio bajo y plazos cómodos de otros países; ni osa el dinero venir
al auxilio de industrias repletas a cuyas labores no
se ve salida. El crédito es un descuento sobre el
porvenir, y el porvenir, por la inseguridad del valor
de la plata, por el desconocimiento de la tarifa que
está al componerse, y por el hecho fatal y dominan-
te del exceso de la producción del país sobre sus
ventas,—es tan confuso o amenazador que ha cesado justamente la confianza en él. El acreedor es-
pantado exige su anticipo al deudor que no halla
con qué pagarle, en el mercado sin confianza y sin
tipo seguro de monedas. Ni el manufacturero puede fiar, ni el comerciante se atreve a comprar. Las
industrias todas se paralizan, y, sobre todo, las industrias muebles. La industria del tabaco, ya lastimada, por el exceso de producción y el derecho alto de las *capas,* ha sido de las primeras en su-
frir.—¡Y es ya largo el sufrimiento, y el Norte es
áspero y triste! Key West, el centro mayor de la ela-
boración, aguarda, con sacrificios grandes, la hora
inevitable y cercana en que el consumo de los de-
pósitos actuales obligue a los compradores a hacer
pedidos nuevos. Tampa, que vive toda de la industria, se alcanza apenas con lo poco que elabora.

Cuanto vive del tabaco padece. New York cierra sus fábricas o las tiene a medio cerrar. Los corazones generosos, bien vivan entre las hojas del tabaco o fuera de ellas, sangran de lo que ven. Unos se agitan impacientes, y otros consuelan callados.

Pensaron en esta situación algunos antillanos de alma buena, que convendría citar a reunión pública a los obreros, a fin de ir hallando modos de evitar la pobreza extrema: y convidaron a una junta próxima. Pero *Patria* recibe hoy para sus inserción un documento que honra a la par la caridad y el patriotismo de sus firmantes. Desisten de la convocatoria, porque no quieren que el enemigo vigilante, azuzando y aprovechando las manifestaciones de una pobreza que jamás llegará a su extremo sin alivio, utilice este acto público de prudencia como prueba de la incapacidad de las emigraciones a que la patria confiada vuelve hoy los ojos; de quienes espera la patria, con razón, su independencia. ¡Porqué todo puede cejar o atropellarse; pero la santa guerra sigue su camino, sin que le lleguen al calcañal las manos criminales que quisieran atajarla desde la sombra! Los cubanos de todas partes la mandan hacer, y no los de una sola parte. El trabajo es de todos, y el compromiso es con todos. La guerra viene de Key West y de Bolivia, de los cubanos del taller y de los del bufete, de los que se cansan ya del Norte inseguro y de los que viven allá al Sur, en las tierras amigas. La guerra no se afloja, ni se deja vocear. Estamos en lo sublime, estamos hasta la cintura en lo sublime; y no hay policía, descarada o disimulada,

que distraiga de su paso firme y cauteloso a la guerra que se ha medido, y que se basta. No hay conflicto entre el patriotismo y la pobreza,—el conflicto que España, que tiene mil manos, espolea y promueve. Al pobre, nadie lo angustia. Y si algún
bribón le dice que, por ser pobre, ha dejado de amar
la libertad, que por perder el asiento en la tabaquería ha perdido su amor de hermano al hombre,
y el deseo de buscarle en tierra propia una casa
feliz, y el dolor de la vergüenza de sus compatriotas
oprimidos, y todo lo que hace la limpieza y dignidad del ser humano, el tabaquero sin asiento clavará de un revés contra la pared a quien crea que
por haber perdido su jornal ha perdido la honra.
¡Tabaquero, bandido, fué el indio Benito Juárez,
que echó un imperio al mar, y supo desafiar la pobreza con honor, y reconquistó y aseguró la independencia de su tierra!

Dice así el documento de los antillanos nobles:

A LOS CUBANOS Y PUERTORRIQUEÑOS RESIDENTES EN NEW YORK.

Los abajos firmados, participando de la alarma
justa de las industrias todas en el pánico actual de
los Estados Unidos, creímos de nuestro deber, para evitar males imprevistos, congregar a los antillanos de New York a un *meeting* en que se tratase de afrontar la pobreza que pudiese caer sobre
nuestros hogares. Pero el estudio más íntimo de la
situación, las precauciones ya intentadas contra ella

y que no conocíamos y el provecho que los enemigos astutos de la patria han pretendido sacar del
meeting con el simple anuncio de él, nos hacen
desistir de la convocatoria. Nuestros pobres no serán desatendidos; ni los enemigos de nuestra libertad podrán valerse de un hecho local, de un hecho
de simple humanidad y cordura, para presentarlo,
ante la Patria, en estos días de espera, como prueba
de nuestra incapacidad para contribuir a su independencia.

Bastó el anuncio del *meeting*, nacido de lo más
puro de nuestro corazón, para que las agencias vigilantes de España empezasen a sacar partido de
él, a fin de usarlo en Cuba y Puerto Rico como
muestra de la desolación y desorden de los emigrados de quienes esperan auxilio. No podemos
prestarnos a semejante habilidad. Pobres estamos,
y más pobres podremos estar, pero hallaremos manera de aliviar nuestras casas sin que se use de esta
amargura para quitar a aquellos pueblos oprimidos
la fé que con justicia tienen en nosotros. Nunca
hemos sentido más la necesidad de la Patria que en
estos instantes en que vemos cuán frágil es el suelo extraño bajo nuestros pies.

De ningún modo daremos con nuestros actos derecho al enemigo para que, en los momentos en que
las islas oprimidas lo aguardan todo de la emigración, se le presente a la emigración como incapaz
para la salvación que de ella se aguarda.

Y nuestra decisión, al desistir de la convocatoria, es tanto más fundada cuanto que hemos ad-

quirido la certidumbre de que si la agonía llega a entrar en nuestras casas, no faltará techo al expulso ni amparo al desvalido. Las Antillas serán libres y nuestros pobres de New York serán auxiliados por sus hermanos de todos rangos y matices.

New York, Agosto 22 de 1893.

Gabriel P. López.—F. G. Marín.—Federico Pacheco.—F. J. Prieto.—Narciso García.—Silvestre Bresman.—S. Pivaló.—Isidoro Apodaca.—Antonio Molina.—Rosendo Rodríguez.—Arturo Schumburg.
Patria, 19 de agosto de 1893.

3

OTRO CUERPO DE CONSEJO

Sin lisonja, sin solicitud, sin llamamiento exaltado al patriotismo, sin el reparto inmoral de la autoridad vanidosa, sin más móvil que el voluntario de la fe sensata en los métodos de amor, energía y prudencia del Partido Revolucionario Cubano, se han ido creando, con la fuerza de lo que nace de sí mismo, los Cuerpos de Consejo, o asambleas locales de los Clubs por donde el Partido Revolucionario Cubano, funge en armonía y mutuos respetos durante esta época de preparación, y deja sentadas para mañana las costumbres de autoridad local dentro de la obra común, que asegurarán a la guerra el auxilio continuo, y libre de querellas, de

las emigraciones. Ni una carta se ha escrito, ni una
súplica se ha hecho, ni un encargo expreso o disi-
mulado, para crear, no ya un Cuerpo de Consejo,
sino un solo club; todo lo que existe es hijo de la
razón libre de los cubanos escarmentados y observadores: todo es espontáneo.

Y más que en ninguna parte ha sido el Partido
Revolucionario Cubano cuidadoso de esta libertad
local en los países de América, donde por los compromisos oficiales del gobierno, o por olvido piadoso y extemporáneo de la mala obra de España en
nuestro continente, pudiera la actividad cubana, en
los límites breves de un pueblo menor, parecer ingratitud o intrusión a los países que han abierto a
los cubanos los brazos, y cuya alma real, sea cualquiera el parecer, es de todos modos nuestra. El
mejor modo de hacerse servir, es hacerse respetar.
Cuba no anda de pedigüeña por el mundo: anda
de hermana, y obra con la autoridad de tal. Al salvarse, salva. Nuestra América no le fallará, porque ella no falla a América. Pero la sustancia no
ha de sacrificarse a la forma, ni es buen modo de
querer a los pueblos americanos crearles conflictos,
aunque de pura apariencia y verba, con su vieja
dueña España, que los anda adulando con literatu-
ras y cintas, y pidiéndoles, bajo la cubierta de academias felinas y antologías de pelucón, la limosna
de que le dejen esclavas a las dos tierras de Cuba
y Puerto Rico, que son, precisamente, indispensables para la seguridad, independencia y carácter definitivo de la familia hispano-americana en el con-

tinente, donde los vecinos de habla inglesa codician
la clave de las Antillas para cerrar en ellas todo el
Norte por el istmo, y apretar luego con todo este
peso por el Sur. Si quiere libertad nuestra América, ayude a hacer libres a Cuba y Puerto Rico.
Pero ¿a qué hablar a nuestra propia familia de interés?: por el clamor de su corazón ama ella y ayuda a los cubanos, y porque el pueblo libre de América que censurase hoy a las Antillas su voluntad
de ser libres, se negaría el derecho todo de su propia historia. No son los pueblos de América como
los ricos viles que nacieron de la pobreza y
se olvidan luego de que fueron pobres. No hay ca-
terva más fétida que ésta de los desagradecidos que
se abochornan de su origen, y niegan a los demás
el auxilio que ellos en su día estuvieron a punto de
pedir: debieran ser polvo, estos hombres ingratos,
polvo y hoja mala, a que se los llevase el viento: no
es nada menos que un criminal quien ve pobreza,
y puede ayudarla, y no la ayuda. Sobre cada un
hombre debe pesar la carga de todo el universo: y
así, el universo familiar responde a su hora al hombre. Los pueblos que salieron de la servidumbre,
por voz que les viene de la raíz y por razón de honor y vida, no aflijirán a los que luchan por salir de
ella.

Seguro, pues, de la unanimidad americana, y de
la obra callada de los cubanos en todas partes, ni
azuza ni pide el Partido Revolucionario la creación
de cuerpos visibles en los pueblos donde no son de
prudencia o no son menester. Ni los promueve ni

los esquiva. Pero con el calor en que esta revolución de pericia y amistad ha puesto las almas, es
difícil que donde hay un buen puñado quede oculto
el deseo de demostrar su actividad creciente, su fe
en la obra actual, su propósito y compromiso expreso de ayudarla. Cuba está lejos, y es preciso
hablarle de lejos para que oiga. Oirá de un lado
el clamor de tristeza del obrero al que falta en el
extranjero el pan. De otro lado, oirá la voz de
aliento de los cubanos que en suelo más seguro le
declaran su ayuda en la prueba que comienza. El
cubano asediado se viene a tierra en su país, y ya
venden las ventanas de los palacios para comer. El
hambre de acá afuera pasa: la de Cuba, no pasa.
El hambre menor debe ayudar al hambre mayor.
De Veracruz, la tierra donde un barco oportuno
que les fué del Norte salvó a la república acorrala-
da cuando el emperador; de Veracruz, casa hermana de todos los cubanos peregrinos, viene la voz de
hoy. Un club había allí hace poco. Mandó a ver
la verdad, y ahora hay siete clubs. Ya se han reunido en Cuerpo de Consejo. El Presidente es un
veterano de nuestras luchas y de nuestras letras,
un hombre de idea propia y actividad indomable:
J. M. Macías. El Secretario, renuevo erguido de
un padre batallador, y abogado de mérito, es Ignacio Zarragoitia.—De todas partes viene su fuerza
al Partido Revolucionario: al mandato y encargo de
los cubanos de todas partes tiene que obedecer: lo
que de una parte se le merme de otra se le aumen-
ta: no teman los pobres que se quede sin hijos la

libertad, porque de todas partes le nacen nuevos hijos. Y si se va a generosidad y tesón, a espíritu propio sin narigón ni muletas, a patriotismo genuino sin menta ni cantáridas, no hay cubanos que venzan a los de Veracruz.

Patria, 19 de agosto de 1893.

DE *PATRIA,* NUEVA YORK

26 de Agosto, 1893

A la raíz.

A LA RAIZ

Los pueblos, como los hombres, no se curan del mal que les roe el hueso con menjurjes de última hora, ni con parches que les muden el color de la piel. A la sangre hay que ir, para que se cure la llaga. No hay que estar al remedio de un instante, que pasa con él, y deja viva y más sedienta la enfermedad. O se mete la mano en lo verdadero, y se le quema al hueso el mal, o es la cura impotente, que apenas remienda el dolor de un día, y luego deja suelta la desesperación. No ha de irse mirando como vengan a las consceuencias del problema, y fiar la vida, como un eunuco, al vaivén del azar: hombre es el que le sale al frente al problema, y no deja que otros le ganen el suelo en que ha de vivir y la libertad de que ha de aprovechar. Hombre es quien estudia las raíces de las cosas. Lo otro es rebaño, que se pasa la vida pastando ricamente y balándole a las novias, y a la hora del viento sale perdido por la polvareda, con el sombrero de alas pulidas al cogote y los puños galanes a los tobillos, y mueren revueltos en la tempestad. Lo otro es como el hospicio de la vida, que van perennemente por el mundo con chichonera y andadores. Se busca el origen del mal: y se va derecho a él, con la fuerza del hombre capaz de morir por el hombre.

Los egoistas no saben de esa luz, ni reconocen en los demás el fuego que falta en ellos, ni en la virtud ajena sienten más que ira, porque descubre su timidez y avergüenza su comodidad. Los egoistas, frente a su vaso de vino y panal, se burlan, como de gente loca o de poco más o menos, como de atrevidos que les vienen a revolver el vaso, de los que, en aquel instante tal vez, se juran a la redención de su alma ruín, al pie de un héroe que muere, a pocos pasos del panal y el vino, de las heridas que recibió por defender la patria. Esto es así: unos mueren, mueren en suprema agonía, por dar vergüenza al olvidadizo y casa propia a esos mendigos más o menos dorados, y otros, mirándose el oro, se ríen de los que mueren por ellos. ¡Es cosa, si no fuera por la piedad, de ensartarlos en un asador, y llevarlos, abanicándose el rostro indiferente, a ver morir, de rodillas, al héroe de oro puro e imperecedero, que expira, resplandeciente de honra, por dar casa segura y mejilla limpia a los que se mofan de él, a los que compadrean y parten el licor y la mesa, con sus matadores, a los que se esconden la mano en el bolsillo, cuando pasa el hambre de su patria, y riegan de ella, entre zetas y jotas, el oro del placer! Hay que ir adelante, para bien de los egoistas, a la luz del muerto. Hay que conquistar suelo propio y seguro.

De nuestras esperanzas, de nuestros métodos, de nuestros compromisos, de nuestros propósitos, de eso, como del plan de las batallas, se habla después de haberlas dado. De la penuria de las casas, del trastorno en que pone a mucho hogar nuestro la crisis del Norte, de eso se habla, de decoro fraternal, de mano a mano. De lo que ha de hablarse es de la necesidad de reemplazar con la vida propia en la patria libre esta existencia que dentro y fuera de Cuba llevamos los cubanos, y que, afuera a lo menos, sólo a pujo de virtud extrema y poco fácil puede irse salvando de la dureza y avaricia que de una generación a otra, en la soledad del país extraño, mudan un pueblo de mártires sublimes en una perdigonada de ganapanes indiferentes. De lo que se ha de hablar es de la ineficacia e instabilidad del esfuerzo por la vida en la tierra extranjera, y de la urgencia de tener país nuestro antes de que el hábito de la existencia meramente material en pueblos ajenos prive al carácter criollo de las dotes de desinterés y hermandad con el hombre que hacen firme y amable la vida.

Si a la isla se mira, el dejarla ir, bajo el gobierno que la acaba, entre quiebras y suicidios, entre robos y cohechos, entre gabelas y solicitudes, entre saludos y temblores, podrá parecer empleo propio de la vida, y cómodo espectáculo, a quien no sienta afligido su corazón por cuanto afee o envilezca a los que nacieron en el suelo donde abrió los ojos a los deberes y luz de la humanidad. Cuanto reduce al hombre, reduce a quien sea hombre. Y llega a los calcañales la amargura, y es náusea el universo, cuando vemos podrido en vida a un compatriota nuestro, cuando vemos, hombre por hombre, en peligro de podredumbre a nuestra patria.

¡Aunque no ha de haber temor, que las entrañas de
nuestra tierra saben de esto más de lo que se puede
decir, y no es privilegio de los cubanos expatriados,
sino poder de los cubanos todos, e ímpetu más vehemente que el de sus enemigos, este rubor de la
sangre sana del país por todos los que en él se olvidan y se humillan! Es la tierra en quiebra la que
se levanta; la tierra en que las ciudades se van cayendo una tras otra, como las hileras de barajas.
Es la ofensa reprimida, y el bochorno ambiente, de
que ya la tierra se ahoga. Faltaba el cauce al decoro
impaciente del país; faltaba el empuje; faltaba la
bandera; faltaba la fe necesaria en la previsión y fin
conocido de la revolución: eso faltaba, y nosotros
lo dimos. Ahora, vamos a paso de gloria a la república. ¡Y a lo que estorbe, se le ase del cuello, como a un gato culpable, y se le pone a un lado!

Y si vemos afuera, y en lo de afuera a este Norte a donde por fantasmagoría e imprudencia vini-
mos a vivir, y por el engaño de tomar a los pueblos
por sus palabras, y a las realidades de una nación
por lo que cuentan de ella sus sermones de domingo y sus libros de lectura; si vemos nuestra vida en
este país erizado y ansioso, que al choque primero
de sus intereses, como que no tiene más liga que
ellos, enseña sin vergüenza sus grietas profundas,—
triste país donde no se calman u olvidan, en el tesoro de los dolores comunes y en el abrazo de las
largas raíces, las luchas descarnadas de los apetitos satisfechos con los que se quieren satisfacer, o
de los intereses que ponen el privilegio de su locali-

dad por sobre el equilibrio de la nación a cuya sombra nacieron, y el bien de una suma mayor de hombres; si nos vemos, después de un cuarto de siglo
de fatiga, estéril o inadecuada al fruto escaso de
ella, no veremos de una parte más que los hogares
donde la virtud doméstica lucha penosa, entre los
hijos sin patria, contra la sordidez y animalidad am-
bientes, contra el mayor de todos los peligros para
el hombre, que es el empleo total de la vida en el
culto ciego y exclusivo de sí mismo; y de otra parte
se ve cuán insegura, como nación fundada sobre lo
que el humano tiene de más débil, es la tierra para
los miopes sólo deslumbrante, donde tras de tres siglos de democracia se puede, de un vaivén de la ley,
caer en pedir que el gobierno tome ya a hombros la
vida de las muchedumbres pobres; donde la suma de
egoismos alocados por el gozo del triunfo o el pavor
de la miseria, crea, en vez de pueblo de trenza firme,
un amasijo de entes sin sostén, que dividen, y huyen,
en cuanto no los aprieta la comunidad del beneficio;
donde se han trasladado, sin la entrañable comunión
del suelo que los suaviza, todos los problemas de odio
del viejo continente humano. ¿Y a esta agitada
jauría, de ricos contra pobres, de cristianos contra
judíos, de blancos contra negros, de campesinos contra comerciantes, de occidentales y sudistas contra
los del Este, de hombres voraces y destituídos contra
todo lo que se niegue a su hambre, y a su sed, a este horno de iras, a estas fauces afiladas, a este crá-
ter que ya humea, vendremos ya a traer, virgen y
llena de frutos, la tierra de nuestro corazón? Ni

nuestro carácter ni nuestra vida están seguros en la tierra extranjera. El hogar se afea o deshace: y la tierra de bajo de los pies se vuelve fuego, o humo. Allá, en el bullicio y tropiezos del acomodo nacerá por fin un pueblo de mucha tierra nueva, donde la cultura previa y vigilante no permita el imperio de la injusticia, donde el clima amigo tiene deleite y remedio para el hombre, siempre allí generoso, en los instantes mismos en que más padece de la ambición y plétora de la ciudad; donde nos aguarda, en vez de la tibieza que afuera nos paralice y desfigure, la santa ansiedad y útil empleo del hombre interesado en el bien humano!

Cada cubano que cae, cae sobre nuestro corazón. La tierra propia es lo que nos hace falta. Con ella ¿qué hambre y qué sed? Con el gusto de hacerla buena y mejor, ¿qué pena que no se atenúe y cure? Porque no la tenemos, padecemos. Lo que nos espanta es que no la tenemos. Si la tuviésemos, ¿nos espantaríamos así? ¿Quién, en la tierra propia, despertará con esta tristeza, con este miedo, con la zozobra de limosnero con que despertamos aquí? A la raíz va el hombre verdadero. Radical no es más que eso: el que va a las raíces. No se llame radical quien no vea las cosas en su fondo. Ni hombre quien no ayude a la seguridad y dicha de los demás hombres.

Patria, 26 de agosto de 1893.

1893

1

A SERAFIN SANCHEZ

[Agosto, 1893]

Sr. Serafin Sanchez

Serafín querido:

Me hace falta aquí, me acostumbré a tenerlo, y a mi alrededor todo el mundo cayó pronto en la costumbre. Gran contrariedad lo de Teodoro. Excelente lo de Carrillo. Las carta van al viejo. Julio le escribe a Vd. que "el país no quiere la guerra", que yo "debía estar en el Cayo, mandando gente a Cuba". Tal quisiera el gobierno español. El país quiere la guerra. Y nosotros se la vamos a llevar antes de que se merme la confianza en nosotros, o se ponga el gobierno demasiado sobre aviso. Si me sale bien el paso que voy a dar, y que no es ir a París, en dos meses ya estaremos para marcha. Conque váyase alistando. Con esta esperanza justa sigue camino

Su

L. Marti.

2

N. Y. Agosto 29|1893.

Sr. Serafin Sanchez.

Serafín querido:

¿Qué es eso, que se van trabando tan bien nuestras cosas, tan bien que no las podemos ya echar a perder y no me escribe Vd. una sola línea? A Poyo y Teodoro escribo esta vez largamente. Y a Luz y al Consejo. Por supuesto que no recaeremos. Lo que nos falta es poco, menos de lo que Vd. y yo mismo pensábamos hace unos quince días. Eche así ya la voz con prudencia; no crea porque vea letra de Gonzalo que tengo más que cansancio; mándeme las poesías y lo de Payán: y defiéndanos con todo su vigor de cuanto pueda ponernos en peligro innecesario ya al último momento esta obra tan adelantada. Sigo asombrado de su felicidad, y de su inesperada rapidez.

Recuérdeme a Pepa y a Raimundo y a Rogelio. Su

J. Marti.

3

A FERNANDO FIGUEREDO

N. Y. Agosto 29|893.

Sr. Fernando Figueredo.

Mi muy querido Fernando:

¿Qué le he hecho que no me alienta, en los días

de más necesidad, en los días más solemnes de mı vida?

Lea lo que le escribo a Poyo y a Teodoro que es todo para Vd. Contésteme a vuelta de correo, antes de salir, que nada se nos echará a perder entre las manos, que el artículo sobre Gómez (1) le ha parecido bien y que me quieren todavía en su casa. La letra de Gonzalo le revela mi cansancio, pero no enfermedad mayor. Mi salud es la de nuestra tierra, que parece de muy buena salud. Uno o dos peldaños más, y ya estamos en la cima.

No parece que pueda faltarnos lo que necesitamos. Avanzamos bajo la miseria, como bajo de un camino abierto. Yo salgo, con todo preparado atrás, para reparar lo que por aquí nos falla a mala hora y caer con lo que tenemos ya ajustado.

Mi cariño de pobre a la casa entera, y a Vd. el de hermano de

Su

J. MARTI.

4

A GUALTERIO GARCIA

N. Y. Agosto 29, 1893.

SR. GUALTERIO GARCIA.

Mi Gualterio buenísimo:

Escriba a correo vuelto por si salgo de pronto.

---

(1) Se refiere al artículo suyo: *El General Gómez*, publicado en *Patria*, 26 de agosto, 1893.

Ya no creo con la mano en el alma que voy a tardar mucho en necesitarlo de una vez. No le apene la calma natural de la emigración, muy bien analizada en su carta a Benjamín. Así es y debe ser, pero no hay que sacudirla en vano ni demasiado a menudo, ni hoy que está en estrechez. Ya la sacudiremos pronto. A Vds. el irla manteniendo a flote con espíritu nuevo, con el espíritu de la verdad. Pero cuidado con poner asunto con esas recibidas a Calleja a caballo. En eso hay grandísimo peligro. Lo más y seguro, no se ha de trastornar a la hora madura por cosas, Gualterio, demasiado dudosas. Mucho cuidado. Prohibición absoluta de salirnos, sea cualquiera el pretexto, de lo que se tiene concertado y ya a la mano. Se va el vapor y un abrazo a Vd. y a la casa inolvidable, y a Pompez y a Peláez de su

J. Martí.

Y a Paulina.

5

AL GENERAL MAXIMO GOMEZ

New York 29 de Agosto de 1893.

Sr. General Maximo Gomez.

Mi muy querido General:

Yo mismo quisiera ser la carta, porque es mucho lo que tengo que decir, y entre la menudencia de tantos detalles, casi me enoja tener que hablar con

Vd. con las mismas trabas de papel y pluma con que hablo con los demás. Ni la gravedad y cercanía creciente de nuestras cosas me dejan calma y espacio para explicárselo todo de la manera que podría en una conversación. Acaso será también que recuerde con ternura y orgullo las que he tenido recientemente con Vd., y ante aquella grandeza sencilla me parece enano este comercio por cartas.

Creo, General, que "edificamos mejor de lo que nos imaginábamos", como se dice en inglés, y que por todo lo que se ve, y sin cometer imprudencias y quedarnos cortos en lo necesario, tendremos que acelerar nuestra acción, y podremos acelerarla. Vd. irá juzgando. Cuando los sucesos de Holguín, fué mi pensamiento, a pesar de la escasez de los recursos destinados a estos gastos de preparación, cubrir por mi parte la Isla de comisiones, a decir lo que podíamos y pensábamos hacer y lo que deseaban y podían ellos, mientras que yo por la otra acordaba con Vd. la organización que le pudiéramos dar al impulso que ha de ir de afuera. Vi a Vd., y adquirimos la convicción de que, con opinión oportuna en la Isla, podíamos ajustar nuestras expediciones a las sumas con las que sin engaño podíamos contar. A lo que entonces hablamos faltaban detalles, pero allí, con gran júbilo mío, quedó compuesto todo lo esencial. Ahora le iré diciendo cómo se han presentado desde entonces las cosas.

A mi paso por Haití, vi con mis ojos que sería imprudente fiar la muy delicada misión que le preparábamos a Masó (1) y me abstuve de poner en sus manos la orden de Vd. Ni el estado de ánimo de Masó, muy preocupado con luchas personales suyas, ni su actitud hostil respecto de Heureaux después de una cesión de armas nuestras, unos quince rifles, a sus enemigos, lo hacían, aparte de otras razones, propio para las funciones que él comenzó a aceptar, pero que no llegué a detallarle yo.—Y seguí a Costa Rica.

Era allí mi principal objeto poner en conocimiento del General Maceo las instrucciones que de Vd. le llevaba, y el espíritu de cordialidad y porvenir que mueve ésto que hacemos. Yo, que no pongo prisa en censurar ni absolver, tengo gusto grande en decirle, uniendo la prudencia al natural deseo de hallar buenos a los hombres, que Vd. y yo debemos estar contentos de la aceptación plena y afectuosa por el General Maceo de la parte de obra que considera Vd. como natural de él, y que él acogía de antemano en la carta que envió a esperarme a Puerto Limón. Lo trato con la verdad angustiosa y honda que está en mí, y no creo engañarme al decirle que él, y lo que le rodea, está pronto a ocupar su puesto en el pensamiento general, y a ocuparlo con entusiasmo y fe. Debo decirle, por lo que conozco de los hombres, que nunca temí que fuese de otro modo. Ni esperé para Vd. menos respeto y asentimiento por lo menos cordial, que el que me mostró al aceptar sus obligaciones, y reconocer la elección recaída en

(1) Juan Massó Parra.

Vd. por sus antiguos compañeros, para ordenar y dirigir nuestro Ejército de ayuda, que tardará pronto, por todo lo que se ve, en ser el de nuestra libertad. Enemigo yo de exageraciones que son delitos en cosas tan delicadas como éstas, no le pinté más situación que la que entonces nos era conocida. No le describí la condición de Oriente, entonces menos clara que hoy, sino con la confusión con que a aquella fecha la veíamos, y que a él, como a mí mismo, no le pareció de difícil remedio: y acaso por ésto, o por el deseo natural de conciliar su servicio patriótico con algunas obligaciones personales, o por convicción suya sobre lo oportuno de la época parecía inclinarse a creer que tendríamos tiempo de aguardar hasta Diciembre, aunque yo en todo momento hice hincapié con aquiescencia suya, en la necesidad de estar desde entonces dispuesto para todo instante. De la sinceridad de su determinación, y de que ésta era previa a mi visita, me dió pruebas con el hecho de haber transformado sus obligaciones directas con el Gobierno de Costa Rica con el compromiso personal entre cada uno de los colonos y el Gobierno. Ni hizo tampoco ocultación al Gobierno del verdadero propósito de mi visita, sino que él me acompañó a las que desearon de mí el Presidente y el Ministro de la Guerra, con quienes dejé abierto cuanto camino pude, y ante quienes traté libremente de nuestros intentos, y de la parte que naturalmente tenía en ellos el General Maceo. Tal fué en sustancia mi entrevista con él. Su hermano, y dos compañeros suyos, se pusieron por telegrama a nuestras órdenes. De Flor hallé carta amplia aquí; y de propósito, por cierta diferencia que aun tenían, hice a Maceo mensajero de todo lo que a él mismo le había dicho, y he repetido luego en carta a Flor. Flor no pudo venir, porque no está bien de dinero y depende ahora de otros en la finca en que está. Ni pude ver a Cebreco (1), sino por recado. En algo más fué beneficiosa la visita a Maceo, y es, en saber que él no desea expedición grande, ni barco de aquí, ni cree que lo acompañen,—ni lo desea,— más que unos cuantos Jefes y Oficiales escogidos. Para él el plan está en que le adelantemos cuanto podamos la organización en Oriente, en que se puede él poner, como quedó en ponerse en seguida, al habla con los elementos de pelea de la región, y en el poco dinero que con esos proyectos necesita, y los mismos cubanos de Costa Rica, que ya quisieron reunirle cinco mil pesos cuando lo de Holguín, darán al Partido para él. Esto es como una tercera parte menos de los gastos que pensábamos. Y así quedó en parte.

De Costa Rica volvía yo con angustia. Nunca creí que lo poco que llevábamos hecho había bastado para crear en la Isla una situación tan favorable. Temí que ciertas comarcas despaciosas, aun entre nuestra misma gente, revolucionaria, nos pusiesen estorbos, o pidiesen espera, por el incidente de las reformas. Me inquietaba el temor de ir llevando a pareja difícil y acaso imposible, las emigraciones des-

_____

(1) Agustín Cebreco.

mayadas por falta de empleo, y la Isla larga e indecisa. Me entristecía pensar que por acá tuviéramos
realmente casi todo, y que nos fuera inútil, porque
no estuviese a punto lo de allá. Y el tiempo va a
faltarme de seguro para contar a Vd. minuciosamente lo que me esperaba. Me engañé. No sólo
recibí respuesta satisfactoria, y en los más casos
apremiantes, por las comisiones que volvían; sino
que no he cesado de recibir visitas espontáneas, y
solicitud de acción, de lugares como en Santiago de
Cuba, por el silencio o confusión de ánimo de Yero (1), no se había dado curso a los trabajos que
acatando la opinión pública, puse desde el principio
en sus manos. Le diré en globo, después de idas y
venidas, como parece hoy estar todo, por el informe
directo de los comisionados. En Oriente, las cosas
se encadenan, aun sin la acción de Maceo, que
contribuirá tanto a anudarlas: envié a un comisionado a inspeccionar y ligar todo el Departamento,
pero—y de eso le hablaré al fin—Julio Sanguily,
con razón de salvarle la vida lo hizo volver de la
Habana al Cayo: pero de allí venían casi al mismo tiempo, las respuestas a lo que enviábamos a
preguntar. De Holguín me anuncian los Sartorius,
—y yo investigo—que su organización no está deshecha, sino aguardando. En Guantánamo, según
me dice Juan Pastor Sánchez, el Pelado, sobre lo
que yo sé, hay núcleo grande, que espera armas
nuestras. Moncada, pobre y dispuesto, me da pri-

(1)   Eduardo Yero Buduén.

sa. En Baracoa y Manaznillo, en Baracoa sobre
todo, hay buenos núcleos, y mucha voluntad popular.
Lo que nos faltaba era Santiago, y allí han tomado
sobre sí la obra, por dos vias que se juntan, los más
humildes con su club activo, y los jóvenes de más
representación de la Ciudad.—Me avisan, en la Oficina que no tengo modo de aligerar de gente, que el
correo está al salir y debo ir aglomerando las noticias.—El Camagüey se ha constituido; con todos los
buenos dentro de la Junta, y viene en su nombre a
verme Alejandro Rodríguez; lleno de satisfacción y
de hechos gratos volvió de allí el juicioso Comandante Varona Batista, que nos acompaña y está ahora con Rogelio:—perdió su esposa el pobre Rogelio.—
De las Villas, veo lo que le dice Carrillo (1), a quien
no he querido acercarme, seguro de que con Vd. está él, y de que lo mejor es caer como un rayo sobre
todo a última hora, sin enseñarle mucho los caminos
con idas y venidas al enemigo. En Cienfuegos, por
tres núcleos distintos tenemos buena gente. Reguera,
hijo de uno de los hacendados más ricos, Federico
Zayas, que campea por Cruces, Ranchuelo y cerca-
nías, y un grupo de veteranos: éstos nos piden armas: Reguera se procura las suyas: de Sancti Spíritus creo que hay hecho cuanto se puede hacer, y
después de la entrevista de Pepa la mujer de Serafín, con Carrillo en la Habana, creo que irá muy
adelante todo lo de allí; Remedios y Trinidad. En
Sagua, está Emilio (2), que no parece desear la gue-

(1) Francisco Carrillo.
(2) Emilio Núñez.

rra, ni estar dispuesto a quedarse fuera de ella, según me dice, cuando la vea estallar a su alrededor. En Matanzas, de acuerdo con lo poco sano de la Habana, trabaja un grupo de lo mejor de la Ciudad, muy bien repartido por el campo y hoy ya en íntima comunicación,—y esto sí que ha sido júbilo para mí—con Enrique Collazo, de quien recibí una cariñosa carta, con esa que le incluyo a Vd., por el Comisionado que devolví con los brazos abiertos. Los de Matanzas se tocan con los grupos, capitaneados casi todos por médicos, de la Vuelta Abajo, tres grupos, que se extienden hasta el extremo Occidental. Manuel García en carta triste y sumisa, espera órdenes. Este, en cuadro brevísimo, es el estado de nuestras relaciones en la Isla, que funcionan hoy todas a una voz y con nuestro plan uniforme.

Pero sucede, como es natural, que el gobierno aunque no nos toma un hombre ni un papel, gradúa nuestra fuerza por nuestro tesón y actividad, y da muestras de querer ganarnos por la mano. Y como nosotros tenemos,—porque lo que falta ya cae inevitablemente dentro del tiempo indispensable para la preparación armada,—todo lo necesario para la expedición de Vd., para la de las Villas, para la de Maceo, y para las armas que de tres lugares principalmente se me piden, si no engañan los datos casi definitivos sobre buques buenos, yates de a quince nudos que tengo en manos;—creo que es ya la hora, pera impedir desastres y caer antes de que nos esperen; de ir llegando—y en dos meses podemos hacerlo todo sin escándalo—a la hora final. Yo

ahora envío otra noticia General a Cuba, para que se
vayan disponiendo a la cercanía.Afuera, de una
brazada, recojo lo que falta en el mes que entra, y
dispongo ya de más cerca la compra de armas, que
no ha de ser sino días antes de su reparto para Cuba y nuestras salidas; y en cuanto a nuestro barco,
muy calladamente, le junto aquí de veinte y cinco
a treinta hombres de pericia, o de juventud brillante
y conocida, mientras Vd., junto con todos sus consejos me envía de allá. o me prepara, su noticia sobre el puerto adonde lo he de ir a buscar—Cayo
Grande por Chucho Aybar, o Fortune Island que
tengo un poco vista, o lo que Vd. disponga,—y sobre si puede asegurar allá, o se ha de buscar por otra
parte, el práctico que nos lleve a la Isla.   Al vuelo
voy poniendo estas ideas, por la prisa de perder todo
un vapor   Pero no espere de mí, bien lo sabe Vd.,
precipitaciones ni imprudencias.   No saldremos hasta que por allá haya cuajado la cosa un poco más.
Pero es ya mucha la zozobra del gobierno: y nos
dará ya muy poco tiempo. Urgenos aprovecharlo.
Así escribo a todos y a Maceo y a Flor ya escribí.
Y a Carrillo, presintiendo y anticipando la respuesta
de Vd. En suma ,completo los fondos mientras aviso
y junto a Cuba, y preparamos con el cuidado que ve,
para antes que España lo espere, las tres expediciones simultáneas.   Vd. me dirá lo que necesite para
reunir cerca de Vd., los que lo han de acompañar.
Por supuesto quedará un pan para las santas casas.

  Pierdo acaso el vapor. veo lo que sucede, y lo que

he hecho. A Teodoro (1) lo recibe Julio en la Habana, y lo hace volverse al Cayo: él le facilita la
vuelta, le trae los pasaportes, se ofrece a acompañar-
lo al vapor. Y al mismo tiempo, como si cosa semejante estuviese esperando al paso casual de Teodoro
por la Habana, le dice que, en seguida, sin tiempo
suficiente para tratar conmigo, necesita cuatro mil
pesos del Cayo para *recibir a caballo a Calleja* (2),
que es su enemigo. Y del Cayo, que le dió hace
poco mil cuatrocientos pesos para un alzamiento que
decía tener listo y paró en lo que Vd. sabe—me
envían hoy este telegrama nuestros tres amigos Serafín, Teodoro y Fernando:—"Imposible detener y
abandonar Julio imprescindible remitir dinero pedido
según informe Teodoro conteste inmediatamente"—
Yo, que procuro resolver con juicio, que ya había
previsto esta ofuscación de nuestros amigos, y que
tengo en mi poder una carta de Julio dirigida a Serafín un día o dos antes del viaje de Teodoro en
que le dice que ya se perdió la ocasión, y que debemos entender que el país no quiere la guerra, contesté en seguida así, dejando sinceramente la puerta
abierta a los servicios futuros: "Acuerdo Gómez en
ejecución y conocimiento verdadero estado cosas Cuba prohíbennos comprometer revolución y Julio mismo: yo carecería excusa autoridad decidiendo acción
imperfecta, contra planes organizador guerra, cuan-

---

(1)   Teodoro Pérez.

(2)   General Emilio Calleja e Isasi, militar español, que era
entonces Segundo Cabo y poco después Gobernador General
de Cuba.

do terminamos ya acción perfecta. Lo racional es Julio sálvese saliendo para volver luego sin comprometer ahora situación cada día más feliz. No se ofusquen y vean lejos: Digan Julio caso apremio salga". Ojalá esta resolución mía, que tomé sin esfuerzo ni combate por lo claro del caso, halle la entera aprobación de Vd. Yo debo terminar aquí. Perdone la mano; insegura, de escribir toda la noche, y hoy sin cesar. Mi carta verdadera, está en esas líneas impresas que para Vd. me saqué del corazón. (1) Y su casa ¿no es la mía? Quiera y responda en seguida, para premiar y guiar, a su

JOSE MARTI.

6

A CLARA CAMACHO DE PORTUONDO

Nueva York, Agosto 30, 1893.

SRA. CLARA CAMACHO DE PORTUONDO.

Distinguida compatriota:

En momentos de la mayor actividad para esta Delegación, y al punto mismo de la salida del correo para esa isla, recibe el Delegado, como el mejor sostén que pudiera apetecer para sus esfuerzos, el acta, a los ojos del Delegado conmovedora, de la constitución de la Sociedad patriótica *Hijas de*

---

(1) Se refiere a su trabajo "El General Gómez", publicado el 26 de agosto de 1893, en *Patria*.

Hatuey, llena toda de nombres de héroes, y que en Vd. tiene valiosa Presidente.

Sólo un instante queda al Delegado, y éste lo empleará en repetir que el aliento que precisamente necesitaba en estos instantes mismos para la obra de la patria, ya final y mayor, el aliento nunca tan grato como cuando viene del corazón sagaz y puro de la mujer, es esa muestra lujosa de patriotismo activo de que le da constancia la formación de esa Sociedad. Sí estamos en momentos solemnes. Sí nos urge toda palabra y todo hecho de apoyo. Se ordena ya el gran sacrificio, y es justo que se apresuren a premiarlo las mujeres, que son su corona natural. En la premura de estos instantes envía a las *Hijas de Hatuey* un ferviente saludo.

El Delegado,

JOSE MARTI.

7

A GONZALO DE QUESADA

Sept. 1893.

Gonzalo querido:

En el más estricto sigilo, porque así importa, salgo al Cayo. Creo q. será mi último viaje. Cálleselo. Muéstreme su cariño atendiendo absolutamente a *Patria* ahora q. se le muere la hija a Figueroa. Por lo mismo que estamos en lo bravo, dé la nota de fe y de seguridad, pero no la de braveza.

Ayude a Benjm. en lo de la Beneficencia.   Responda al punto cualquier carta de los clubs. Vuelva a acercar a Agramonte (1) a *Patria*. Ví a Mendiola con gusto y éxito. Para el 16 volveré, y querré ver a Ignacito. Sería mejor que él me quisiese ver. Y cuide mucho a Angelina: no la deje sola sino cuando sea indispensable. No se olvidan estas horas del primer hijo. (2) Ni se repiten. Salude a Lucianita.

Su

J. MARTI.

Gonzalo:

He tenido un momento más, y van las líneas públicas. Publíquelos apropiadamente si están en armonía con la situación allí, y si sigue en Cuba encendido nuestro fuego.

Su

J. MARTI.

8

A MARTIN HERRERA

12 de Septiembre, [1893]

SR. MARTIN HERRERA.

Muy distinguido compatriota:

Ruego a Vd que, olvidando con su singular pa-

---

(1)   Seguramente J. A. Agramonte, primer administrador de *Patria*.
(2)   Se refiere al nacimiento de Aurora de Quesada y Miranda, primogénita de Gonzalo de Quesada y Aróstegui.

triotismo toda razón de excusa, tome un puesto en
la comisión de la colecta del comercio, suscrita en
Abril pasado para los fines que es ya la hora de
realizar.

Seguro de su aceptación, saluda a Vd.

El Delegado,

JOSE MART

9

A RAFAEL SERRA

[N. Y. Septiembre, 1893]

SR. RAFAEL SERRA.

Mi señor don Rafael:

Clavado a trabajo mayor, no pude verlo ayer:
y, sin embargo, era indispensable. Ya habrá Vd.
recibido, o recibe por mí, la invitación indeclinable,
para hablar Vd. el 10 de Octubre. Yo quedé en
verlo, como a los demás. A ellos, hasta ayer no los
pude ver: todos aceptan su parte de carga. Vd.,
tan fuerte y bueno como el que más, aceptará la suya, sin más ceremonia. Salgo a trabajos y mañana estaré aquí. A las siete y media y no después
—vea que ya estamos militareando—quiero verlo en
el meeting. El asunto, ya Vd. lo sabe: nuestra alma entera: el agravio olvidado, y la fe encendida.

Nada de concreto, porque no parezca alarde, y por no enseñar nuestras vías. Salen mejor los barcos que no se anuncian. Pero, como hay razón, levante su fe al cielo:—eso espera de Vd., y que lleve a Gertrudis y a Consuelo, su

JOSE MARTI.

DE *PATRIA*, NUEVA YORK

23 de Septiembre, 1893

La lección de un viaje.

LA LECCION DE UN VIAJE [1]

Ni para denunciar sus propias huellas con alardes inoportunos se ha creado el Partido Revolucionario Cubano; ni para acusar público recibo de las desviaciones o ceguera de los hijos de Cuba; ni para mermar, con críticas fáciles e inútiles, las filas seguras, a despecho de los mismos que las habrán de enriquecer, de los soldados de mañana. En preveer está todo el arte de salvar. ¿A qué ofender hoy, por la cita a que responde o por la necesidad que dice, al compatriota a quien, por la sangre que derramó y el sacrificio que hizo de sí, se quiere para siempre como a hermano? ¿A qué, por la fruición ridícula de la verba, perder en azotainas a fantoches, o en lanzadas a un teatruelo de títeres, el tiempo necesario para juntar, acaudalar y arremeter? Hay hombres-varones, y hombres-hembras. Por eso *Patria* pasa, silenciosa, sobre todo cuanto en Cuba acontezca sin significación real: y va a lo que tiene que ha-

(1)   No se incluye aquí el artículo "Adelante", que aparece en *Patria* de 9 de Septiembre de 1893, por ser escrito por Gonzalo de Quesada y Aróstegui y no por Martí, como se ha afirmado erróneamente en algunas ocasiones. Igualmente no aparece tampoco en este tomo el artículo "El alzamiento en Cuba" publicado en *Patria* de 13 de Noviembre de 1893, por ser dudoso que fuese escrito por Martí, a juzgar por el estilo del mismo.

cer: a hacer la patria libre,—la patria en que vocife-
rarán luego como dueños, e intrigarán como serpientes, los mismos que se niegan hoy a servirla como
hijos. ¡Cuba, afuera y adentro, está llena de hijos!

Ni de las flaquezas de los suyos toma *Patria* nota,
porque son suyos los flacos, y es mejor curarlos con
el ejemplo cordial que con el castigo vejatorio; ni de
suceso alguno de pura superficie, cuyo examen abierto pudiera afligir a un corazón cubano, y cuyo efecto
real, como la declaración de desasosiego español que
entraña la convocatoria desmañada a algunos jefes
cubanos, es visiblemente útil, por el lerdo miedo y
el despotismo incorregible que revelan, a la revolución que crece espontánea, y se desbordará por sobre
estos u otros entretenimientos burdos, como la marea impasible sobre el pobre loco, con el tapa-ver-
güenza de dos colores, que le conmina y gesticula
desde la playa. Ni un ápice importa, sino para revelar el punible candor e ingénita nobleza de los cubanos, el aplauso inútil y tantas veces en vano repetido al primer español que se contente con algo menos que con regir al criollo a cárceles y sangre: a
unos satisface, por el poco apetito moral, lo que a
los hombres pensadores y laboriosos parece fuera de
toda relación con la necesidad actual, y oportunidad
preciosa, de la isla de Cuba en el desarrollo, ya hoy
crítico, del continente americano. Donde estamos,
estamos, y no podemos seguir viviendo de grupera
española sobre este potro sanguíneo y lozano de
América. Es otro, visiblemente, nuestro destino. El
arnés se ha de ajustar a la cabalgadura. En apa-

rejo no se puede montar sobre caballo de raza. *Patria* pasa a quienes lo deseen el aparejo.

Pero como la única enemiga verdadera de la felicidad de Cuba es la desconfianza de mucho cubano, por la educación colonial tímido y arrimadizo, en el carácter viril y decoroso de su pueblo, le es lícito a *Patria*, y aun obligatorio, señalar la marcada prueba de nobleza que el pueblo de Cuba, el pueblo de la emigración, ha dado durante el último y súbito viaje del Delegado del Partido Revolucionario a la Florida. Cayó sobre Key West, y aun en buen sentido pudiéramos decir que sobre la Habana, en instantes en que no se le esperaba, y en que, por el justo temor de los desaciertos y olvidos a que la privación dilatada suele llevar a los hombres, hubiera tal vez esquivado su presencia quien tuviera en el pueblo de Cuba menos fe, o le conociera menos la grandeza, que el que si hoy ostenta, como la honra singular que es, el título de Delegado de su pueblo. Cayó allí el Delegado, e hizo en los dientes de la Habana, cuanto tenía que hacer. Si habrá por todas partes, y en Key West sobre todas, agencias políticas de España, es fácil imaginarlo: si se habrán, en estos meses de extrema penuria, movido estas agencias para crear dificultades o disenciones o impopularidad en torno del representante de las emigraciones revolucionarias, calcúlese por cuantos tengan pensamiento: y calculen luego cuán hermoso será, y cuánto aplauso no merece, el que ni una palabra sola, hablada o escrita, haya venido a perturbar la obra rápida y visible de aquel a quien las tristezas de este

mundo abren paso en silencio respetuoso, porque lleva consigo el encargo de remediar las tristezas de la
patria. La miseria gemía tal vez a su alrededor; pero se puso su última sonrisa para recibirle. Y el entusiasmo, más pujante y espontáneo que nunca, ha
llegado al cielo. ¡Ni una sola mano atrevida, o
pensamiento bajo, han logrado mover, en esta admirable disciplina de almas, todas las agencias españolas!

Pero la lección no está en eso, ni a eso se ha de
hacer alusión, porque tal respeto era merecido y es-
perado; sino en la tierna delicadeza con que la ciudad de Key West, castigada hoy por tenaz escasez,
escondió sus penas de aquel que, para acudir a las
de la patria, necesita hoy de todo su recogimiento y
valor. Natural parecía que, azuzados por el enemigo hábil, acosasen a su llegada al Delegado los cubanos de alma floja, o lo acogiesen con frialdad, o
lo censurasen con la murmuración reprimida, o con
el encono del silencio, o aguardaran de él alivio a
sus aflicciones temporales: ¡pero a las puertas de la
familia heroica que dió asilo al Delegado no llegó
una sola aplicación privada a distraer de sus labores,
visiblemente felices, al hombre pobre que sólo de su
corazón podía hacer lonjas de pan, o de lo ajeno hubiera tenido que valerse para sofocar la impopularidad que hubiera podido acarrearle la indispensable
negativa: nadie ofendió al Delegado, "al hermano
Delegado", como por allí se le llama con frecuencia,
suponiéndolo rico cuando es pobre, o bastante cobarde para hacer lo que no debiese, por el miedo de

comprometer el afecto popular que lo rodea. Y
dió así el pueblo cubano la más alta prueba que el
hombre puede dar de sí, y por la cual se ve la alta o
baja estatura moral de los hombres: y es no sospechar en los demás las faltas que no es él mismo capaz de cometer. Digno y valiente es en el hambre,
como en la pelea, el pueblo cubano, y por eso creyó a
su Delegado digno y valiente como él. ¡Y la bandera se ostentaba tal vez, durante aquella visita, en
alguna casa donde sólo se servía al día una vez de
comer! Pero las mujeres se pusieron su mejor traje
blanco, y los niños saludaban a la patria, que se acer-
ca, con cintas y flores.

Patria, 23 de septiembre de 1893.

1893

1.—A Sotero Figueroa.

2.—A Justo Castillo.

3.—A Serafín Sánchez.

4.
5. } A José Dolores Poyo

1

A SOTERO FIGUEROA

[Nueva York, Octubre, 1893]

SR. SOTERO FIGUEROA.

Secretario del Cuerpo de Consejo de

New York.

Mi amigo muy estimado:

Mi discurso del 10 de Octubre se sirve Vd. pe-
dirme, en nombre del Cuerpo de Consejo, para pu-
blicarlo en *Patria*, y yo, levantado ya de la enfermedad pasajera, para nuevas labores, éstas le mando, como discurso mejor que el ya pasado, en vez
de las palabras que sólo con gran violencia podría
recordar ahora. Como la lava, salen del alma las
palabras que en ella se crían; salen del alma con
fuego y dolor. Horas después, aún chispea el discurso y resplandece, y se le puede tomar vivo, en
los surcos que abrió al pasar. Días después, amigo
mío, que es lo que me sucede ahora, el quehacer
grande y presente, se lleva las palabras que en la
hora agitada pudieron parecer bien, o sembrar idea
y método, pero que luego, ante el sol, ante el alma
encendida, ante la marcha firme y silenciosa de

tanto leal como le queda aún a nuestro honor, no
es más, amigo mío, que cáscara y pavesa.

Ni me pida, ni me dé, palabras ajenas o mías,
como cosa principal. Deme hombres: deme virtud
modesta y extraordinaria, que se ponga de almohada de los desdichados, y se haga vara de justicia
y espuela de caballería: déme gente que sirva sin
paga y sin cansancio, en el mérito y entrañas de la
obscuridad, el ideal a que se acojerán luego, pedi-
güeños y melosos, los mismos que, en la hora de la
angustia, porque el polvo del camino les mancilla la
corbata, se apartan de él. Lo honrado es la brega:
y no ver, con los brazos cruzados, cómo bregan
otros. Nosotros encendemos el horno para que todo el mundo cueza en él pan. Yo, si vivo, me pa-
saré la vida a la puerta del horno, impidiendo que le
nieguen pan a nadie y menos, por la lección de la
caridad, a quien no trajo harina para él. Pero en
república, más que en nada, debía ser verdad lo
del valenciano Mondragón: "el que quiera pan, que
lo cave; y mientras más blanco, más hondo." Y
así quedo yo; cavando, para todos.—No me pida
palabras desvanecidas, las palabras del 10 de Octubre, que debieron ser, y fueron sin duda, de menos pompa y apariencia que otras veces, porque la
dignidad de las virtudes que de todas partes veo,
y que por su naturaleza son más secretas, que públicas, ponía en mí como cierto desdén de lo meramente hablado; aparte, amigo mío, de la dificultad
de ahogar por prudencia ante un público ardiente,
a riesgo de que tuviese al orador por mermado y en-

juto, las voces de victoria que, como himno indómito, se levantaban a aquella hora tumultuosa en mi
corazón. Lejos, muy lejos del tablado extranjero
estaba mi pensamiento real, y mi mayor obligación:
mi discurso, aquella noche, era ella misma, y el re-
ligioso concierto y obra sensata e incontrastable en
que, después de una guerra desordenada en un
pueblo heterogéneo, hemos logrado componer las almas. Ese era mi discurso, y mi vida: valgámonos
a tiempo de toda nuestra virtud, para levantar, en
el crucero del mundo, una república sin despotismo
y sin castas.

Queda, cavando, su

JOSE MARTI.

2

A JUSTO CASTILLO

[1893]

SR. JUSTO CASTILLO.

Mi querido y buen Justo:

Vd. tiene razón, y es necesario que nos ponga-
mos elegantes, porque a los hombres no se les juzga
por lo que son, sino por lo que parecen; y porque
hay razón para juzgar mal a quien no cuida del respeto y buena apariencia de su persona. Mientras haya un hombre alto, todos los hombres tienen el deber
de aspirar a ser tan altos como él. El hurón se
mete por los rincones de la tierra. El águila sube

vencedora por el aire. A mí me gusta más el cielo que las cuevas. Me ha puesto muy contento ese baile de casaca.

Pero de la casaca se nos van a burlar, y nos van a llamar danzones y casaquines, si no mostramos ser hombres, que a su hora de poner el charol y el frac, y a su hora, para adquirir el derecho a la fiesta,—trabajan y pelean. ¿Está Cuba alzándose, y sus mozos no le tenderán los brazos, para ayudarla a levantarse,—para levantarse con ella? El que levanta a su país se levanta a sí propio. El que no tiene país propio, se queda sin raíces en el mundo. Póngame en cubano el nombre, y juntémonos en el Club nuevo, a bailar de vez en cuando, que eso no está mal en mozos, pero bajo la bandera de Cuba. Póngamele un nombre lindo que va a ganar fama: "Cuba joven". Y avíseme para el bautizo.

Su

JOSE MARTI.

3

A SERAFIN SANCHEZ

[1893]

SR. SERAFIN SANCHEZ.

Mi querido Serafín:

Gracias por su noble carta última. ¿Qué tenía que decirme? Pero ya dí en rostro con ella a dos conversadores, y me ha servido para dos de las co-

misiones a la Isla. Hoy, Serafín, le escribo poco.
Estoy muerto, y contento. Desde que llegué, me
puse a recoger hilos, a uniformar el país, a ajustar
los múltiples detalles, a completar los fondos, y a
procurar la acción coincidente e inmediata de nuestras fuerzas y las de la Isla.

De M. he tenido, y de Guillermón, la respuesta anticipada, casi por completo, a nuestras preguntas: pero necesitamos datos aún más concretos.
Lo mismo he pedido a todas partes, por gente de
mérito. Aquí, lo anticipo todo, y en cuanto estén
las respuestas, y el General listo, y Maceo, por su
lado, nos echamos al mar. Pero yo aquí, seguro
de lo que ha de suceder, lo preparo todo de antemano. Ya le digo que de Orte. (1), como del
C. (2) se me han enviado muy buenas noticias, y
la certeza de que sólo se aguarda por nosotros. En
tanto, en la Habana repiten, por orden superior, el
argumento de mi desdén a los jefes de la guerra pasada, y de mis *especulaciones!*

¿Por qué, con su mano de Jefe, no me le dá un
revés a esa picardía,—no pinta mi alma militar, y
mi mayor ternura, mi ternura de hermano, que Vd.
sabe y palpa que guardo para los que han dado su
sangre por mi tierra? Le aseguro que convendría
ahora, *para areglos en la Habana,* una buena ba-
jada en ese sentido. ¿Y aquel banquete nuestro?
¿Y la carta de Vd.? ¿Y lo de Gómez: "yo les diré

---

(1)   Oriente.
(2)   Camagüey.

que es como nosotros?" Si yo lo digo, parece
adulación. A ver quién lo dice, quién pinta mi corazón hermano y militar, para que no nos estorben
en lo que *ya en la Habana, hacemos ahora.* Com-
batamos la maldad con la prueba contínua y entusiasta de nuestro cariño. A ver, Serafín. Sea mi
padrino de armas.

Charles no viene, y me tiene impaciente. Ya le
dije que le envié la orden un día después de mi llegada, el primer día hábil. Continúo tratando con
G. lo referente a su parte de trabajo. Ahí man-
téngame encendida a la gente, a fuego sordo.

Un gran saludo a Pepa, y vea, cansado y feliz,
a su

MARTÍ.

4

A JOSE DOLORES POYO

1893.

SR. JOSE DOLORES POYO.

Mi buen Poyo:

Hoy ha de perdonar. Todo lo he echado a andar
esta semana. Si he dormido, no sé, y estoy rendido,
aunque,—más que de trabajo,—de agradecimiento,
por esa hermosura del Cayo, que ya sé que ha prendido en Florida. Ahora mantengamos ese fuego,
para que anime y conforte a Cuba, ahora que estamos en el final convite, y para que el arranque pri-

mero de nuestras emigraciones, a raíz de nuestra
ayuda armada, le produzca un auxilio grande e inmediato. Caeremos y nos refuerzan. Esto lo he
leído en el cielo, y Vd. llevará una cinta de mi caja
vacía; pero moriré dando luz.—Ahora lo que importa, si le parece bien, es arreciar la fe a los ojos de
la Habana, donde vuelve la mala gente a gritarme
entre los jóvenes y la menudencia militar, como gran
pecador, y enemigo de los militares. Ahí hay que
dar: ahí nos están dando. El martes escribo más.
No duerme un instante su

MARTI.

5

2 de Noviembre de 1893.

SR. JOSE DOLORES POYO.

Mi querido Poyo:

Tengo justa alegría, porque, según telegrama
—cables— que he recibido, ayer por fin han termi-
nado las confusiones o causas de indecisión, o pasos
débiles que hubieran podido entorpecer en momentos en que necesitamos de precisión no menos que
matemática, para caer sobre el Gobierno antes que
nos revuelva o cierre el campo. Estoy contentísimo,
y no quiero escribir; no quiero más que escribírmelo.
Ahora, una semana de encierro, preparando papeles
y despachando gente, y enseguida, ya veremos por
dónde sea más preciso arremeter. Pero alégrese,
sacuda a las gentes, fortalézcales el corazón. No

veo nada que se ponga seriamente en nuestro camino. Déjeme hoy ceder a mi mala crianza de no
escribir, en gracia de que el martes lo haré tendido
con todo el gusto de hoy, y con más reposo.

Su

J. Martí.

Lo de Cristo inútil. Mandé a un hombre y tengo
ya su respuesta por cable de ayer. Ahora ya podemos hablar al público, y ya verá que arrepentido va.

DE *PATRIA,* NUEVA YORK

4 de Noviembre, 1893

¡Para Cuba!

¡PARA CUBA!

Hay crímenes en política, y hay política baja y superior, y en las dos hay crímenes. Pero hay una política sin crimen, que es la que conoce y mueve los elementos reales de un país para su mayor bienestar, y la habitación decorosa del hombre en él. Y ésta, y jamás otra, es la política del Partido Revolucionario Cubano. Si pusiese sus manos sobre el país, se las echarían abajo. Si le saliesen manos que se quisiesen poner sobre el país, él, guardián visible de la patria, las echaría abajo. Lo sagrado es el país. Un pueblo no es peana del hombre que sobre la hecatombe de él quiera, ante los siglos futuros, codearse con las glorias pomposas de la historia de nuestro mundo, que al cabo, en el globo incalculable de la creación, será vapor, de agonía y de sangre, que orle, como vaga nube, la dicha suprema: la dicha que se vislumbra en la existencia corriente cuando se deja bien hecho un trabajo útil, o se decide dar la vida, y el mismo gusto doloroso de cumplir los deberes menores, por mejorar y salvar la vida ajena. De las carnes caídas surge entonces una luz, serena y deleitosa, que ha de ser como la paz final del mundo. Los enamorados de él aspiran a clavar su nombre en el vapor eterno. Los verdaderos héroes, como los

hindús ante el Juggernaut, se postran, a que pase
por sobre ellos el país, a que la verdad sacrificadora
pase por sobre ellos. De las raíces vive el árbol; y la
verdad, de los hombres que a los pies de ella caen
sobre la tierra. A quien de su pueblo toma pretexto, y de su desorden e inactividad, para aspirar a
una distinción culpable; a quien sirve a su pueblo
con mente que no sea la de darle, sonriendo, el último hilo de las entrañas; a quien, por no parecer
vencido en sus propósitos, esconde la verdad que los
daña, en cosas de sangre y riesgo de su pueblo, y le
estorba con esperanzas mentidas el juicio claro y la
solución verdadera, a ese no cuadra más que un nombre: criminal. Crimen sería vender la vida de los
cubanos que en la fe del silencio hacen lo que deben
hacer, y cuyo auxilio no merecería el Partido que por
la vanidad y ligereza de la lengua extranjera los ven-
diese: crimen sería comprometer, con revelaciones o
insinuaciones que no sean de principios públicos, y
abiertas de par en par, la guerra indispensable para
su conquista. Crimen sería ponerse, por no bajar la
persona o confesar el error, en el camino de la patria.

El Partido Revolucionario Cubano nació y vive
para la verdad de la patria, y para servir a la patria
conforme a la verdad. En él nadie tiene que caer.
Su obligación era, en la hora del peligro de guerra
por el desorden de las esperanzas, tener juntas, y en
vía de acción, las fuerzas de una lucha previsora y
cordial, que desde sus orígenes y por sus métodos y
propósitos extirpe los riesgos de una guerra deshe-

cha, de celos y de seguedad, y de odios posibles. Ni
hacer esto siquiera pudo ser, en la falibilidad del
hombre, el objeto del Partido Revolucionario Cubano: sino intentar hacerlo. La grandeza está en
haberlo intentado: la caída sólo podía estar en haber
dejado de hacer, con la humillación voluntaria y
completa de la propia persona, todo lo necesario para realizar el intento. Pero todavía queda una grandeza al Partido Revolucionario, a que por fortuna,
por el honor y temple de sus miembros, que son todos los miembros constantes y limpios de la revolución, y por el interés mismo de gloria y porvenir, no
parece que haya de acudir jamás:—y es la de declarar honradamente al país que intentó juntar para su
bien, sin ambiciones ocultas ni reservas sombrías, los
elementos necesarios para una guerra democrática y
fundadora,—y que su intento fué vano. El hombre
que a la hora necesaria tuviese este supremo valor,
este valor bien entendido y más difícil que cualquiera otra especie de él, caería en los brazos y el respeto de sus conciudadanos. ¡Descanse Cuba! En
el Partido Revolucionario no hay cobardes morales:
ni hay ambiciones ocultas ni reservas sombrías. Lo
que se calla, de callarse ha, porque estamos en guerra, y una guerra ya lo es, en la prudencia y la sorpresa, desde que se la compone y prepara. Pero si
la verdad sublime lo dejase de ser, si el intento republicano hubiese dado con escollos invencibles,—si
la patria se negase adentro, o sus auxiliares no se
pudiesen ajustar en desinterés y honor afuera,—
así, con las espinas en el alma y la luz en la frente,

lo diría el Partido Revolucionario Cubano: y seguiría cada cual, a su modo y camino, sirviendo a la patria. ¿Vivir y no servirla? ¿Felicidad, mientras no sea feliz ella? Descanse Cuba: y fíe: porque hasta hoy, es himno lo que tenemos en nuestro corazón, lo que se ordena y triunfa en nuestro corazón, y no es verdad que se nos niegue la patria.

Patria. 4 de noviembre de 1893.

1 8 9 3

1

A GONZALO DE QUESADA

[Nueva York, Noviembre, 1893]
Gonzalo:

No sé qué haré hoy aun. Depende de los telegramas. Zayas (1) está en el campo, y según parece, otros y los Mora. Si es así, ni al Cayo puedo ir sin hacer algo antes. Si antes de las 11 no
recibe noticia mía, baje a su quehacer, y júntese
conmigo en la oficina a las 4½. De todos modos,
baje, y esté en la oficina, pª q. vean allí hoy a algunos de nosotros, y no decir nada a la prensa, sino que esos son *geysers,* que n. noticias son las mismas, y no afirmar que eso sea orden nuestra, ni qui-
tarles ningún crédito. Es el país espontáneo.

Su

J. Marti.

2

[Nueva York, Noviembre, 1893]
Gonzalo:

Las noticias del *Herald,* (2) confirmadas por un

---

(1) Federico Zayas. Se refiere al levantamiento frustrado
del mismo, no ordenado por el Partido Revolucionario Cubano.
(2) Véase *Patria,* 13 de noviembre, 1893.

cable del Cayo, más tranquilizador aun que el de anoche sobre cualquier arrebato que de allí pudiera temer, me hacen suspender el viaje, y acaso no hacerlo. Pero dejo en sus manos el periódico de mañana. A Benjn. le escribí, y ahora le digo la suspensión. Sin embargo, esto sólo es cambio de trabajo, y emplearé bien, y fuera de N. York tal vez, la semana q. entra. Esta noche lo veo probablemente, o le escribo: y si no, no deje de ver lo de la corrección de P. (1) temprano: a Aldao (2) aun no le escribo: ya le avisaré a Vd. antes de mañana si he de rogarle que me sustituya por unos cuantos días. Empleo el día en las cosas varias en que lo tenía dividido. He de procurar una declaración breve en el *Herald,* para no cargar con la culpa ajena. Ese Pendleton, ya le dije, es malo. Nos aborrece.

Su

J. MARTI.

3

AL GENERAL MAXIMO GOMEZ

[Noviembre] 1893

MAYOR GENERAL MAXIMO GOMEZ.
La Reforma.
Mi General y amigo:

En persona, y no por carta, iba a contestar la es-

---

(1) *Patria.*
(2) Carlos Aldao, Secretario de la Legación Argentina en los Estados Unidos de Norteamérica.

timable de Vd. que llegó a mis manos junto con un alcance sobre los mil pesos que le envié el mismo día en que me vinieron sus letras. Iba en persona, porque sólo así podía explicar a Vd. los minuciosos detalles de la situación de Cuba, y—sin tomar ofensa de lo que me dice—demostrarle cómo la explicación que le hacía en mi carta anterior no provenía del menor deseo mío de realzar mis servicios, ni de mermar a Vd. la autoridad indispensable, y qué por mis propias manos he puesto en las suyas, después del voto de la gran mayoría de los jefes y oficiales de la emigración, y con anuencia, aplauso y solicitud de los núcleos revolucionarios de la Isla. Pero éstos se dan tal prisa, algunos de ellos están en tal peligro, y su comunicación íntima y frecuente conmigo, que estoy más cerca ,es tal, que es deber mío, hoy como ayer, poner ante Vd. la situación real, a fin de que pueda ajustar a ella los arreglos que son de su exclusiva competencia.

Y ahora mismo escribo a Vd. estas líneas al garete, porque, en confirmación de lo que antes anuncié a Vd., y aunque pude sofocar el movimiento intentado en Guantánamo para el 8 de Octubre,—se ha alzado Cienfuegos hace cuatro días, y Villa Clara según parece, con gente nueva y vieja,—el gobierno ha cortado todas las comunicaciones, las emigraciones están hirviendo, y yo le escribo con todo esto a cuestas, con las riendas de la razón muy en la mano, pero con un barco pronto para llevar 150 hombres a Cuba, y cuanto armamento puedan introducir sin embarazo, caso de que—contra lo que espero y aca-

so deseo—Carrillo, según dice el cable de hoy, se
haya visto, por el peligro de la persecución, obligado a alzarse. Yo no fomento algaradas, y las emigraciones están decididas a no fomentarlas; pero si
esos desesperados, o perseguidos se mantienen y han
causado el auxilio forzoso de hombres como Carrillo,
yo no los abandono,—e irán con auxilio—ya listo
del todo a esta hora los que deban ir. Ya ve que
me puede querer: ni precipito, ni me duermo. No
es mi nombre, miserable pavesa en el mundo, lo que
quiero salvar: sino mi patria. No haré lo que me
sirva, sino lo que la sirva. Ni siquiera me ofenden
el desconocimiento e injusticia que encuentro en mi
camino. El mundo es hiel, y bebo: pero no me dé
Vd. hiel a beber.

Le diré de Cienfuegos. Federico Zayas, hombre
nuevo, tachado de exaltación, ha dado su mediana
fortuna a preparar la guerra, merece y goza respeto
en su comarca, tenía hablados,—según mis informes
revisados,—unos cuantos cientos de hombres, pero
los más prudentes de su comarca—Ranchuelo, Lajas, Cruces, etc.—le temían por su publicidad e impaciencia. El 21 de Septiembre debió alzarse, y lo
sujeté: y luego en los primeros de Octubre, y lo vol-
ví a sujetar. Ahora tuvo un duelo con el Alcalde
Municipal y a pesar de sus promesas sinceras he
ahí el alzamiento. Se llevó las armas de la Guardia
Civil; hubo encuentros: se entró en el monte: está
con él de los publicados por cable, el oficial Esquerra. ¿Qué puede suceder de ésto? El gobierno ha
cortado las comunicaciones: lo que se sabe afuera es

que el *Herald* (1) ha preguntado para mí, y lo que
de la Habana a medias han dicho al Cayo los de los
Vapores, y ahora lo de Felipe Hernández, que vino
en un bote dice H. que a nombre de Carrillo. Y
eso era lo que yo temía: que, alzado Zayas, que es
bravo y ardiente, lo hiciese con tal núcleo que el gobierno, que en todos los nuestros tiene puesto los
ojos, y en Carrillo sobre todo, los persiguiese,—y
ellos no se dejan coger—: ellos se alzan. A esto
estoy preparado, y debo al vuelo decírselo. ¿Qué
he de hacer? Tener pronta una expedición, a Maceo, *que recibió de Vd. por mí, como delegado y como enviado de Vd., el encargo de llevar su expedición bajo el concepto de que Vd. encabeza por voto
de sus subordinados los trabajos militares,* a Maceo,
digo, que ya ha aceptado de Vd. la comisión, y opinó
por Diciembre, y entiende y sabe la condición superior y de elección con que Vd. se le dirigió por mí en
virtud de nuestro acuerdo en Monte Cristi, a Maceo
le escribo, a fin de que, por cable mío, pueda alistarse
caso de que el alzamiento se mantenga, y de que lo
ayudemos, y se alcen, o alcemos otros en otras partes que desvíen la atención del gobierno y dividan
inmediatamente sus fuerzas que es nuestro primer
deber en estas circunstancias,—y a Vd., puesto que
no puedo moverme de aquí, le doy esta rápida cuenta, ya que por cable no nos podemos entender. Si lo
de Cuba perece, con la misma seriedad de la gente
comprometida que aguarda nuestro aviso,—y la or-

(1) *The New York Herald.*

den de Vd., que les tengo anunciada, y a la cual invariablemente someto toda impaciencia, y demanda de fechas cercanas o fijas,—entonces seguiremos con la trama creciente y fuerte, pero como Vd. ve, ya muy vecina la acción. Si no perece, ayudaremos, Maceo se preparará a caer por Cuba, según su oferta expresa, con los recursos que a su lado dependen de mi indicación,—y Vd., General, puede estar seguro de que, cinco días después de su respuesta, o al recibo de las palabras que aquí convengamos, le tengo como convinimos, un barco rápido, con 25 hombres seguros, a unirse donde Vd. me diga, con lo que Vd. haya preparado a su alrededor. Las palabras en este caso extremo, serán éstas, sin firma alguna de ella:

Imposible, querrá decir: estaré dispuesto, aguarde carta; prepare expedición.

Regular, querrá decir: venga a Fortune Island, donde yo estaré, (y aquí el día en que Vd. pudiese estar allí.)

O, si el cable no pasa por Cuba, y hay una vía que no pasa, puede decirme al principio y fin de dos palabras nulas la *fecha y lugar* donde debo encontrarlo, por ejemplo: *doce* cargas listas *Cayo Grande.*

En cuanto a grupos en Cuba,—me avisan que el correo se cierra,—lo más valiente, de influjo social y estimable de Matanzas, con Collazo a la cabeza, esperando órdenes de Vd., y entre tanto recoje los núcleos varios de Occidente, —jóvenes habaneros de buenas familias, médicos, guajiros, Manuel García:— de la Habana a Pinar del Río hay organizaciones

disciplinadas. En Sti. Spíritus, todo lo que ha podido hacer Serafín. Remedios, Carrillo. Santa Clara, los Mora que dicen muertos.—Cienfuegos, otros
de que le hablé, a más de Zayas, pero deben haber
sido arrastrados con él. El Camagüey tiene a la
cabeza de su junta al Marqués, (1) y reitero lo que
de él le dije, y a Vd. habrán confirmado sus envia-
dos allá. En Oriente, grupo ¡impaciente y fuerte en
Guantánamo—confirmada la disposición de los de
Holguín—recibida la impaciente de los de Manzanillo—Guillermón ligado con los de Guantánamo—
la mejor juventud de Santiago de Cuba—todo eso!
iba a poner, confirmando lo que le dije en persona,
y le escribí ante los ojos de Vd., a fin de que viera
estas cosas sin la palidez de las cartas, y volviese a
cerciorarse de que no caben en mí impaciencias de
fanático, ni flaqueza de ambicioso, ni la ligereza y
presunción del político soberbio y novel. Quisiera
la guerra sana y fuerte, y tomada con toda cordura,
pero cuando la guerra salta por sobre nuestras preparaciones, creo que debemos estar dispuestos a acudir a ella, y a prever los desastres de lentitud, o de
especie peor, que causaren el abandono criminal de
los que en el campo sólo aguardaban entonces un
auxilio oportuno para dar al Mundo un nuevo pueblo libre. Para esto vivo; para lo real de las cosas
y los hombres; para que eso no vuelva a suceder,
para abogar en mi patria por una guerra potente, y

(1) Salvador Cisneros Betancourt, Marqués de Santa
Lucía.

de mano libre y única, no dificultada con trabas innecesarias, que en su forma sencilla y verdadera lleve en germen la concordia y firmeza de la República.—La prisa con que le escribo no es descortesía:
es angustia. Vd. imaginará lo que tengo en este
momento a mi alrededor. Y en mí, el deseo vehemente de que Vd. esté contento con su

JOSE MARTI.

Todo, a su hermosa casa, que no ha querido ver
con cariño lo que dije de ella.

Los cables a *Barranco* (1)

New York.

4

A SERAFIN SANCHEZ

SR. SERAFIN SANCHEZ.

Mi querido Serafín:

Aquí está Charles con su carta, y sus noticias
singulares sobre la orden de Zayas, que no sólo no
pudo recibir de mí, sino que está en absoluto des-
acuerdo con la comisión terminante que le mandé
pocas semanas antes, y a que contestó él con la más
formal promesa de no alzarse hasta recibir mi orden
definitiva, que significaría ser llegada la ocasión del

---

(1)   Manuel Barranco, patriota y comerciante cubano, residente en Nueva York.

movimiento general. Cualquier orden falsa que hubiese podido recibir, debió llamarle la atención y
moverlo a confirmarla previamente, puesto que no
iba por mi conducto usual, y estaba en contradicción
con mi comisión última. No quiero prejuzgar. Si
se quiso violentarlo, debió dudar, dadas tantas circunstancias en contra, y habiéndole yo prevenido
contra esa violencia posible, y los hombres que tenía
al pie, y la intriga posible del Gobierno o del partido
conservador, para afirmar su autoridad en la Isla;
si ha sido instrumento voluntario y culpable del Gobierno, lo que aún no oso creer, no ha logrado su
objeto principal, que sería sin duda provocar un alzamiento incompleto, y aturdirme, a fin de que en-
viase yo mal y a retazos nuestro auxilio descom-
puesto. Nada de esto se logra. Si eso es cosa de
honor y respeto, y arrastra gente de poder, ya Gómez está minuciosamente avisado, y continuaré avi-
sándole por cable para que en vista de la situación
y de mi carta decida: yo, por mi parte, tengo hecho
lo que he dicho, y en pocos días se alza lo que de la
Isla parece querer alzarse, y vamos los que de afuera
tenemos que ir. Si eso ha sido la obra inmatura de
una ciega precipitación, y no puede aguardar en pie
el tiempo necesario para los acuerdos indispensables
en nuestras distancias actuales, por rápidos que sean,
quiere decir que el auxilio llegaría tarde, o iría a
seguir un arranque sin crédito. comprometiendo la
suerte de la revolución verdadera, o cayendo en una
trampa española.

Mi actitud, yo no tengo que decírsela. Esa es,

y Vd. la ha visto en hechos. Gómez está avisado
desde el primer instante, con noticias de los lugares
que tienen prometido levantarse,—de la expedición
primera, que puede ser como Vd. sabe,—de mi aviso
simultáneo y en camino a Maceo— y de mi disposición a hacer, a orden de cable, por lo que respecta
a él, lo que tenemos acordado. En estos siete u
ocho días, indispensables para que él reciba la carta,
que acaso le sea la primera noticia, y para que me
conteste por cable, yo le habré anticipado la situación real, y lo de Cuba habrá cesado o habrá prendido. Tal vez, y eso sería funesto, ande por el interior de la Isla, para lo cual, e ir viendo su gente,
me pidió y le envié recursos. Lo que dificulta más
mi libertad de obrar es que, según puede Vd. ver
por mi carta anterior, no parece estar Gómez en la
realidad de la Isla, tal como se me presenta y a
tiempo se la exhibí, para que ya a esta hora hubiéramos caído sobre el campo como pudimos y acaso
debimos; sino que en respuesta a mi carta, muy cercana y angustiosa, y diciéndole cómo podía hacer lo
acordado si la precipitación del país lo requería, y
él lo deseaba, me respondió como si se hubiera ahora
de empezar las labores de relación y acuerdo suyo
con los jefes, que es lo que yo precisamente le he
venido adelantando, y aun ví en su carta como el
desagrado de que se pudiera tener en poco su autoridad, lo que naturalmente me obliga a ser todavía
más cuidadoso de no lastimársela. Lo que en mí es
patriotismo y angustia, pudiera parecerle ambición
mía, o deseo de servir mi preponderancia, valiéndo-

me de su nombre. Por eso, sin faltar en un ápice al deber que pudiera de un día a otro exigir el país, y a que me sabe Vd. preparado, no tomaría medida alguna sobre alzamiento sin su anuencia, sobre todo cuando a los que pudieran alzarse en Cuba, se les ha asegurado con la verdad estricta, que Gómez iba, y que su situación entre nosotros es la que es.

Ahora, si la guerra prende, y justifica y requiere nuestra acción, y es visible e indudable el deber de auxiliarla, no hemos perdido tiempo—lo necesario está—lo primero puede ir enseguida—otras comarcas pueden alzarse, y esperar por nosotros muy poco—en seguida puede ir lo demás, y todo casi a un tiempo. Así propuse hace más de meses. Así lo reiteré hace cuatro días.—En este instante, sin embargo, no veo en Cuba más que una partida generosa e impotente, que no ha arrastrado elementos de sus mismas plazas que conozco y poseo, y que parece haber sido víctima de una orden falsa, o de una intriga española. Los revolucionarios del país, que tienen otras promesas, y aguardan otras órdenes, no se lanzan detrás de este movimiento confuso y sin carácter. Supongamos, repito, que el alzamiento cunde, contra lo que se ve hasta ahora, en otras comarcas, y que viene el caso de salvarlo con el auxilio rápido, o dejarlo morir por puntillos y esperas. Entonces, se acude con cuanto hay a mano, sin caer en el exceso de dejar pasar la hora única por no parecer deseoso de usurpar autoridad a nuestro jefe militar. Y él lo entendería y lo aplaudiría. Pero siempre habrá tiempo, con mis previsiones, para que él piense y ordene.—Y si esto cae, como ha caído, o pienso que va a caer, planteo el problema urgente, y se es, o no se es, porque al pais no se le puede tener en esta agonía. En esa ansia quedo, ganando respeto entre los nuestros por no haber querido abusar de la situación presente. Acaso pasado este período ya harto largo y contínuo del miedo de los alzamientos locales, hayamos entrado en el de un rápido y magnífico fin de nuestras labores preparatorias.

Con Charles ya he hablado de los detalles de nuestros amigos. Hay tiempo para ser luego más largo. Pero de ningún modo,—pienso desde ahora,—ha de quedar un día por el aire, ni andarse dando vueltas. Lo de afuera y lo de adentro a un tiempo. Llegar al punto, hallarlo todo pronto y en seguida adelante. No quiero escribir más por correo sobre estas cosas.

A Roloff, Serafín, me le dice cuanto debemos, y no le escribo por no repetirme. De mi natural inquietud, nada le diré: sepa sólo que mi energía para obrar es tanta como mi prudencia para decidir. Ni me aloco, ni pierdo minuto. Es la revolución lo que tenemos que salvar, y si esto falla, trataremos de guardar íntegras sus verdaderas fuerzas. Nuestra tierra escarmentada no va detrás de sombras. Es nuestra, si la merecemos; pero si la forzamos, o la movemos a la loca, nos dejará morir con razón en el abandono y el ludibrio. Por fortuna lo entendemos así, y nuestra conducta en este incidente rebustecerá nuestro crédito.—Sobre mis cables ¿qué necesito de-

cirle? Nada fío al papel. Es como le he dicho: *no
tengo*: *observen*. Así es en todo momento. Por eso
debía estar aquí Chicago, y se queda, mientras pueda
haber necesidad de él.—Un abrazo fuerte, Serafín,
de su

J. MARTI.

El correo próximo lleva los mapas. Pero ya los
ví, los mejores, y no fío en ellos. Algo más se necesita.

5

A JOSE DOLORES POYO

New York 16 de Noviembre de 1893.

SR. JOSE DOLORES POYO.

Mi muy querido Poyo:

Mis telegramas habrán ido indicando a Vd. las
noticias por mí recibidas, y la situación corriente, y
el último le habrá tranquilizado, y dicho que, confirmando con los hechos la previsión que de ellos hice a Gómez, hace unos dos meses, le expliqué hace
ya cinco días, por la primera oportunidad después
del alzamiento, lo que hasta entonces se sabía de él,
y ajusté cablegramas para los tres casos posibles de
acción inmediata que en mi carta sugería, y se acen-
tuarán o desvanecerán precisamente en los días que
a la vez faltan para que las explicaciones lleguen a
su destino, y para que lo de las Villas desaparezca

o eche raíz. Al papel se debe fiar poco, y basta con
que diga Vd. que, caso de ser este alzamiento algo
más de lo que parece hasta ahora,—el arranque cré-
dulo y sincero de una gente engañada por una orden
falsa que se supuso ir de mí, o la caída involuntaria
de un puñado de patriotas en una intriga del gobierno;—caso, digo, de sacar este alzamiento al campo
gente experta, y de la que puede campear y esperar;—caso, en fin, de justificar nuestra ayuda, nada
sorprende sin hacer de cuanto debía yo tener hecho.
¿A qué decirle más? Esa es la situación: de seis a
ocho días, o antes tal vez, sabré más de Cuba, y sabré de Gómez; lo demás está avisado; otras preparaciones dependen de la necesidad que amerite su realización. Dificultaría mi acción en un caso demasiado urgente, en el de que cundiese y levantase a
gente seria esta arrancada de bravos, mi convenci-
miento doloroso de que Gómez, según su última carta, creía menos cercanos y dispuestos de lo que parecen estar los elementos de la guerra en Cuba, o
me creía, sin conocerme aún bien, un tanto engolo-
sinado con las promesas de ciertas lealtades de afuera y algunas ayudas de adentro. Y de pronto, sobre este estado de espíritu, arribado acaso por el
temor injusto de que la aceleración justificada pudiese ser deseo de quitarle ocasión de ejercitar su
autoridad, caen las noticias de Cuba con la frialdad
lejana del papel que no se espera, y las prisas consiguientes a la situación en que nos vemos. Pero la
verdad me defiende, y con toda ella le escribí. Contando con su aquiescencia a la situación, y una vez

conocida su voluntad de entrar inmediatamente en
ella si así lo requiere, no habrá valla al júbilo y la
energía de este hermano de Vd. y criado de Cuba,
Pero al país hemos llevado, con pleno derecho, el
nombre de Gómez, que es todo un ofrecimiento y
parte principal de un contrato tácito, y no podría yo
intentar por sobre él una guerra que en él ve una entidad principal, y se trama contando con ella. Ahora, como que la razón de su demora sería sólo la muy
justa de apretar por sí los lazos que no ha tenido
aún en las manos, y cerciorarse de su fuerza, si los
hechos rápidamente se acelerasen o hicieran nula
esta mayor investigación, y nos impusiesen claramente el deber de una acción sin esperas ni melin-
dres, ni unas ni otros habrá en mí: se caerá con
cuanto se pueda y se tiene dispuesto, sin perder minuto: se hará lo que en conciencia no se puede en
este instante hacer, por no sernos conocido el alcance
del alzamiento, que a esta fecha parece frustrado, o
sin autoridad y resistencia para justificar mi acción
sin la orden del director de la guerra, y por la desigualdad de grados de energía a que en todo nos
obligará esa medida y el relativamente menor de confianza del director de la guerra en un alzamiento ya
inmediato. Un pretendiente a héroe no andaría con
tantos remilgos, ni un enamorado de esa vanidad
tantas veces criminal que los hombres llaman gloria: hay guerra en Cuba, poca o mucha, y por tanto, pretexto para llevar más; hay impacientes que
de aquí la quieren ayudar y que de allá la esperan;
hay con qué llevarle un fuerte ímpetu: ¡pues se pa-

sa por sobre las glorias pasadas, se desconoce todo
lo sutil y fatal de nuestro problema político; se juega
con la sangre del país a la carta de la inmortalidad,
y se comete un crimen bajo la capa de una santa idea!
Yo no hago eso: acato la realidad, y no quiero pre-
eminencia para mí, sino felicidad para mi patria.
Ahora, si el deber es patente; si se va a perder la
ocasión robusta; si se justifica el auxilio y no se
justificase la demora; si no hubiese tiempo para
más consultas, aquí tiene una mano con alas, y no
me pararé en lo que se pueda decir de mí: el que
sirve a su patria debe estar siempre dispuesto a ser
su víctima. Pero he medido el tiempo, y puedo saber de Gómez en un plazo muy breve, así como rea-
lizarle lo propuesto, a que él puede, en caso de urgencia, acceder por cable. No soy, Poyo, hombre
de meses. El cable, en tanto, le complementará mi
carta, y acentuará o hará útil la gran prisa de
ella. Si esto sigue, pues, se hará lo que se debe,
y ve Vd. que todo lo he hecho en esa previsión y
lo tenía hecho. Si cae, no es nuestra obra, y con la
celeridad a que esta alarma nos obliga, o llevamos
la nuestra con valor, o nos desistimos de ella con
honor. Podemos y debemos. Yo, por mi parte, no
temo pararme en puntos ni miedos futuros. Sea yo
potro o fusil, y hagan de mí después lo que quieran.
Los pueblos se amasan con sangre de hombres.

Sobre la conducta del Partido escribo para el
Consejo. He puesto a todos a punto de entusiasmo eficaz, por si es necesario; pero no he aceptado
nada aún de él, para quedar con el crédito de la

verdad y no perder luego, cuando lo de veras, el auxilio mayor por haber acudido antes con falsos pretextos, o aprovechando una situación ambigua. Esa autoridad merecemos: publíquela y levántela, por ahí ganamos. Tampa, Ocala, Filadelfia, Nueva York, todo se hallaría maduro si fuera menester. Entusiasma nuestra necesidad. Era ya tiempo de que entrásemos a ser entes de razón. No me le tenga miedo por allá a esa situación. Vd. sabe, y su pluma bravía, que del aislamiento de la verdad se sale al respeto y al tiempo. ¡Y estamos, por fortuna, muy lejos del aislamiento! Cálceme esas ideas: yo las juntaré luego en forma oportuna y vívida, y este incidente, si ya está cercano, será todo en nuestro honor.

Escribo a Serafín muy largamente. Envíeme una palabra.

Su

MARTI.

DE *PATRIA,* NUEVA YORK

21 de Noviembre, 1893

EL ALZAMIENTO Y LAS EMIGRACIONES

Lo de Cuba, ha sido acaso un gran crimen, un crimen de España. Se le desenmascarará, y se le clavará en la frente culpable. Se echó a la guerra a un
puñado de hombres buenos; se les engañó, para
echarlos a la guerra; se les mintió. Se ha provo-
cado a un pueblo a la revolución, para tener luego
causa de fusilarlo por los caminos, o de perdonarlo
con ostentación, o de probar su impotencia. ¡Pero
lo que se ha alzado no es el pueblo de Cuba, sino un
puñado de hombres generosos, a quienes la revolución cubana, escarmentada, dispuesta a escoger su
hora y a burlar a su enemigo, ha visto caer en la red,
con indignado silencio!—Lo que queda patente es el
crimen de España,—y la prudencia y disciplina triunfantes de la revolución.

La revolución en Cuba no es una trama; es el alma de la Isla. No es una conspiración: es el consentimiento tácito y unánime de lo más viril y puro
del país: el actual movimiento revolucionario no tiene
su fuerza en el trato secreto con éste o aquel núcleo de revolucionarios conocidos, sino en la confianza que ha logrado inspirar a la gran masa, a la

masa de rifle y corazón,—en la espera sorda y creciente de lo bueno y bravo de Cuba en la obra sose-
gada y respetuosa de las emigraciones,—en la fé
ambiente del país, que es como el aire que se respira
y el sol que alumbra. No se prende el aire ni el sol.
No se puede prender a la Isla entera. Esta vez, la
conspiración ha estado en tener a la Isla informada
de la verdad: en tener su ánimo pronto a la empresa
grande y definitiva. En el ánimo de la Isla se ha trabajado, no en el compromiso de esta o aquella cabeza conocida. Cada cabeza, guíe luminosa, o caiga
en el deshonor. El espíritu del país es nuestro cómplice: no se arrincona en la cárcel el espíritu del
país.—Y si el crimen hubiera llegado esta vez a sacar a los inocentes de sus casas, a cebar la rabia
sofocada desde el tiempo de la guerra, a vengar por
fin en pechos nobles y amados de Cuba el delito, a
ojos de España todavía no expiado, de vivir después
de haber puesto la mano sobre su tiranía, a vengarse
de la humillación de haber tenido que acatar, del
Zanjón a acá, al criollo irreverente,—se habría el
crimen vuelto sobre España, porque las persecuciones abrirán allí las puertas de la guerra, y nosotros
aquí, aunque harto prudentes para caer en el lazo
del enemigo y enviarle nuestras fuerzas incompletas,
tenemos fuego en el corazón y quimbo al cinto, y vo-
laríamos a nuestros hermanos.—Por eso no completó
España esta vez su crimen, no por magnanimidad,
sino por miedo a la Isla, y a nosotros. Se necesita
mantener en Cuba el sistema pingüe de ocupación
militar, no tanto para defenderse de la guerra inmi-

nente como para disfrutar de sus gabelas y beneficios. La revolución, como que no se dispone para
el acomodo de los españoles logreros, sino para abrir
un pueblo estancado al mundo, para el bienestar y
honor de Cuba, para la equidad y concordia de sus
habitantes, sea cualquiera su lugar de nacimiento,—
no andaba con tal prisa, o por lo menos, con tal prisa notoria, que los logreros pudieran sacar argumento de ella; ni por vias en que pudiesen poner
mano:—la sienten, y no la palpan. ¡Pues se fomenta, donde se tienen gentes para el oficio, un alzamiento que se puede acorralar; y así se prueba a España la imposibilidad de regir a Cuba de otro modo
que el de la ocupación militar que hoy la rige,—se
levanta la caza humana allí donde se tienen vientos
de ella,—se echan rumores por las calles, para justificar la persecución de los hombres a quienes verdaderamente se teme,—se debilita, por el descrédito
nuevo de la guerra, la campaña de las emigraciones,
o se les corta por pedazos la ayuda descompuesta
que pudieran mandar en el primer alocamiento! Se
finge una revolución. Se levanta la caza humana. Se
echa a los hombres buenos al camino, y luego, am-
parando a los azuzadores, se acaba con los buenos,
porque se echaron al camino. ¡Chorrea sangre este
inicuo teatro! Se puede decir: "¡Ese es el matador!"
Se pueden contar las manos que se han empleado en
el crimen.

Pero, en cuanto a las emigraciones, España yerra.
Aquí están, preparadas en unión mayor de lo que
ellas mismas imaginan; ardiendo en deseos nuevos

de redención y sacrificios; ligadas, por un vehemente amor al hombre, en el anhelo de expulsar de la
patria la tiranía y la deshonra. Aquí están, para
salvar a Cuba, no para echarla sobre las bayonetas
de sus dueños. Aquí están, trabajando incesante por
la guerra que ha de hacer con la deposición de todas las ambiciones, y con la invencible alma popular,
para que Cuba sea por fin un pueblo de su época, y
patria de justicia, donde la libertad quede segura
con el ejercicio pleno de ella por todos los hombres,
y con la súbita y grandiosa emancipación de las
fuentes sujetas del trabajo. Aquí están, más dispuestas que nunca a la obra de la revolución, hoy
que han dado con tal modo de hacerla que ya los
hombres no se odian en su seno, y no se expone el
fruto de tantos sacrificios al primer engaño ensan-
grentado de los enemigos, o a la imprudencia y arrebato de los propios. A todo están preparadas las
emigraciones:—cómo y cuánto ¡eso sólo lo conoce
quien tiene su mismo corazón!:—a todo lo verdadero
están preparadas, a todo lo honrado y digno de hombres libres, a todo lo cordial y republicano. A eso,
y a nada más, y a nada contra eso. Jamás podrá la
astucia española echar a las emigraciones descom-
puestas sobre la isla convidada a una falsa revolución. Jamás podrá lograr que las emigraciones agi-
ten sin razón la isla, ni que la abandonen. Un guardián tiene la isla, y son las emigraciones. Haya guerra, pero contra España, puesto que lo merece por
codiciosa e injusta, y por ser madre que convida a
los hijos a salir al camino,—y los mata después por

haber salido al camino; pero la guerra no ha de ser
como España la quiere, y donde ella lo quiera, y donde ella la pueda vencer; sino como la componen los
cubanos, en el desinterés y la pasión de la república,
en modo y hora que España no pueda vencerla. Para guerra fuerte y honrada, para guerra de hermanos que ponga a Cuba en la firmeza de la libertad y
en el rango de nación contemporánea, para eso están
aquí las emigraciones: no para guerras locas y tirá-
nicas, ni para dar a España pretexto inicuo de segar
la nueva generación cubana, o de ahogar nuestra libertad en la sangre de nuestros hombres gloriosos.
Esto es un duelo, y tenemos la espada por el puño.
Si no nos precipitan, vamos. Si nos precipitan, vamos más pronto. Si nos engañan, no vamos. Y si
falseando nuestro nombre se ha sacado a morir alguna gente buena, y muere tal vez ahora, esa sangre, que habla y clama, cae gota a gota en nuestro
corazón. ¡Haremos una cruz con ella sobre la frente del culpable!

Patria, 21 de noviembre de 1893.

2

LA DELEGACION DEL PARTIDO
Y EL ALZAMIENTO

Es costumbre en esta época revolucionaria hacer
lo que se debe y no alardear de ello, ya porque la
censura maligna o ignorante puede menos que la

verdad sencilla y útil, ya porque escasea el tiempo,
y no se ha de emplear el poco que hay en los reco-
dos del camino. Pero es justo y oportuno tomar
nota, en estos mismos instantes, de la conducta notoria de la Delegación del Partido Revolucionario
desde los momentos primeros en que llegó a Nueva
York la noticia del alzamiento en Cuba. Su deber
era claro, y lo ha cumplido entero: ante una rebelión de orígenes confusos, que podía cundir o ser
ahogada, que podía arrancar de una imprudencia feliz o de un engaño inicuo, la Delegación, que en Cuba, de seguro, tiene preparado al país contra toda
especie de sorpresas, debía mantener las fuerzas revolucionarias del extranjero en conocimiento de la
verdad, de modo que acudieran a la isla, con toda su
pujanza, si lo ameritaba el caso, y no comprometie-
ran con el auxilio ciego e inmaturo, a un alzamiento
dudoso, a las fuerzas sólidas e intactas de la revolución. El alzamiento no era de orden del Partido,
y éste no debía ni esquivar las responsabilidades que
por su propaganda de Partido auxiliar le cupieran
en él, ni echar sobre sí las responsabilidades de una
obra que no es suya. Las dos partes de esta obligación del Delegado han sido evidentemente atendidas: en todo instante han estado las emigraciones
en condición, en estos días, de prestar su servicio total e inmediato: en ningún instante han sido exalta-
das por ninguna falsa representación del Delegado
ni abuso de noticias que, por un equivocado concepto de la guía de la revolución, pusiera a los emigrados y a Cuba en el peligro de prestar a la loca, con

sacrificio de nuestras vidas y tesoros, el auxilio que la ocasión no merecía. Pudiera algún otro funcionario popular, deseoso de allegar recursos para la obra que representa haber caído en el error de creer cierta, con prisa, la noticia favorable, y azuzar con ella la generosidad cubana. Pudiera la Delegación haber aceptado las vehementes ofertas de ayuda que de todas partes le venían. Pero a todas las investigaciones, como sabe de público, ha respondido con la estricta verdad, y segura de su pueblo, le ha dado justa muestra de respeto no abusando de su credulidad ni de su patriotismo. Así se vence. Los hombres, habrán apreciado esta conducta. Las revoluciones no se hacen con los que no lo son.

Y en prueba, sobre las muchas que ya hay, de la conducta honrada y prudente que ha permitido a la revolución salvarse de este nuevo lazo de España, con crédito mayor, sin trastornar el país ni debilitar o desmigajar sus fuerzas, publicamos al pie los siguientes extractos:

SUPLEMENTO A "CUBA."

Tampa, Fla., Noviembre 16 de 1893.

RECTIFICACION

En el suplemento extra, que dimos al público el jueves 8 del corriente con motivo del telegrama recibido del señor Martí, anunciando el levantamiento de las Villas [Cuba], se ha cometido un gran error.

a causa de lo mal copiado que vino de la oficina te-
legráfica de esta ciudad, que obligó a pedir a la oficina de New York rectificación del despacho. Este
vino rectificado, a las tres horas de enviado y al momento se publicó en el referido suplemento.

He aquí cómo se entendió el telegrama del señor
Martí, después de rectificado por la oficina tele-
gráfica:

"Están levantados Zayas, Esquerra, Rosa, Cienfuegos Mora, Santa Clara no fallará. No fallen
ustedes. Su

MARTÍ".

De este modo se insertó en el suplemento en
cuestión.

Pero es el caso que noticias posteriores nos hacen
comprender el error que se cometió, por culpa de la
mala copia del despacho, y como tenemos hoy el
texto verdadero de lo que Martí escribió el día 8, nos
apresuramos a rectificar la noticia, a fuer de hombres
honrados, con el fin de que la verdad resplandezca
y queden las cosas en su verdadero lugar.

El telegrama, según lo escribió el señor Martí, es
como sigue:

"Están levantados Zayas, Esquerra, Rosa Cienfuegos, Mora, Santa Clara. No fallaré. No fallen
ustedes. Su

MARTÍ".

Con lo cual fácilmente comprenderán nuestros lec-
tores que la mala copia del despacho, escrita por per-

sonas que desconocen nuestro idioma, ha sido causa
del error antes citado, el cual con este suplemento
queda subsanado.

❀

The Evening Sun, de New York, del día 14,
publicó, entre otras noticias, una conversación con el
Delegado, y su sustancia era esta: "El alzamiento
de Cuba no ha sido ordenado por el Partido Revolucionario, ni será abandonado por él si, una vez
aclarados sus orígenes, resultase el ayudarlo justo y
útil al país. Lo que importa ahora es repetir que el
Partido Revolucionario, desde el instante mismo de
las primeras noticias, no las ha agrandado, ni pro-
curado excitar entre los propios ni entre los ajenos
un entusiasmo falso. Nuestra fuerza verdadera es
tal que no necesitamos exageraciones. Es de aborrecer, y no de solicitar, la simpatía que se obtiene
con falsas representaciones. Si lo de Cuba es lo que
puede ser, se le ayudará de modo que quede contento
todo corazón americano; si falla, lo que ha fallado
no es lo nuestro, y seguimos nuestro camino, hasta
haber dado una república más a América."

❀

El mismo día 14 por la mañana, los periódicos todos de Filadelfia, con muestras de afectuosa consideración, publicaban expresiones semejantes como
oídas a la misma Delegación. Le dió volumen indebido a la reunión de apoyo celebrada por los cubanos

entusiastas de Filadelfia en el primer momento, y se publicaron telegramas y artículos excesivos, envolviendo sin derecho alguno distinguidos nombres cubanos. En persona fué el Delegado a Filadelfia a corregir la exageración, y dar las noticias reales. Allí dijo también: "Nuestra fuerza está en la verdad, y nos respetamos demasiado, y respetamos a los demás, para obtener una simpatía momentánea e inmerecida con falsificaciones que no dejarían bien puesto nuestro crédito de hombres. Ni un peso, ni un abrazo, sin causa bastante para pedir el uno, y merecer el otro". Así hablaron el *Ledger*, el *Times*, el *Record* y el *Item* de Filadelfia.

Patria, 21 de noviembre de 1893.

1893

Al General Máximo Gómez

AL GENERAL MAXIMO GOMEZ

New York 23 de Noviembre de 1893.

Sr. Mayor General Maximo Gomez.

Mi General y amigo :

Con mucha más tranquilidad escribo a Vd. que
en la ocasión de mi última carta; porque aunque no
he recibido aun noticia precisa de Cuba del enviado
que mandé, sobre las causas y alcance del alzamiento de las Cruces, Lajas y pueblos vecinos, ya poco
después supe que, como preveía yo y anhelaba, Carrillo no se había dejado engañar ni alocar por él,
ni otras gentes de peso en Cienfuegos mismo, adver-
tidos continuamente por mí, para sujetar sus repetidas muestras de impaciencia, del estado real de nuestros trabajos, y de nuestra verdadera disposición,
que a la vez es la de aprovechar,—puesto que se
tiene a favor la opinión suficiente y la ocasión propicia,—los instantes que en realidad parecen sernos
amigos,—y la de diferir por poco tiempo nuestra
acción hasta que esté, a juicio de Vd., madura; por
eso, previendo sucesos como el de las Villas, y otro
como el acallado en Guantánamo, que venían sin
sazón, envié pocos días antes de este alzamiento a
los principales de la Isla, precaviéndoles del peligro,
y anunciándoles el trabajo a la vez activo y meditado

de Vd., y la razón de esperar a que la trama fuese suficientemente estrecha. El suceso vino, y ya sé poco más o menos cómo, pero la gente real se ha quedado al rescoldo. Afuera he contenido las emigraciones, con la pura verdad, y he podido convencerme de que en ellas, cuando hayamos cruzado la mar, tendremos la ayuda rápida y entusiasta que necesita una buena guerra,—así como cuanto pudiera sernos necesario para nuestro arranque. Quedan en este instante en el campo, como verá por una carta que de Serafín acabo de recibir, los hombres de Higinio Esquerra y Quevedo, que no parecen dispuestos a rendirse. En cuanto al levantamiento, calculo a esta hora, con razón bastante, que fué de origen español. Es un hecho que Federico Zayas, a quien envié comisión angustiosa para que no se alzase como me anunciaba y que me prometió formalmente no atenderla, ordenó el alzamiento como de orden mía, que le pidió aquella gente sensata, y que él por supuesto no pudo hacerles ver. Al lado de Zayas estaba—enviado del Cayo como él decía, o simplemente favorecido para su viaje por tener cerca del campo a un mozo violento—un Mayolino a quien vengo siguiendo por espía español, a quien desvié de Vd. cuando misteriosamente quiso ir allá, y en quien, a pesar de mis advertencias, tenía demasiada confianza Serafín. Ni Zayas ni Mayolino salieron al campo: fueron presos en una casa del pueblo. En las Lajas, según carta mía de hacendado de allá, el azuzador conocido fué el principal español de allí, un Laureano Gutiérrez. Zayas ha visto mucho en

la Habana a Julio, y un agente de Julio—Cisneritos—
estuvo recientemente por Cienfuegos. En Zayas, por
lo excesivo de las ofertas, no tuve yo nunca confianza verdadera, y envié un hombre tras otro para
cerciorarme, pero todos me lo abonaban, y aun lo
abonan, y los que no querían trabajar con él sólo le
ponían la tacha de exaltado. Sólo dos orígenes podía haber tenido este movimiento, fuera del caso,
hoy improbable, de ser absolutamente espontáneo, y
sin conocimiento ni relación nuestra: uno pudiera
haber sido el deseo de alguna gente nuestra, más impaciente que sensata, de forzarnos la mano, y echar
la guerra a rodar, en el falso concepto de que la Isla
escarmentada seguiría un movimiento discorde y
desconocido: otro, el interés del partido español, de
la guerra, que para ciertos propósitos es uno en Cuba con el gobierno, y en realidad es el gobierno mismo, y sus objetos son claros: demostrar a España
la necesidad de mantener en Cuba el actual régimen,
para ellos fuente de pingües beneficios,—desacreditar toda tentativa de reforma, en momentos de patente estado rebelde del país,—tomar pretexto del
estado de guerra para perseguir o expulsar a los
hombres a quienes verdaderamente se teme,—sacar
al campo antes de tiempo, donde se les pueda acorralar ante la Isla indecisa, la gente que se sabe por
aquel lugar dispuesta,—intimar con el ejemplo, y
aleccionar con el fracaso, a las demás comarcas revolucionarias,—y, en cuanto al extranjero, desacre-
ditarnos por el mal éxito de una tentativa revolucionaria, que parece haber sido ordenada en nuestro

nombre, o alocarnos, y hacernos echar a la mar, mientras Vd. anda por Santo Domingo, y Maceo por Costa Rica, una poca de gente mal compuesta que quiebre nuestros recursos, pruebe nuestra pequeñez, y sea fácil de cegar en el camino, o después de la llegada. En todo eso, en cuanto a mí, se hubiesen equivocado, y se han equivocado. Si lo de Cuba hubiese cundido, o tenido otras proporciones, Vd. sabe por mi carta anterior que las precauciones estaban tomadas: aquí tengo, sin más que una semana de aviso y con su práctico y guía, la expedición que hubiera podido ir a las Villas: y en cuanto a Vd., Vd. sabe que estaba, y estoy, aguardando su decisión. Pero hemos hecho lo que debíamos:— anticiparnos el lazo en Cuba, y no han caído en él: y afuera a la vez que manteníamos la gente en actitud de prestar en dinero y persona su auxilio inmediato, nos desligábamos de la tentativa, a fin de no caer con ella, y de quedar como quedamos, con el doble crédito de la energía y de la prudencia.—Ni— harto lo sabe Vd.—en cosas de guerra hubiera accedido yo a dar orden alguna en oposición posible, o con violencia, de las que sólo a Vd. toca dar. Por eso, como decía a Vd. anteriormente, debo explicar a Vd., y explico con minuciosidad, la situación, a fin de que Vd., que ha de obrar sobre ella, añada a su conocimiento el que yo tengo el deber de procurar y de comunicarle. Sacaré, pues, de esta situación, que no parece haya de alterarse inmediatamente, todo el partido posible. Daré tiempo, con un manifiesto hábil y necesario—en que nos sacudamos toda la responsabilidad de lo actual, y nos quedemos con el crédito de nuestra prudencia—a que me lleguen noticias de Vd. sobre el plazo a que debamos ir encaminando en Cuba y afuera todos nuestros trabajos. Envío comisión circular a la Isla, calmando la impaciencia general y grande, reiterándoles que la ordenación final está ya en manos de Vd. Yo aquí, en verdad, nada puedo hacer a derechas, ni hablar a Cuba con toda la honradez que debo y con toda la precisión que justamente se me exije, hasta que Vd. no me fije su resolución. Yo he ido diciendo a la Isla lo que ha ido siendo verdad: elemento principalísimo de la fe que se tiene en Cuba en el éxito de la guerra, es la seguridad de que Vd. va a encabezarla: no lo dije hasta que no fué así, y cuando fué así, lo dije: y si la desgracia de mi patria, y de nuestra América, fuera tanta que contra lo que es y ha de ser no creyera Vd. deber acudir a Cuba en este empeño, cuando en verdad parece que sólo es rapidez y oportunidad lo que necesitamos, así lo diría al punto, aunque mi actual popularidad se viniera por tierra, y se alejara nuestra hora de ser libres. Ya sé que es un abrazo su respuesta: pero ardo en deseos de recibirlo, ya que—por no apartarme del teatro del peligro—no puedo ir a buscarlo. No son días lo que me importa, ni semanas, ni mes más o menos, aunque creo sinceramente que no estamos para muchos meses: es la verdad, para poder decirla. Es el derecho de conciencia, y el conocimiento concreto de su parecer de Vd., a fin de que me sirva de rumbo, y acomodar yo a las de Vd., mis operaciones, y extenderlas o acortalas, e irme o quedarme, en acuerdo y servicio del pensamiento de Vd. sobre la hora y modo de comenzar la guerra. No es de su corazón, debo repetirle, de lo que necesito seguridades, que con razón me mandaría Vd. a paseo, y ya se las ha dado Vd. a Cuba con veinte y cinco años de su vida. Es su parecer sobre tiempo, parecer que llamo concreto arriba, porque la situación en Cuba es concreta.

La situación en Cuba ¿a qué pintársela? El gobierno teme una revolución y se prepara contra ella. Tiene en casa a los que considera sus sostenes principales. Afuera, por mucha que sea nuestra prudencia, aunque nada se dice o hace jamás que indique acción inmediata ni comprometa a los de la Isla, no podemos cejar. ni estancarnos, que sería lo mismo que cejar. A pura astucia hemos ido salvando del gobierno el conocimiento de los compromisos reales. ¿Se puede prolongar mucho en Cuba esa situación?—Yo sé que no se prolonga, sé lo que a la sordina se persigue y rodea a los sospechosos, muchos de ellos cabezas queridas, o cabezas nuevas, como en Vuelta Abajo, de la gente nueva de la localidad;—y sé, sin misterio pueril ni exageración de principiante, todo lo que, con los hilos naturales en la mano, debe saber de estas menudencias. Puedo decir que el clamor es unánime. De París me escribe Betances (1), lejos—por supuesto—de la realidad

---

(1)   Ramón Emeterio Betances, médico portorriqueño, que trabajó activamente por la emancipación de Cuba y de su patria, especialmente en París, donde estudió y residió largos años.

cubana, pero dentro de la realidad española, lo que
me escriben de Guantánamo, de Santiago, de Manzanillo, de Matanzas, de Sancti Spíritus, de Baracoa. Por esa carta ingenua y desordenada que le
envío, con la de Serafín, confirmará Vd. el conocimiento de la situación: así son todas, y tan temeroso
estoy del deseo de la Isla,—tanto como seguro del
respeto y afecto con que atenderán a una demora
corta y un poco precisa,—que a parte alguna he enviado armas, para que no abusen de ellas, aunque
tengo abiertos los medios, por goletas carboneras
usuales, de irlas dejando, o dejarlas todas a la vez,
en los tres lugares donde parecen desearlas más ar-
dientemente, y las esperan—en Guantánamo, Cienfuegos y Matanzas. Continúo creyendo, sobre todo desde que Vd. me lo aplaudió, que las armas sólo
deben ir a Cuba en momentos próximos al de la acción general.—Y en esa situación general ¿qué por-
demos llevar nosotros ahora mismo, con el nombre
mágico de Vd.? pues tres expediciones— la de Vd.;
como la hablamos en mi último viaje inolvidable—la
de las Villas, que está lista—la de Maceo, que so-
lemnemente me ofreció ir, en respuesta directa al
mensaje de Vd., y a la delegación: y podemos llevar
mil quinientos rifles.—Más podremos: pero estoy a
lo que tengo en las manos. ¿No cree Vd., General,
que si, con la expectación simpática del país, con el
arranque de los jefes acreditados en las diversas comarcas, con la situación violenta y favorable en que
es corriente la fe en la debilidad patente de España,
y en su pobreza, es hora de que caigamos sobre el

país, puesto que tenemos lo que parece necesario
para empezar con fruto, y una emigración ordenada
que nos seguirá dando la mano?—Pero yo, conside-
ro la situación oportunísima. ¡Y tengo que esperar
un mes a que Vd. de allá me diga simplemente su
respuesta escrita, un mes precioso! Si estas ideas
pareciesen a Vd. propias del momento, sí—salvo
detalles—creyese Vd. que es la ocasión y entra como Vd. sabe y puede en ella,—si puedo con esa firmeza aligerar la mano, redondear los recursos, a
fin de allegar más de lo que se tiene y sujetar la Isla,—dígamelo por una palabra de cable a *Barranco
New York*, la palabra *Bueno*.—Y yo, que soy todo
lo prudente que Vd. pueda desear, conduciré mis
últimos esfuerzos de modo que maduren dentro de
un plazo corto, que la Isla parece fijarse. Diciembre
no, porque ya lo tenemos encima, sino Enero o Febrero. Lo mejor sería, y como pueda lo he de hacer,
ir a hablar con Vd., y traerme sus encargos definitivos. Pero ¿no me los traje cuando vine? En
realidad, tal como estamos, 15 días después de recibir la noticia de Vd. ya estamos andando. La situación general, es para nosotros de responsabilidad
suma, y para el país delicadísima. Se está pendiente
de nuestros labios. Y yo de los de Vd. Mande, y
yo continuaré teniéndole hecho lo que, con mi levita
negra y mis apariencias de lítero, puedo hacer sin
que parezca que se tienen las cosas tan cerca como
están. Y piense que yo no puedo responder a aquella gente inquieta con demasiada vaguedad, ni dar
tal o cual paso de trascendencia, con razón de la

guerra cierta e inmediata, sino hasta que en conciencia sepa que que es cierta e inmediata.

Ahora noto que al tratar de uno de los orígenes
posibles del alzamiento—el de que los nuestros que
por afuera nos hubieran querido forzar la mano—no
hablé de este punto. Es porque, después de examen lo desecho. Ese peligro había mientras no
veían la obra tan cercana. Sólo de Serafín se hubiese podido sospechar por su impaciencia conocida,
y su intimidad con las Villas; pero es él el primer
indignado, y antes fuí al Cayo a verlo sobre esto, y
él sabe de sobra que las cosas, sobre plazos, están en
manos de Vd.; y es el primero, como verá por su
carta, en estimar mi prudencia.

De otra cosa no le había hablado por no pensar
mucho en defenderme, como que yo voy defendido
por lo que hago. ¿Cómo pudo Vd. pensar que di
yo a Sanguily el dinero que pedía? ¿ni qué concepto de lo que en mí pueda haber de seriedad y previsión, tendrá Vd., mientras crea esas cosas de mí?
Todo lo contrario significo, y no eso. Sin mi absoluta oposición previa y continua, Sanguily hubiera
obtenido cuatro mil pesos una vez, y dos mil otra,
con los trastornos en Cuba consiguientes a ese escándalo. A todo me negué. Le pagué por primera
vez por prudencia y utilidad posible, su viaje de
vuelta en comisión. Los que le dieron los mil cuatrocientos pesos los perdieron, salvo un Club que lo
dió por sorpresa, y a quien se le acreditó la suma:
trescientos pesos—después, mucho ha trabajado: pe-

ro la situación, respecto de él no ha salido de mis acuerdos con Vd.

El correo se va, General, y yo quisiera irme con él. Ya ve todo este discurso, en que espero no verá palabra inútil, antes faltan muchas que le quería mandar, no de cariño, aunque sea el mío mucho, pero con su pena y fiereza de que vaya a creerlo interesado, sino de lo que pienso sobre nuestras cosas, y de la confianza con que, sazonado ya por una vida no corta, entro en una campaña de libertad que llevaremos a camino, porque sabremos encontrar, y ayudaremos a que se encuentren, formas que convengan a un pueblo en batalla. Para su casa ¿qué le diré, si parece que con las líneas que de ellos escribí, los tengo ofendidos? Y sin embargo, yo creía que esa era mi casa. Vd. lee en el corazón de su amigo, que aguarda ansioso su respuesta

JOSÉ MARTÍ.

DE *PATRIA*, NUEVA YORK

28 de Noviembre, 1893

El 27 de Noviembre.

EL 27 DE NOVIEMBRE

En el crimen del 27 de noviembre de 1871,—el día sangriento en que una turba rifó la vida y gozó la muerte de los ocho estudiantes de la Universidad de la Habana, por la falsa culpa de haber atentado al cadáver de un hombre de odio cuyo propio hijo declaró luego intacto el cadáver de su padre,—tuvo su expresión culminante la ira del español bajo y logrero contra el criollo que le pone en peligro el usufructo privilegiado de la tierra donde vive en gozo y consideración que no conoció jamás en su aldea miserable o en su ciudad roída y pobretona. Esa alma cuajó, y todo ese aborrecimiento, en el asesinato de los estudiantes. Por eso es tristemente famoso: porque en él, a la claridad de los tiempos modernos, se expresó el alma rencorosa y cruel de España en América.

Tal fué el caso histórico. Cada bestia obraba con la furia de su privilegio amenazado. La injuria no es preciso, ni el disimulo. No es el honor lo que España defiende en América, porque el honor no está en corromper y asesinar a nuestros propios hijos, cada cual al hijo del otro, y los unos los de los otros: lo que España defiende en América es la posesión. —Es más horrendo aquel crimen, porque en él, de su nacimiento a su ejecución, se pusieron visiblemente todos los abominables factores del gobierno colonial español: el miedo que denuncia,—la codicia que ve provecho en el rescate, y exagera el peligro para aumentar el precio de la salvación,—la ferocidad del interés amenazado, que se sacia contra los que se le ponen a mano como símbolo de la rebelión que lo amenaza. Hay odios excusables, que nacen de una aberración, de una abstracción, de una pasión nacional. Hay odios, como el del 27 de noviembre, que suben, babeantes, del vientre del hombre. Cada tendero defendía la tienda. Cada dependiente defendía el suelo. Cada recienvenido defendía la colocación del hermano o el primo por venir. "¡Allí están, esos barbilindos, esos felices, esos señoritos que viven sin trabajar, cuando nosotros barremos la tienda y servimos en el mostrador, esos amos: sean criados nuestros una vez al menos!" Y los criados se saciaron en los amos. Esa fué otra faz del crimen. España, en aquella vergüenza, no tuvo más que un hombre de honor: el generoso Capdevila, que donde haya españoles verdaderos, tendrá asiento mayor, y donde haya cubanos.

En verdad, aquel crimen, concreción y estallido de fuerzas hasta entonces confusas, o no tan claramente manifiestas, puede ser, y ha de ser, objeto de hondo estudio, en que se acomode el resultado sangriento a los agentes sordos, y de siglos, que se enconaron y revelaron en él. Pero hoy, baste con sacar, y sáquense continuamente, del terrible suceso las dos lecciones que de él saltan: fué la una, la persistencia en América del alma inmutable de la conquista española, igual en Obando hace cuatrocientos años, en

Monteverde hace setenta y cinco, en los Voluntarios de la Habana hace diez y ocho: la otra, la que levanta el ánimo y se recuerda con más gozo, es la capacidad del alma cubana, de aquella misma porción de ella que parece tibia u olvidadiza o inerme, para alzarse, sublime, a la hora del sacrificio, y morir sin temblar en holocausto de la patria. Del crimen ¡ojalá que no hubiera que hablar! Háblase siempre, —en estos días en que la observación superficial pudiera dudar del corazón de Cuba,—del oro rebelde que en el fondo de todo pecho cubano sólo espera la hora de la necesidad para brillar y guiar, como una llama. ¡Así, luces serenas, son en la inmensidad del recuerdo aquellas ocho almas!

Patria, 28 de noviembre de 1893.

1 8 9 3

1.—A Teodoro Pérez.

2.—A Rogelio Castillo.

3.
4.
5. } A Gonzalo de Quesada.
6.

7.
8. } Al General Antonio Maceo

9.
10. } A Gonzalo de Quesada
11.

12.
13. } A José Dolores Poyo.

14.—A Gualterio García.

15.—A Francisco M. González.

1

A TEODORO PEREZ

Diciembre 9 de 1893.

Sr. Teodoro Perez.

Teodoro muy querido:

Ese hijo que me acaba de nacer no es cosa de
que lo salude yo por carta: ese es el Bautista, Teodoro: ya parece que asoma la libertad cubana. Mucho ha padecido su amigo: ¿qué encendíamos la
hoguera, y luego dejábamos morir sobre ella a nuestros hermanos?: ¿que era la hora, y lo queríamos
ver?: ¿que podía más en el hombre lo bajo que lo
grande?: y en estos días nace su hijo, a decirme,
porque esas nuevas me vienen con las de su nacimiento, que, entre nosotros, lo grande ha triunfado.
Que se sienta, y no se vea: pero ya estamos en
campaña, y todo esa fe, y todo nuestro amor por
Cuba, es lo que yo, de propia persona, voy a llevar a la cuna de su hijo.—Que no es sólo de Vd.
¿no nos hemos querido como hermanos, y mostrando
que lo éramos, cuando él estaba ya en el camino del
mundo?

Voy, pues, por viaje próximo, y allí hablaremos,
en mi cortísima estancia, de las cosas menudas. Ba-
rrios si puede, quédese en la Habana. Aguardo de

allí, de cerca de él, carta importante. El no ha excitado sospechas. Ahora empieza a ser más necesario. La carta que viene por él es un nuevo peligro; pero me hallo preparado. Acabo, pues, para escribir a gente más ceremoniosa. Tocan danzas en la casa mientras escribo, y me molesta: ¿quién tiene derecho todavía a tocar danzas? No será esa a la larga nuestra música. A lo menos, otra tiene en el alma su

JOSE MARTI.

2

A ROGELIO CASTILLO

Diciembre 9 de 1893.

SR. ROGELIO CASTILLO.

Mi querido Rogelio:

Habré parecido a Vd. descuidado. No ha sido descuido, sino angustia, y un abatimiento —por fortuna ya pasado—que Vd. mejor que nadie debe comprender, porque fué el del que, por falta de medida y ésta oportuna, ve que pierde su ejército la batalla ganada, y se aleja, o se pierde tal vez la libertad del pais. Ese dolor me atravesaba como un puñal. Dígame sincero, y hombre que vive o muere de su idea, y que cuando la ve por lo alto puede mover un pueblo; y si la ve comprometida no sabe alzar la pluma, ni conserva la justa atención a las cosas del mundo. Pero el miedo.

Rogelio, fué en vano, según verá por la nota adjunta del General, y le diré yo mismo que me voy
a dar allá un salto. Cuanto deseaba, es. El General ve la situación, y está obrando con la rapidez
que ella manda. Voy y hablaremos. Sobre Vd.
todo lo tenía pensado yo, y sólo aguardo detalles
de él, que me anuncia para estos mismos días: ¿a
quién atenderé yo, sin excepción alguna, con más
estimación, y cariño de hombre a hombre, que a
Vd.? ¡Ojalá me sea dado, en campo abierto, mos-
trármele digno de quererle así, y revelarle las condiciones que me permiten entender su mérito y pre-
miárselo como se lo premio! Callo por no parecer
verboso.

La delegación no tiene tiempo para acompañar
con su nota oficial la de Gómez, en el apremio del
correo de Cuba. Hasta pronto. Batista no se me
ha enojado. Es que no hay más que un sol, y vivir
en él. Y hombres como Vd. y como él son los que
menos me lo tachan. Voy y conmigo los muñecos.
Su

JOSE MARTI.

3

A GONZALO DE QUESADA

Domingo [1893].

Gonzalo:

Eso es indispensable. Se lo anuncié por telégrafo. Voy trabajando. Anuncie animación en Fi-

ladelfia. Escribiré en el camino a Figueroa. Voy como ungido: veremos qué sale.

De las pruebas, Gonzalo, véalas muy bien, por mí: y por el crédito cubano. Que no quede una frase sin sentido gramatical. Las comas lo ayudan, cultive las comas. Relea el original, haga las correcciones de mayúsculas con arreglo a lo anterior y entrecoma bien las oraciones incidentales, que no se le escapen letras. A ver qué perfección me enseña a mi vuelta.

Véame bien, para que quede claro, lo de Mariana Maceo. (1) Y quiérame, ya que tan bien lo quiero.

Su

M.

4 (2)

Night message.

West Tampa Fla. 14

Dec. 15 1893.

Gonzalo de Quesada.

Room 13, 120 Front St. N. Y.

Leave today for Key West after three days no-

---

(1) Véase *Patria*, 12 de diciembre de 1893.
(2) Telegrama trasmitido por la Western Union Telegraph Co.

ble positive success Tampa never stronger great
meeting thursday. (1)

MARTI.

5

[Diciembre 14, 1893]

Gonzalo querido:

Le pongo un telegrama. Realizo mi objeto. Salgo
al Cayo, ahora Jueves. No vivo desde que llegué. He logrado sin escándalo lo que me propo-
nía. ¡Qué aclamaciones la de estos hombres, al
hacer espontáneamente, su nuevo sacrificio! Apre-
té la organización; la dejo ensanchada: extiendo el
esfuerzo por toda la ciudad, pero digno y callado:
todo lo he dicho y no he dicho nada. Y desde que
llegué, ni un momento de respiro: los clubs, las
juntas privadas, los tlaleres, que me parecen tem-
plos, de aquí a un minuto el meeting a que me obli-
gan.

No publique, de *Patria*, nada sobre el nuevo fondo de guerra, a menos q. no salga en Cuba, y aun
así, copie. Y sólo se le refiera en la lección del
entusiasmo.

Ahora al Cayo, Ocala y Jacksonville. ¿Qué le
parece este entusiasmo de razón; después de los
sucesos de Cuba? Y era preciso, y se ha hecho.

(1) *Traducción:* Salgo hoy para Key West, después de
tres días noble positivo triunfo Tampa nunca tan fuerte gran
meeting jueves.

Cuba dirá: Vd., sin alarde, sin alusión aproveche:
un encargo, midiendo cada palabra. Las *Hojas Literarias,* según me dicen aquí, publican a fines de
Noviembre el telegrama equivocado a Tampa, dos
semanas después de publicada su rectificación en
Cuba. No he leído. Limítese a señalar estrictamente fechas y a decir al fin: "Las *Hojas Literarias*
tendrán de seguro placer en publicar, como es de
justicia, el telegrama rectificado donde se publicó
el erróneo."

Ni una palabra más, sólo que resalten las fechas,
para dejar a salvo la verdad de la Delegación.

Adiós. Escríbame a Tampa y Ocala. Mánde-
me de allá, con el deseo del cariño fuerzas pª lo que
falta. ¡Aquí, cuánta hermosura!

Su

M.

6

[15 Diciembre 1893, Cayo Hueso]

Gonzalo querido:

Llegué anoche. Buen cuerpo de Consejo. Hay
coloquios, y juntas, y correo de Centro América.
Dos días me quedan, que aprovecharé, en cuanto
me lo permita la situación peligrosísima en que me
tiene el gobierno como cuchilla de n. propia gente
en Cuba. Hago cuanto puedo en esta situación:
¡qué vigilancia aquí, y qué plaza abierta! Ni una
palabra, ni una insinuación, ni se hace a dos, que

no vaya volando a la Capitanía General. Aquí los
Cónsules concentrados, y un cuerpo hábil de agentes. Tengo mucho que escribir, y acabo.

Me ha dado mucha tristeza, y ha sido muy ex-
trañada aquí, la falta de venida de *Patria*.

¿Y sus pruebas? Vea por la honra, aunque lea y
relea.

Salgo el Lunes. Ya le puse cable sobre las *Hojas*. Nada. Lo que les diría, por el abuso voluntario
del telegrama errado, dígalo a *La Unión Constitucional*. Haga revista elocuente de los esfuerzos del
Partido, y su obra clara, en aquellos días. ¡Arriba!

Su

J. Martí.

7

AL GENERAL ANTONIO MACEO

Key West, 15 de Diciembre 1893.

Sr. General Antonio Maceo.

General y amigo:

Mi silencio no le habrá extrañado. He vivido,
desde que nos vimos, en una entrevista contínua
con Vd. De la visita que le hice me traje una de
las más puras emociones de mi vida. "¡Por supuesto, me dije después de verlo, que Cuba puede ser
libre,—y ser feliz después de ser libre!" Las manos
las he tenido ocupadas desde entonces en una la-

bor bestial y sin descanso,—en atender, de una tierra en otra, a lo grande y a lo pequeño,—en ir levantando, hombre por hombre, todo este edificio.
A Vd., acá en mi corazón, escribirle era ofenderle.
Vd. debe ver de allá mi agonia, mi responsabilidad,
la imposibilidad absoluta de valerse de medianeros,
la cura de almas incesante que permitió la acumulación de estas fuerzas.

Esto es lo que estoy escribiendo entre un *meeting* y otro. Vengo de tres dias de esfuerzo angustioso en Tampa, para ponerle un poco más de harina al pan: y aquí estoy, como a la callada, haciendo lo mismo y confirmando detalles con Roloff y Serafín, pero de modo que nada de cuanto
haga dé idea de la proximidad en que están nuestras cosas, si todos queremos que esten próximas.
Cuba las espera, con el gobierno encima, y una
agitación sorda y ya extrema. Yo de aquí puedo
hacer lo que dijimos y lo tuve listo y anunciado
para el caso de que, contra lo avisado a la Isla para evitar engaños y contra la orden local mía expresa, hubiese cundido—aunque nuestra tierra está ya muy astuta para eso—el alzamiento mandado
hacer con una orden falsa mía, y la cual sólo supo
engañar a Esquerra que anda por el campo, resuelto a no entregarse, con unos pocos hombres.

Pero esta trama, cuyo objeto era justificar en Cuba las persecuciones, provocar alzamiento incompleto y debilitar las emigraciones con un segundo
aparente fracaso,—si bien no pudo tener ese éxito afuera ni adentro,—ha producido, por la san-

gre que ya corrió, las prisiones de primera hora,
y la de Moncada y la disimulada de Carrillo, aun
libres, un malestar que sería imperdonable mantener cuando tenemos allegados los medios, modes-
tos y bastantes, de ponerle fin. El gobierno cree
que vamos, y sólo aguarda a la evidencia más cercana para segarnos allá el país: y nosotros, con la
rapidez que no se espera de nosotros, sin aparato
de invasión, deslizándonos sencillamente de donde mismo estábamos, podemos ir antes de que
el enemigo nos espere, y caiga sobre la buena gente revolucionaria. No tenemos más que ajustar los
detalles, de modo de ahorrar tiempo. Ahora sólo
estas líneas le puedo poner, y la seguridad de que,
lo que yo haya de hacer, ni con ligereza ni con demora será hecho. Yo no trabajo por mi fama, puesto que toda la del mundo cabe en un grano de
maíz, ni por bien alguno de esta vida triste, que no
tiene ya para mí satisfacción mayor que el salir de
ella: trabajo para poner en vías de felicidad a los
hombres que hoy viven sin ella. No espere, pues,
de mí,—harto lo sabe Vd.—precipitación alguna,
ni el crimen de azuzar y comprometer, por salvar la
honrilla de la tentativa,—sobre que, con hombre del
juicio de Vd., eso sería pueril e inútil. Este hombre, lo ama y lo conoce, y no faltaría así al respeto que merece su vida. Su María no se ha equivocado.

Y de su gran pena de ahora ¿no ve que no le he
querido hablar? Su madre ha muerto. En *Patria*
digo lo que me sacó del corazón la noticia de su

muerte: lo escribí en el ferrocarril, viniendo de
agenciar el modo de que le demos algún día libre
sepultura, ya que no pudo morir en su tierra libre:
ese, ese oficio contínuo por la idea que ella amó,
es el mejor homenaje a su memoria. Ví a la anciana dos veces, y me acarició y miró como a hijo, y
la recordaré con amor toda mi vida.

Aquí tiene que cesar su

JOSE MARTI.

8

Delegación del Partido
Revolucionario Cubano

De tránsito en Key West,
15 de Diciembre de 1893.

SR. MAYOR GENERAL ANTONIO MACEO.

Señor Mayor General:

Momentos antes de la salida del correo que llega a ésta, llega a mis manos el presente duplicado
adjunto, de nota del General Gómez a Vd., cuyo
original, enviado según parece de otro puerto de
Santo Domingo, no me ha llegado aún. Me apre-
suro a remitírselo.

La entrevista, para esta Delegación y para Cuba memorable, que tuve con Vd. en ese país,—y
después de la cual apenas me han alcanzado las
fuerzas, aunque en actividad contínua, a desviar las
tramas del gobierno, dentro y fuera de Cuba; y
mantener juntas nuestras fuerzas,—hace innecesa-

rio de parte mía añadir comento alguno a la nota
del General Gómez, que será para Vd. forma oficial
de su conocimiento de la aceptación por Vd. de la
labor principalísima que en la revolución cubana
por derecho propio le toca, y de la cual, por el fuego y admiración que merecía, di cuenta minuciosa
al General Gómez.

Aguardo en estos momentos, a mi llegada inmediata a New York, la visita del comisionado que
me anuncia el General Gómez, y el cual vendrá en-
terado de los deseos y opiniones de Vd. sobre la
forma de su participación, o me traerá instrucciones
del General sobre ellas. Inmediatamente las comu-
nicaré a Vd., y por la oportunidad que siga a ésta
escribiré a San José sobre lo que pueda referirse a
las operaciones de Vd. Por este mismo correo re-
mito copias de la nota al Brigadier Flor Crombet y
al Coronel Agustín Cebreco, y por el próximo y
en vista de la visita del comisionado, y del curso,
cada día más rápido, de los sucesos, trataré de ellos
a la larga, y de cuanto convenga en una situación
tan favorable para nosotros como delicada, y cuyo
éxito está principalmente en obrar con prudencia y
rapidez y por vías no esperadas, antes de que el
gobierno español, preparado para nuestra agresión,
pueda inutilizar las cabezas revolucionarias de la
Isla, o forzarlas al desorden.

Con entusiasta afecto y el ansia natural de recibir respuesta suya, saluda a Vd.

El Delegado,

JOSE MARTI.

9 (1)

A GONZALO DE QUESADA

Key West Fla.

Dec. 18, 1893.

S. Figuro (2)

—for Quesada—

298 Broadway

New York.

Soberbio entusiasmo (3) asamblea trescientos de clubs cunden ciudad suprima toda referencia y hojas literarias conteste solo unión constitucional.

MARTI.

10

[Cayo Hueso, Diciembre, 1893]

Gonzalo muy querido:

Noble su carta, y noble Vd. adelante en todo:

(1) Telegrama trasmitido por la Western Union Telegraph Co.

(2) Debe ser: S. Figueroa.

(3) Aqui hay una palabra que dice: "acurados", que evidentemente está mal deletreada en la trasmisión y pudiera ser "aclamados".

hay dinero suficiente, y nada me detiene. Lo abrazo fuerte por su sacrificio, y crea que de eso se
crece y se goza. Todo se cubrirá a tiempo. Vuelvo de Lunes a Martes. Voy en plena salud. Es-
quivé los peligros, saqué ventaja de ellos, y seguimos. Discursos, juntas, un mundo. Echese *Patria*
al hombro: y hasta pronto.

Su

J. M.

11

[Cayo Hueso, Diciembre, 1893]

Mi buen Gonzalo:

Adiós, y *Patria*. El Miércoles salgo. Todo va
bien. Fernando (1) me le manda un abrazo. Acá,
pobreza, lealtad; y certeza de hacer lo que traje
propuesto.

Su

J. M.

---

(1) Fernando Figueredo. Martí durante su permanencia en
Cayo Hueso vivió en casa de Figueredo, embarcando rumbo
al Norte, el 20 de diciembre, en el vapor *Olivette*.

12

A JOSE DOLORES POYO

Key West, Diciembre 20 de 1893.

Sr. José D. Poyo.

Mi muy noble amigo:

No puedo echar del corazón, como quería, toda la ternura, y el justo orgullo, y el agradecimiento que, en nombre de nuestra patria, debemos todos a la Emigración Cubana de Key West. La raíz que está en nosotros, ya se verá luego en el fruto: la raíz crece debajo de la tierra: sin raíz no hay fruto luego. Lo que hemos hecho, el espíritu de lo que hemos hecho, la religión de amor en que el alma cubana está fundiendo sus elementos de odio, eso amparará mañana a los mísimos, soberbios o ciegos, hombres de miedo y de alquiler, hombres arrimadizos y segundones, hombres destructivos y nulos, hombres ornamentales o insolentes, que ven hoy surgir nuevo a su pueblo, y a la tarea de fomentarlo, prefieren, como el cachetero en la plaza de toros, clavarle la última cuchilla!

He visto vivir pueblos, y he ayudado a hacerlos, y a impedir que los deshagan. He visto acudir los pueblos todos de la tierra, desalados por las calles, a saludar en un día de tormenta, el símbolo de la Libertad alzado, del mar al cielo, a las puertas de América, a las puertas del continente de la esperanza humana. Nunca ví grandeza más pura

que la que he visto en mi pueblo estos días, en que
el entusiasmo arranca del pensamiento, en que el
sacrificio arranca de la caridad, en que la aspiración al derecho va unida al perdón de las ofensas.
Bajo la cabeza, y bendigo. Otros duden de mi patria, y la ofendan, y la acobarden, y la amarren al
yugo: ¡que hay muchos modos de amarrarla!: yo,
que la siento vibrar, que la veo perdonar, que la
veo fundar, digo, humillada la cabeza: "¡Bendita
sea mi patria!"

He querido decir adiós, y no he podido. Ni por
trabajo, ni por prudencia, ni por piedad puedo. Es
mucho lo que estoy sintiendo. Cabe en una república: no cabe en palabras. El hablar será después,
el esparcir el corazón, el esconderse en un rincón
de la vida, a consolar a los que sufren del odio o
de la arrogancia humana: ahora, es hacer la república. De la maldad que nos pueda salir al paso,
no es necesario hablar. A la maldad se la castiga
con dejar que se enseñe. La maldad es suicida.
No es hora de censurar, sino de amar. Mañana se
contará, cabeza por cabeza, todo lo de estos días,
se ha de publicar, hombre por hombre, todo lo de
estos días. El pueblo, cuando pase el bueno, dirá
"¡ese!" El pueblo, cuando pase el malo dirá "¡ese!"
No habrá de seguro entre nosotros un solo hombre
capaz de prosperar con la fama de fidelidad a su
pueblo, y serle infiel, a la hora de la necesidad; de
ayudar con su vocerío y entusiasmo al convite a la
muerte y al honor que hemos hecho a nuestra patria, y echarse luego atrás a la hora de hacer bue-

no el convite. Somos honrados, y lo sabemos. Somos grandes, en la sencillez de nuestro tesón. Lo
más puro que un pueblo pueda hacer, y lo más fuerte, eso lo hacemos. Afuera de aquí, unos lo en-
tenderán, y otros no. El hombre de alma baja,
no puede comprender la virtud. La virtud no puede comprender la villanía, y se deja engañar por
ella. Los hombres sólo entienden aquello de que
son capaces.—Está ahora en mí tal orgullo por mi
pueblo, que no se lo puedo decir, porque no le parezca lisonja. Por su honor vivo: moriría de su
deshonor. ¿Qué importa que, como al albañil, nos
caiga encima de la ropa de trabajo unas cuantas
manchas de cal o de lodo? Nosotros, como el albañil, al quitarnos la ropa de trabajar, podremos
decir: "¡Hemos construído!"

Lo quiere a Vd. mucho, por todas sus virtudes,
su criado y el de su pueblo

JOSE MARTI.

13

[Diciembre, 1893]

SR. JOSE DOLORES POYO.

Amigo muy querido:

Aquí me tiene en cama, donde me ví por fin mucho más mal de como Vd. me dejó. Fué cosa fuerte, y salgo de ella para el tren, porque ya aquí lo
esencial queda hecho, y la gente mejorada al calor
del cariño. Yo puedo seguir viaje gracias a la ha

bilidad y fraternal cuidado de Barbarrosa; pero
siento el mal vivo. En los días antes serios, sentí
que me hacía falta Vd. Pero más falta hacía allí entre los que me le conocen y siguen la virtud Yo
recaeré en New York, y en pie en seguida, a ex-
plicarnos al país, a ligarlo, a abrir fondos. Dejo a
Tampa en salud; Port Tampa quiso mi visita, que
no pudo ser por la enfermedad, pero ya tiene su
club, sano y entusiasta; la reunión yanqui he de
dejarla, porque por la ausencia del mayor, durante
mi maluquera, había de esperarse a la próxima semana, que es demasiado tarde; esta noche, antes de
irme, fundo un club de paz, del que espero orden
continuo y resultados especiales. Muy interesante
y viva anoche, a pesar de la debilidad que me dura
al escribirle, la sesión neta del Cuerpo de Consejo. Salgo, en fin, tranquilo.

No lo ví, noble amigo, ir con gusto. No deseaba
verlo ir. Tenemos mucho que hacer juntos. Crece
la hora grande. Pero allá lo sé en faena, y en brazos de los que lo quieren aún más que yo, y tuvo su poesía eso de llegar a tiempo para calentar al
recién nacido sobre su corazón. Esas son Pas-
cuas. Y en las de Vd., en su mesa pura de familia ejemplar, guárdenle al ausente un cubierto de
casa; mándeme Clarita un pensamiento que me acaba de curar la enfermedad. Y en tanto no puedo
mover la pluma, la querida pluma de oro, un beso
a la mano a esas hijas gallardas.

Escribo a Serafín, a Gualterio, a Paulina, al Consejo, sobre el *Yara*. Van las dos cartas de Serafín;

y las que no fueron antes, no debían ir. Arriba y
un abrazo a Vd. y a Manolo. Queda maluco y contento su

JOSE MARTI.

14

A GUALTERIO GARCIA

[1893]

SR. GUALTERIO GARCIA.

Gualterio querido:

Unas líneas. Gracias por la acción oportuna de
las remesas, que quedan sin uso, por supuesto, como la del club *Cayo Hueso*, y me dan causa para
una declaración oportuna. He escrito mucho y sólo tengo tiempo para un abrazo, y para incluirle los
recibos y la promesa de carta mayor.

Espero ansioso noticias de la misión de Rivero.
Léame con vigor esa nota sobre los fondos de
guerra.

Su

J. MARTI.

El correo siguiente llevará respuesta oficial a
Occite. y *L. L. Yara.* El corazón al buen Peláez.

15

A FRANCISCO M. GONZALEZ

[1893]

Sr. Francisco M. Gonzalez.

González querido:

No hay tiempo para nada. Estoy con medio cuerpo acá, y el otro allá. Ya sabe que no puedo perder un paso, ni fallar en uno. En Vd. fío, y en nuestros doce leales, a quienes me verá enseguida, para continuar renovando el calor hasta que esté hecho el esfuerzo. No me fallen, que no quiero fallar ni que se tome pretexto de esto para que nos fallen otros. Insístame, porque es justo y conveniente, en el espíritu con que va adelante esta campaña revolucionaria. No diga nada; pero pienso sentarme, como entre amigos íntimos, a escribir largo y tendido, a escribir gracias y esperanzas, al taller de Gato,—y eso me lo correrá por los demás para que no hay celos. Aún no he madurado esto. Lo que sea no será indiscreto. Pero quiero dejar constancia de una de las impresiones más gratas de mi vida.

Su amigo y deudor

Martí.